Understanding welfare: Social issues, policy and practice

解析福利：社会问题、政策与实践丛书

主编 **彭华民**　　副主编 **李秉勤**

Understanding
Social Security
Issues for
Policy and Practice

Jane Millar

解析社会保障

[英]简·米勒 ◎ 主编

郑飞北 杨慧 ◎ 译

格致出版社　上海人民出版社

总　序
迈向人类福利新阶段

一、社会福利发展背景：社会变迁中的社会问题与社会需要

　　将"解析福利：社会问题、政策与实践丛书"（以下简称"解析福利丛书"）翻译介绍到中国的工作，是在中国社会巨大变迁中社会成员对社会福利的需要急剧增长、社会需要未能得到满足的情况下开始的。面对新的挑战，我们希望能为中国社会福利和社会政策研究者、政策制定者、行动者、教师和学生提供一套反映社会福利和社会政策领域最新研究的国外著作，希望读者能够从批判性借鉴中寻找本土社会政策发展的道路，以提升中国社会福利水平。

　　我们热切地期待在中国社会政策的推动下，中国社会福利发展创新能够不断满足社会成员的需要，因为我们看到新时期中国社会政策和社会福利发展创新具有广阔而深远的政治、经济和社会背景。新时期中国社会福利发展创新的背景之一是中国政治进入了注重民生的政治制度建设新时期。2004年，中国共产党把和谐社会作为政党建设和社会发展目标；2006年，胡锦涛总书记在中央党校专题研讨班上进一步阐明社会主义和谐社会的内涵；2010年，《国民经济和社会发展第十二个五年规划的建议》提出：继续抓住和用好我国发展的重要战略机遇期、促进经济长期平稳较快发展，对于夺取全面建设小康社会新胜利、推进中国特色社会主义伟大事业，具有十分重要的意义。[1]

　　背景之二是中国进入了社会主义市场经济和中等经济发展水平的新时期。中国完成了从计划经济向社会主义市场经济的转型，经济快速发展。现预计人均GDP在2010年底达到4 000美元。以美元计价的中国人均GDP跨越新台阶的时间间隔近年来正在缩短。从1978年到2000年，人均GDP从不到400美元增

---

①　中共中央：《国民经济和社会发展第十二个五年规划的建议》，2010年。

至逾 800 美元,中国用了超过 20 年的时间。2003 年,中国这个人口第一大国的人均 GDP 跃过了 1 000 美元大关,时间仅仅用了三年,到 2006 年超过了 2 000 美元;又过了两年,到 2008 年,则超过了 3 000 美元。①中国政府把保持经济平稳较快发展作为一项重大任务,这说明中国正稳步从经济大国迈向经济强国的行列。国际通行的标准是把 GDP 人均 3 000 美元作为中等发展水平的标志,而其福利含义是人均社会福利接受水平的提高。中国经济发展为中国福利发展创新提供了物质基础和先决条件,但这并不等于社会福利的实现以及成员的福利需要得到了满足。中国存在的诸多社会问题说明社会成员有巨大的社会需要未得到满足。如何将社会福利的水平提高到与经济发展相适应的地步,以满足社会成员的需要,仍然是值得我们思考的问题。

背景之三是中国进入了经济建设和社会建设并重的时期。中国政府已经认识到必须在经济发展的基础上更加注重社会建设,着力保障和改善民生。社会建设具体目标是努力使全体人民学有所教、劳有所得、病有所医、老有所养、住有所居。而社会建设具体目标实现要以社会保险、社会救助、社会福利为基础,重点是基本养老、基本医疗、最低生活保障制度的建设,并以慈善事业、商业保险为补充,最终加快完善中国社会保障体系。②《国民经济和社会发展第十二个五年规划的建议》中还提出:加强社会建设需逐步完善覆盖城乡居民的基本公共服务体系,使社会管理制度趋于完善,等等。③中国社会福利发展创新是社会建设的内容和基础。在中国从经济建设转向经济与社会建设并重的时代,批判性地借鉴学习英国以及欧洲其他国家社会福利和社会政策的建设经验,对提升中国人民的社会福利水平具有非常重要的意义。

新时期我们面对着种种社会风险和社会问题。在中国急剧变迁过程中出现了新风险和新问题,包括:市场风险(金融风暴等)、社会风险(人口迁移、群体事件等)、自然风险(地震等);需要照顾的老人急剧增加;儿童问题日益突出;新时期女性和家庭问题出现了新特点;残疾人的福利待遇相对较低;流动人口的社会福利接受问题日益突出;少数民族的社会福利问题值得重视;一般社会成员新的社会

---

① 汝信、陆学艺、李培林主编:《2010 年中国社会形势分析与预测》,北京:社会科学文献出版社 2010 年版。
② 中国社会保障概念与国际通用的社会福利同义,即与广义社会福利概念同义。在"解析福利:社会问题、政策与实践"系列丛书中使用的是广义的社会福利概念,本文中也使用广义社会福利概念。
③ 中共中央:《国民经济和社会发展第十二个五年规划的建议》,2010 年。

福利需要；城乡分割社会福利带来新的不平等问题；地区间社会福利差异也带来社会问题；社会福利管理不能适应新时期的要求；社会福利人才队伍建设需要创新机制；人类生存的环境问题作为新福利问题已急需解决；社会福利需要从补缺转型到普惠型；民政社会福利界定限制着社会福利体系的发展创新等。如何使每个社会成员都能得到保障、共享经济发展的成果？这使我们更加关注"解析福利丛书"中讨论英国社会福利运动和社会保障改革等内容，中国的问题使翻译介绍工作具有了突出的现实意义。

　　社会福利发展的国际背景是：发达国家在与中国现在经济发展水平相同的时期，在社会福利制度建设方面进行了多项创新：英国早在1948年，在人均GDP还不到1 000美元时，就宣布建成了政府承担社会福利提供责任，从摇篮到坟墓的保障民生的福利国家。美国也在人均GDP大大低于我国现有水平的1935年就制定了《社会保障法》，不断发展了多个社会福利项目。日本1965年的人均GDP仅为1 071美元，但在1947年就通过了《儿童福利法》，1951年颁布《社会福利事业法》，1957年就设置了老人年金和母子年金制度。近十多年来特别是国际金融危机前后，福利国家都在寻找社会福利的适应性发展创新道路；东亚国家地区建设嵌入本土社会文化的福利社会；在社会福利理论研究领域，有多个具有创新性的理论出现。社会政策和社会福利已经不单单是作为消除社会问题、减少贫困的手段而存在，而是作为社会投资、积极社会建设、伙伴关系、社会融入、社会质量、人类幸福的制度手段。国外经验说明，以国家和社会为推动力发展社会福利，提高人类社会福利水平，达致幸福和谐生活，已经成为中国这样的中等经济发展水平国家的首要任务。

二、　人类福利：概念操作化与发展阶段

　　从解析福利开始，研究社会问题，提出政策并进行实践的讨论，是"解析福利丛书"的主旨。针对社会问题而制定社会政策，并进行改变社会的实践，通过提供社会福利来解决社会问题，就构成了福利、问题以及政策的关系。福利如何与社会政策发生关系？是因为它是社会政策的终极目标，福利是人类美好生活的状态，人类通过制定社会政策、提供福利来满足人类的需要。因此，认为社会政策只是关注社会问题的时代正在结束，社会政策走向关注人类福利的时代，社会问题

只是被视为人类福利没有被实现的一种状态。

事实上，一些学者已经开始思考人类福利的含义以及实践，如 Sen[①]、Doyal 和 Gough[②]、Nussbaum[③] 等等，他们通过对主观福利和客观福利的思考发展社会政策，形成了对人的本质和人类未来发展走向研究的广阔视野。因此，我们在此对人类福利理论进行回顾比较，以帮助本丛书读者了解这个领域的新观点和理论发展。

福利是人类一种美好的状态，它不仅仅是社会福利、社会政策领域的关键概念，也是其他学科如福利经济学的重要概念之一。传统经济学通常把它和效用（幸福度、满意度、期望实现度）或资源（收入、财富、对商品的控制）联系在一起。从 20 世纪 50 年代到现在，福利被概念化后，其含义从经济福利发展到人类基本需要满足，再发展到人类发展和能力建设，扩展到现在的生存权、公民权利、自由等，其概念内涵日趋丰富，体现了人类对自身发展的认识（表 1）。

表 1 福利主要含义的演变与发展阶段

时　期	福利概念含义	福利测量内容
20 世纪 50 年代	经济福利	GDP 增长的测量
20 世纪 60 年代	经济福利	人均 GDP 增长的测量
20 世纪 70 年代	基本需要满足	人均 GDP 增长＋基本需要满足物供给测量
20 世纪 80 年代	经济福利	人均 GDP 和非经济因素的测量
20 世纪 90 年代	人类发展和能力建设	人类发展和发展的可持续性的测量
21 世纪初	生存权、公民权利、自由	发展目标和新领域：社会风险和增权的测量

资料来源：Sumner, A., 2004, *Economic Well-being and Non-economic Well-being*, London: United Nation University World Institution For Development Economics Research。

Sen 提出了用功能和能力来诠释人类福利的内涵[④]，他的理论核心是用个人在生活中实现各种有价值的功能的实际能力来评价生活质量和福利水平。[⑤]功能

---

① Sen, A., 1993, Capability and Well-being, in M. Nussbaum and A. Sen(eds) *The Quality of Life*, Oxford: Clarendon Press, pp. 30—53.
② Doyal, L. and I. Gough, 1991, *A Theory of Human Need*, London: Macmillan. 该书已经译为中文:《人的需要理论》，汪淳波、张宝莹译，中国商务出版社 2008 年版。
③ Nussbaum, M., 2000, *Women and Human Development*, Cambridge: Cambridge University Press.
④ Sen, A., 1985, *Commodities and Capabilities*, Cambridge: Cambridge University Press, pp. 10—14.
⑤ Sen, A., 1993, Capability and Well-being, in M. Nussbaum and A. Sen(eds) *The Quality of Life*, Oxford: Clarendon Press.

是指一个人通过努力、技能或毅力等可以实现的活动和状态,能力是指一个人能够实现的各种功能的组合。Nussbaum 认为福利要回答的中心问题是一个人实际能够做什么或成为什么,而不是一个人满意程度如何,更不是一个人能够掌握多少资源。人能够做什么是人的能力的表现。他提出人类十项功能性能力(central human functional capabilities):生命、健康、安全、理智、思想、情感、实践理性、社会交往、关注生存、游乐、环境控制。[1]人能够自由地做事,是人类福利的表现。而人能自由地做事,需要社会具备一系列先决条件。这些条件的实现和国家福利责任与能力、国家的社会政策有关。

社会福利是从福利演绎出来的更强调国家福利责任的概念。Midgley 把社会福利定义为当社会问题得到控制、人类需要得到满足、社会机会最大化时人类正常存在的一种情况或状态。[2]社会福利实际涉及人类社会生活非常广泛的领域,它强调国家提供社会福利的责任以及国家建立社会福利制度去保障人类福利的实现。国家需要解决社会问题、满足社会需要和实现人的发展潜能。只有社会福利发展到一定水平,人类福利才能实现。

对福利思考引出社会福利,对社会福利思考引出社会需要与需要满足问题。Doyal 和 Gough 的需要理论在 1991 年提出后,受到社会福利学术界和社会的广泛关注。Doyal 和 Gough 首先根据人类行动目标性质的不同,对需要(needs)和需求(wants)进行了区分。需要指被认为是全人类通用的目标,而需求指源自个人特殊偏好和文化环境的目标。如果人类需要得不到满足,就会导致人类受到客观的、严重的伤害。严重伤害有两种定义方式:首先是指社会成员在追求个人利益时缺乏基本能力;其次是指社会成员实现社会参与方面的障碍。Doyal 和 Gough 认为基本需要是使个人能参与生活的前提条件。人类的基本需要包括身体健康和行为自主两方面。[3]人类的中介需要是基本需要的表现,人类通过建立中介需要来建立需要和需要满足物之间的关系。中介需要前六项与身体健康需要有关:充足且有营养的食品和干净的饮用水、充足且能遮风挡雨的住房、没有风险的工作环境、没有风险的生活环境、适度的健康照料、安全的童年;后五项与自主需要

5

---

① Nussbaum, M., 2000, Women and Work: The Capabilities Approach, *The Little Magazine*, 1(1), 1—4.
② Midgley, J., 1997, *Social Welfare in Global Context*. Thousand Oaks, Sage Pub., p. 5.
③ Doyal, L. and I. Gough, 1991, *A Theory of Human Need*, London: Macmillan, pp. 52—54.

有关:有效的初级关系、身体安全、经济安全、安全生育及控制生育、合适的基础教育和跨文化教育。[1]社会政策的制定可以保障需要满足物的提供,满足人类需要,实现人类福利。

　　测量社会成员是否达到某个福利状况或福利实现程度,是一件极其困难的工作。社会科学家们试图运用各种统计技术来解释这个概念,其中最常用的是社会指标法(social indicators)。测量人类福利的指标一般可分为主观指标和客观指标。Doyal 和 Gough 在提出人类需要的类型后,也建立了社会指标体系,用以表示社会政策应该向什么方向发展。主观福利状态往往通过个人对总体生活或不同生活领域(如工作、家庭、社区生活等)的幸福感或满意度来测量。客观福利状态主要通过经济福利指标和非经济福利指标来测量。经济福利指标包括人均收入状况(人均 GDP、实际工资和失业率);收入与贫困线状况〔人均日消费低于一美元的人口比重、日消费量低于国家贫困线(2 100 达卡)的人口比重、容易陷入收入或资产贫困的人口比重〕;收入不平等状况(贫富差距和贫困时间、最低收入组的恩格尔系数以及基尼系数)。非经济福利指标包括受教育状况(包括入学率、小学或中学毕业率、识字率);健康和营养状况(包括营养不良比例/人均食物消费量或卡路里/身体质量指数、死亡和发病率/期望寿命/未活过 40 岁比例/感染率、卫生服务使用、专业接生人员/避孕普及率/免疫率);环境状况(改善的水源、足够的卫生设施、家庭设备—耐用建筑材料和电力供应);增权和参与状况(参加全国和地方的选举投票、对地方项目和地区预算的了解情况、非政府组织的数量、规模和收入—监管公民社会的可能性)。[2]非经济福利指标的分析一般和经济福利指标的分析结合在一起。上述指标以及数字在人类福利和社会政策研究中经常被使用。基于这些指标的研究表明,发达国家福利水平比欠发达国家高得多。前者往往拥有高收入、高标准的健康、高水平的教育和住房条件,同时犯罪和其他社会问题发生率低;而后者则贫困、落后、暴力等社会问题普遍存在。

　　人类既有快乐,也有痛苦,人类富有创造性,能够想象、推理、判断,能建立社会关系和社会认同。人类福利被定义为是快乐、健康和繁荣;存在被认为是人类福利的必要条件,人类发展指数(HDI)是这个必要条件的说明;时间也被认为是

---

① Doyal, L. and I. Gough, 1991, *A Theory of Human Need*, London: Macmillan, pp. 155—159.
② Sumner, A., 2004, *Economic Well-being and Non-economic Well-being*, London: United Nation University World Institution For Development Economics Research.

人类福利的重要因素，工作时间过长是对人类福利的伤害；工作状态和生活状态也被认为是人类福利的内容；福利和人的尊重、宗教、财务、休闲、婚姻等外部环境因素有关；福利还包括良好的生存状态……关于人类福利研究延伸到多个领域。①

为保证人类福利实现，人们通过国家干预建立了社会福利制度，西方建立了福利国家，东亚建立了福利社会。社会福利制度也包含了丰富的内容。

三、福利国家：面对的危机与社会政策发展

21世纪席卷世界的经济和金融危机为很多国家的经济和社会带来了沉重的损失。但是从社会政策研究的角度看，这未必不是一个新的契机。一方面，经济危机的到来为社会如何能够帮助直接和间接的受害者渡过难关提出了新的挑战；另一方面，也向社会福利与社会政策制定者和研究人员提出了一些值得思考的问题。对于危机的解决已经有大量的讨论，我们在这里仅仅提出一些具有挑战性的研究课题。

在这些课题中处于核心地位的恐怕是：我们对某个社会的未来到底有什么样的预期，期望和现实之间应该是一种什么样的关系？这样的问题在欧美福利社会发展的早期，从传统型社会向现代化社会，从农业社会向工业化社会的转型中，无论是在学术界还是在政治上，特别是在当时有能力决定国家命运的群体中，都有很多的思考和探索，并通过社会政策制度的建立和实施，有系统地把这些社会理想付诸实施。从某种意义上看，社会政策的发展历史其实就是这些人将自己的社会理想付诸实践的过程。这些人在社会发展的不同阶段有不同的构成：工业化早期主要是社会精英和政客，随着社会政策学科的发展又有了学者，随着现代化社会的形成和选举权的普及又增加了大众的参与。但是，人们很难就社会理想达成

7

---

① 在人类福利研究中有贡献的学者和文献除了前面提到的还有：Dasgupta, P., 1993, *An Inquiry into Well-being and Deprivation*, Oxford: Clarendon Press. Diener, E. and R. Biswas-Diener, 2000, *New Directions in Subjective Well-being Research*, Mimeo. Gasper, D., 1996, *Needs and Basic Needs: A Clarification of Foundational Concepts for Development Ethics and Policy*, in G. Kohler et al. (eds) Questioning Development, Marburg: Metropolis: pp. 71—101. Kabeer, N., 1996, Agency, Well-being and Inequality: Reflections on the Gender Dimensions of Poverty, *IDS Bulletin*, 27(1), pp. 11—22。

长久的一致。经过多年的左右摇摆,似乎在 20 世纪 90 年代后期有了一定程度的共识:经济和社会的发展是相辅相成的,因此福利制度应当得到发展。

但是,经济危机的到来,促使很多人(包括当年有能力左右政策的人)进行反思,不仅思考 90 年代以来的社会政策变化和新的做法,更重要的是在更长时期的历史背景下思考福利制度面对经济和社会变迁的适应能力。社会政策研究的学术期刊《社会政策与行政》①,在 2009 年第 7 期刊出了几篇反思性的文章,英国福利国家建设过程中直接参与意见并在以后社会政策改革中扮演了重要角色的思想家和实践者 Paul Wilding 回忆了他本人在这些年来的心路历程和面临的挑战。从他的描述中,我们不难体会到在过去的 40 年中,人们对社会政策的认识有了长足的变化。在他看来,"人们需要从更多的超国家的视角来考虑问题,社会问题的规模和后果得到了更多的认识,社会政策领域所涉及的范围更加广阔了,人们对国家的信任度降低了,经济健康发展的重要性超过了社会福利体系的发展"。②而 Howard Glennerster 认为 Paul Wilding 的观点过于悲观。毕竟社会政策特别是福利国家的作用(以福利支出为例)从 20 世纪 60 年代以来是在实质性地增加而不是下降。人们确实对福利国家的信任有所下降,但是同时也要认识到他们对私人部门也不再抱有幻想。很多问题确实比福利国家发展之初的时候想象的要复杂得多。但是人们对如何规范和利用市场来追求社会目标有了更多的认识。③从这些学者的讨论中可以看到,早期的社会政策研究和从业人员带有更多的理想主义色彩,认为凭借他们改变世界的热情和消除社会"顽疾"的决心,就有可能推动国家和社会向着更加美好的方向前进。但是,很多人的这种视野往往没有在社会变迁中得到相应的调整,过了若干年之后再回头看,就显得不能适应变化和过于狭窄了。

但是,是否这就意味着应该放弃对社会理想的追求呢?可以说那些持怀疑态度的人的上述经历和想法具有一定的代表性,说明社会理想应该是适应社会变迁的。这就意味着,社会理想的确立或许应当更多地关注价值观的确立,例如,要培

---

① 《社会政策与行政》,英文名为 *Social Policy & Administration*,是国际上最著名的政策与研究刊物之一。

② Wilding, P., 2009, Social Policy: Now and Then, *Social Policy & Administration*, Volume 43(7), pp. 736—749.

③ Glennerster, H., 2009, Social Policy: Now and Then-A Response, *Social Policy & Administration*, Volume 43(7), pp. 750—753.

养什么样的公民权利和义务观,是否要把社会建立在公平性的基础上,希望通过社会政策界定出什么样的就业与生活之间的关系,等等。例如,社会和谐或者公平社会可以是带有社会理想性的内容。但是,仅仅如此是不够的,还有更多的需要回答的问题:社会和谐的标志是什么? 我们会有不同的界定方式,如:正面的如社会群体之间的关系融洽和互助精神;反面的如维持最基本的社会稳定,最大限度地减少反社会的行为;正反兼顾的有在保证社会稳定的基础上促进社会融合和加强互助。针对不同的界定方式,必然会存在相应的政策手段。

这样的社会理想的确立有助于政策制定者和研究人员孤立地从解决某个社会问题入手去寻找孤立的解决方案。孤立的解决方案或许能够局部地解决问题,但却有可能忽略社会政策与社会成员之间的互动性。例如,某项政策向其受众传递了一定的信息,如人都是自私的,社会服务提供者也是一样,所以要想让他们尽心尽力地服务,就得让他们每一分钟的工作都要得到相应的报酬。当这样的信息被传递给社会成员的时候,也会产生连带的效果。社会政策本身有可能通过激励手段影响到社会成员和服务提供者的行为甚至价值观,并进而破坏社会诚信。当这个价值观并不是政策制定者所期望的,或者和其他政策领域的价值观相互冲突时,就有可能影响到多项政策的整体效果,并且破坏社会诚信体系,因为诚信需要有社会成员所共同认可的价值观作为基础。当然,这里只是从一个角度来阐释价值观和社会理念在社会政策中不可或缺的地位。对于这些关系的理解在英国公共服务领域的准市场和消费者选择模式的实践中得到了更多的认识。[1]从总体上看,英国这个福利国家获得了一些经验,也产生了不少值得关注的教训。[2]

这次的经济危机引起人们更多思考的另一个问题,是社会政策和经济之间究竟是什么样的关系。这并不是一个新的话题。在社会政策的历史上,不同的理论体系对社会政策与经济的关系有各种各样的解释。比如,古典的经济学认为,社会政策有可能造成福利依赖和降低经济效益。而揭示福利国家出现的工业化逻辑理论就把社会政策作为工业化和城市化所造成的经济变迁所需要的手段。因

9

---

[1] Julian Le Grand, 2007, *The Other Invisible Hand: Delivering Public Services Through Choice and Competition*, Princeton University Press. Julian Le Grand, 2003, *Motivation, Agency and Public Policy: Of Knights and Knaves, Pawns and Queens*, Oxford University Press, New York.

[2] Bent Greve, 2009, Can Choice in Welfare States Be Equitable? *Social Policy and Administration*, Vol. 43, No. 6, pp. 543—556.

此,社会政策是服务于经济增长的。政治经济学的研究则把福利国家的出现、发展、重组和削减通过政治和经济的互动联系在一起,揭示了社会政策维护某些社会群体的利益,从而维护社会的稳定。权利—资源理论则认为经济利益和政治利益通过政治体系和市场体系的协调得到制衡,从而保证社会福利的目标。到了20世纪70年代,新自由主义思想占据了主导地位。福利制度特别是与工人就业权益保障有关的政策被视为经济增长的负担。在英国,多项福利制度遭到了严重削减,社会互助的思想遭到了撒切尔政府的摒弃。从某种意义上说,社会政策在这个阶段得到了重塑。很多人认为,尽管撒切尔政府的改革受到了公众的挑战,但是她的政府政策为90年代以后、新工党在任期间,英国经济所体现出的高度灵活性和适应性起到了重要作用。而在其他的欧洲国家,同一时期没有经历同样力度的改革,到了20世纪90年代就面临了严峻的考验。这一时期不断出现的话题是:一个国家的经济竞争力是否有可能因为福利体系的发展而受到影响? 这个问题在经济危机到来之前似乎在《福利制度的新政治经济学》一书能够得到一些答案。这本书的作者 Paul Pierson 认为,福利国家越来越走向节俭,但是削减的幅度不仅要受到经济条件的制约,同时也受到各国政治体系的约束,所以福利制度不是衰落了,而是经过调整更加适应经济增长或发展所需。因此,福利国家是更有适应性了,而不是一味地削减。①

经济危机的到来似乎又就福利与经济的关系提出了新的可供研究的话题,政府可以在多大程度上通过负债来解决社会福利之需? 特别是,如果这个社会福利之需有利于缓解危机造成的震荡,有助于危机后的经济复苏和重建呢? 对于这个问题,社会政策领域似乎还没有一个令人满意的答案,而在实践上,也出现了明显的分歧。美国等国家希望在危机期间维持社会支出。欧洲国家则急于削减社会福利和服务,甩掉债务负担。中国则针对经济危机采取扩张性的社会政策。但是,从理论上似乎还不能够就哪类政策能够帮助一个国家更为平稳地度过经济危机,并为危机后的复兴创造条件做出解释。而恰恰是在这次危机中,中国的经济表现比较突出,同时人们对社会问题的关注也变得日趋重要,所以可以说中国有可能成为世界范围内处理经济与社会政策的关系的重要观测点,基于中国经历的

① Pierson, P., 2001, *The New Politics of the Welfare State*, Oxford University Press。这本书已经翻译成中文:保罗・皮尔逊:《福利制度的新政治学》("社会政策译丛"),汪淳波译,北京:商务印书馆 2004 年版。

社会政策研究有可能对世界社会政策和社会福利思想史做出重要的贡献。

四、"解析福利丛书"对中国社会福利制度发展的意义

翻译介绍工作在当今学术指标量化的背景下,是一件费力而不能记入成果的工作。然而,我们认识到"解析福利丛书"对中国社会福利制度发展具有重要意义,包括:(1)本丛书将帮助我们重新认识国外社会福利体系对传统社会福利理念的传承与创新关系,批判地借鉴国内外社会政策发展经验,发展中国本土的社会福利理论,推动中国迈向福利社会的宏伟事业。(2)本丛书将帮助我们研究国外社会福利制度以及社会政策体系发展创新的实践过程,比较并借鉴不同社会福利体制的特点和发展经验;重新定位中国社会保障制度与社会福利体系发展创新的关系,创新发展以民生需要为本、适度普惠转型的社会福利体系;支持社会福利体系发展创新实践。(3)本丛书将帮助我们认识和建设国家承担重要责任、市场、社区和家庭高度参与、共担风险的满足社会需要的发展型社会福利政策;基于公民权利与责任,强调社会成员权利与责任紧密联系型的积极社会福利政策;通过社会福利政策的发展创新,推动社会福利体系从补缺向适度普惠转型。(4)本丛书将帮助我们批判性地借鉴福利国家社会福利管理的经验,提出社会福利机构、民办非企业单位、社会福利基金管理、公益事业、慈善事业等发展创新管理方式;形成社会福利部与下属政府层面、机构层面垂直和横向整合的管理机制;建设民生需要为本的社会福利服务管理事业。(5)本丛书将帮助我们批判性地借鉴福利国家建立普惠福利制度的经验,基于适度普惠原则将社会福利服务从特殊人群扩大到普通人群,建立多元福利服务提供体系;将社会福利服务法治化和标准化相结合;实现社会福利转型。(6)本丛书将帮助我们批判性地借鉴国外经验,以人才建设为本,建设适度普惠的社会福利体系需要的政策与管理人才、教学研究人才、服务专业技能人才、社会工作人才和志愿者队伍,通过建设宏大的高素质的人才队伍来推动多层面分类型可及性高的适度普惠型社会福利服务的实现。(7)本丛书将帮助我们批判性地借鉴福利国家经验,将环境福利纳入社会福利体系,推动人类与环境的良性互动关系,推动可持续社会的建设。(8)本丛书将帮助我们批判性地借鉴福利国家社会指标体系建设经验,发展创新社会福利体系指标体系,实现中国社会福利指标与国际社会福利指标的可比和对接,以科学的方法描述中国

11

社会政策和社会福利发展创新的水平。

相对于经济学等学科,社会福利学科是年轻的。在社会福利研究的发展过程中,英国学者和实践者对学科的发展做出了很多贡献。借用后发社会的概念,中国社会福利以及社会政策属于后发者,但正因为后发,它的起点与欧美国家社会福利制度和研究的起点不一样,可能就会比较高。因此,从借鉴到本土化,从研究西方到研究中国的过程中,我们希望本丛书的翻译介绍工作对中国社会福利制度发展有所贡献。

五、 "解析福利丛书"选题与翻译工作

我们从 2005 年开始合作进行研究[①],其间我们一直讨论如何开展引进翻译系列丛书的工作。李秉勤和贡森主编了由商务印书馆 2003 年开始出版的"社会政策译丛",有较为丰富的翻译学术著作的经验。彭华民曾担任过"三一社会工作文库"的执行主编(上海人民出版社 2007 年出版)、"社会福利思想与制度丛书"主编(中国社会出版社 2009 年开始出版)和"社会福利服务与管理丛书"主编(中国社会出版社 2009 年开始出版),有较为丰富的组织丛书编写工作的经验。经过较长时间的讨论,我们提出四个选题原则:前沿——能够反映本领域最新研究成果;经典——能够解析本领域经典理论;实践——能够结合制度安排和政策实施进行分析;借鉴——能够对中国社会福利发展具有借鉴意义。在这四个原则的指导下,我们提出了本丛书的选题并得到上海人民出版社的大力支持。2006 年上海人民出版社购买了"解析福利丛书"中的第一本《解析社会政策》的版权。我们将原非"解析福利丛书"的《解析社会政策》放入丛书,是因为它全面地阐述了本领域的知识与体系。2007 年上海人民出版社和英国政策出版社签订合同,购买了"解析福利丛书"其他八本的版权,合并成目前全套九本的"解析福利丛书"。英文版"解析福利丛书"现在已经出版了 21 本,其作者都是英国知名的教授学者;其内容

---

① 我们联合开展的研究项目有:2005—2008 年,西方社会政策最新理论发展研究,国家社会科学基金重点课题;2006—2007 年, Urban Long Term Unemployment Women: A Social Exclusion Perspective. British Academy Research Grant, UK;2006—2007 年, Lost-cost Urban Housing Marketing: Serving the Needs of Low Wages of Rural-urban Migrants? Lincoln Housing Policy Grant, USA;2008—2009 年, Intergenerational Support and Retirees' Housing Decision in China and Korea. STICERD Research Grant, LSE, UK。

几乎覆盖了该领域中主要的研究主题;其中部分已经再版,是社会福利与社会政策领域中发行量最大的丛书。我们认为中文版的"解析福利丛书"是一个开放的体系,如果中国社会发展需要我们做更多的引进工作,我们还会继续现在的翻译引进工作。为确保翻译质量,我们选择的翻译者来自国内著名的高校:南京大学、北京大学、南开大学、复旦大学、中山大学等。主持翻译的学者都有在国外访问学习的经历,有相关的研究成果。

需要说明的是,"解析福利丛书"全部由国际或英国知名学者撰写,其特点是理论与实践结合,以问题分析为导向,为读者梳理制度安排和政策领域中的重要理论观点和相关实践模式。我们认为,该丛书的重要意义还有,丛书不仅仅为学者、研究生以及相关部门的管理者把握重要的理论脉络提供了帮助,而且分析了实践模式的成功和问题所在,提供了难得的案例分析,提出了改革的新思维和具体操作建议。该丛书已经在国际社会福利和社会政策研究和教学界中引起了广泛关注。"解析福利丛书"书目包括:

1.《解析社会政策》,主编 Pete Alcock 等,Pete Alcock 是前英国伯明翰大学社会科学院院长,前英国社会政策协会会长,社会政策与行政学教授

2.《解析人类需要》,作者 Hartley Dean,英国伦敦经济学院社会政策系社会政策学教授候选人

3.《解析社会福利运动》,作者 Jason Annetts 等,Jason Annetts 是英国艾伯塔大学社会学部教授

4.《解析不平等、贫困与财富》,作者 Tess Ridge,英国巴斯大学社会政策系资深讲师

5.《解析平等机会与社会多样性》,作者 Barbara Bagilhole,英国拉夫堡大学平等机会与社会政策学教授

6.《解析社会保障》,作者 Jane Millar 等,Jane Millar 是英国巴斯大学副校长,社会政策学教授

7.《解析医疗卫生政策》,作者 Rob Baggott,英国德蒙特福大学公共政策学教授,医疗卫生政策研究部主任

8.《解析全球社会政策》,作者 Nicola Yeates 等,Nicola Yeates 是英国公开大学资深社会政策学讲师

9.《解析国际迁移和难民政策》,作者 Rosemary Sales,英国米德尔塞克

13

斯大学社会政策学教授

　　本丛书的翻译出版工作得到中国社会福利研究专业委员会的大力支持。为了更好地理解该丛书,我们推荐读者阅读中国社会福利研究专业委员会主编的"社会福利思想与制度丛书"和"社会福利服务与管理丛书"(均由中国社会出版社出版)。在本丛书出版的同时,彭华民主持的教育部哲学社会科学研究重大课题攻关项目——"中国适度普惠型社会福利理论和制度构建研究"(项目编号10JZD0033)研究工作开始启动。因此,该丛书也可以被视为该项目工作的一个重要部分。最后,我们殷切希望中国学者、管理者和实践者能够通过对该丛书的阅读,批判性地借鉴福利国家发展经验,提出适合中国国情的社会福利理论,推动需要为本、普惠民生的中国社会福利制度的发展。

彭华民

中国南京大学社会学院社会工作与社会政策系

李秉勤

英国伦敦经济学院社会政策系

2010 年 2 月 12 日初稿于中国南京和英国伦敦

2010 年 12 月 7 日修改于中国南京丹凤街唱经楼

2011 年 9 月 16 日再修改于中国北京大有庄 100 号

目 录

第三部分 变动中的服务提供

致　谢

　　感谢社会保障部（就业与养老金部）暑期学校的师生。多年来，他们帮我们深入思考与英国社会保障制度的设计和提供相关的各种议题。暑期学校的各种辩论和讨论，总是令人深受启发，让人乐在其中。感谢你们。我们希望，暑期学校在21世纪蒸蒸日上。

　　感谢巴斯大学的菲斯·霍华德，她把这些手稿串成了一本书。感谢政策出版社的所有工作人员——海伦·博尔顿、卡伦·鲍乐尔、劳拉·格里夫斯、朱莉娅·莫泰摩、唐·鲁深和艾利森·萧，他们的支持令人鼓舞，他们的工作成效卓著。

巴斯大学

简·米勒

前　言

　　社会保障是政府社会政策的核心。它占用了政府开支的大头,每年的花销超过1 000亿英镑。在生命的某一阶段,我们都要跟它打交道。这一领域的政策制定和福利提供,极大地影响着千百万公民的生活水平和机会。这个体系(及其工作人员)如何对待社会保障的"使用者"——尤其是社会上那些最脆弱、最无助的人士——是对"体面"和负责任的社会的真正考验。

　　然而,社会保障却在不断变动。福利改革已经刷新了某些传统的政策目标,改变了提供福利的行政安排,新的政策议程和社会保障结构已经浮现出来了。政策制定和福利提供越发强调就业优先,"给能工作的人工作,给不能工作的人保障"成为政策实践的明确原则。

　　简·米勒及该书的写作团队给我们提供了透视政策修辞的洞察力,去洞悉某项政策出台的原因、政策制定的过程、政策实施以及政策对目标人群的影响。我们需要了解社会保障理论上该如何运行,实际又是怎样,以便能够评估社会保障的运行是否有效、是否公正,知道社会保障还有哪些地方需要改进、该如何改进。本书的撰稿人利用各种严谨的研究证据以及对社会保障体系实际运行状况的评估,他们完全能胜任这项工作。关键是要明白,他们对社会保障体系的分析、对福利提供机制的剖析,以及对更一般的福利改革的解剖,都是基于已有的最有力、最可靠的证据——这些证据还汇报了"使用者"、"提供者"等跟社会保障直接打交道的人的经历,表达了对他们的支持。本书各章的作者都是社会保障领域的知名学者,他们著述等身,精通社会保障问题的方方面面。他们任职于在社会保障研究和评估方面有良好声誉的学术机构或研究机构,他们还作为社会保障部(现在的就业与养老金部)每年一度的暑期学校的导师,共事多年。他们的"专长"建基于他们作为研究者的权威与技能,来自他们与政策制定者、社会保障的从业人员以

1

及社会保障的使用者的积极往来。

对于社会政策、社会工作、社会学和政治学专业的本科生和研究生而言,《解析社会保障》是一本必读书。政策制定者和从事社会福利工作的人士(人们通常打交道的人或通常跟服务对象打交道的人),还有那些需要理解社会保障运行的人,同样有必要阅读这本书。

第一章
社会保障：手段与目标[*]

　　社会保障改革和税制改革是工党政府各项政治抱负的核心，这些政治抱负包括反社会排斥、消除儿童贫困、提高工作年龄人口的就业率及使福利国家现代化等。1997 年 5 月大选以后，社会保障政策与管理取得了一些重大进展。政府发表了有关福利改革的原则、残障、儿童支持、养老金和骗保等议题的蓝皮书、白皮书，提出要推行政策改革。针对特定福利对象，政府推行新政，出台了种种新的劳动力市场项目。社会保障部门进行了重组，建立了就业与养老金部，福利署和就业服务中心也合并了。税额抵扣取代了某些社会保障待遇，税务局在政策评估和福利提供中的权限变得越来越大。

　　社会保障政策的关键目标和实现这些目标的手段都在变动之中。然而，激进的变革却可能难以实现，而变革的结果也难以预料。社会保障政策及社会保障的提供在英国有很长的历史，而且在很多方面是嵌在英国社会中的。全部收入或部分收入来自社会保障待遇的人数以百万计，因此社会保障政策的任何变动都将直接影响他们的收入和生活水平。社会保障是政府的最大一笔开支，是实现经济目标和社会目标的一种机制。英国社会是一个很不平等的社会，贫困率很高，社会保障制度是收入再分配的最重要的工具之一。这种再分配可以采取不同的形式，包括从富人到穷人的垂直再分配，也包括水平再分配（涉及情形各异的人，如从无子女的人到有孩子的人）。社会保障还在帮助人们稳定人生各阶段的收入方面发挥着重要的作用，人们根据自己的具体情况和需要缴费或享受待遇。社会保障的各项规定还会影响人们如何生活，影响人们的就业、储蓄、退休、结婚或离异的抉择。

　　社会保障政策有若干不同的目标。社会保障的眼前目标，包括弥补失业造成的收入损失、补偿残障带来的额外费用、减轻抚养子女的负担等。社会保障的终极目标，包括消除贫困，建立一个更平等、更公正的社会等。对于社会保障的目

＊　本章作者为简·米勒。

标,特别是社会保障的政策目标应该是什么这一规范问题,人们的看法取决于不同的福利意识形态,取决于人们对政府和公民权的不同立场,也取决于人们对人性和人的行为动机的看法(Dwyer,2000;Hewitt,2000;Deacon,2002)。这些都是人们热议的话题,工党政府试图创建一个社会保障体系,想方设法让尽可能多的人就业,而在领取国家的福利待遇方面则附加更多的条件限制①。

本书的目标是:在这个变动的时代,批判地考察当前的社会保障政策与实践。

社会保障待遇的类型/收入转移支付

表1.1概括了英国收入转移支付体系的主要特征。根据筹资方式和待遇条件的不同,英国的社会保障待遇分为三大类②:给特定人群的待遇(或普惠型待遇),以一般税作为资金来源,待遇发放不考虑收入水平,所有属于项目规定的人群类别的人都可以享受(比如,儿童津贴面向所有儿童);社会保险(或缴费型待遇)筹资靠职工、雇主和政府的缴费,当受益人因规定的原因(退休、失业、疾病或丈夫去世)收入中断或失去收入时,可以享受相应的待遇;社会救助(或生计调查型待遇)以一般税作为资金来源,面向低收入人群,待遇水平因受救助者的具体情况和家庭状况的不同而有所差别。社会救助项目包括给无其他收入来源的人提供的救助,以及旨在满足特定需要(如住房费用)或特殊情况(如工资低、家庭人口多)的其他救助。除了这三种主要的社会保障待遇外,还有一些收入转移支付项目,有的通过税收的方式,有的则属于职业福利的范畴。通过税收体制而不是发放福利待遇,也是收入转移支付的一种渠道。在工党政府领导下,税收在收入转移支付体系中已变得越来越重要,这也使得税务局在提供财政支持方面越发举足轻重。职业福利由雇主付费,但由政府监管,如企业年金。还有些按法律规定雇主有义务提供的项目,如法定的病假和法定的产假,也属于职业福利。私营市场同样也发挥着作用,特别是在养老金方面,政府提供补贴鼓励人们参加私营养老金项目,并对这些项目进行监管。

---

① 若想简要了解工党政府1997年以来的政策进路及政策举措,请参见 Bennett(2002),Brewer et al.(2002),Hewitt(2002)。
② 有关英国社会保障制度的总体情况,参见 Barr(1998),Ditch(1999),McKay and Rowlingson(1999),Dean(2002)。

表 1.1　英国的收入支持体系：各种项目

普惠型（无需生计调查型／无需缴费）	社会保障			税收体系		职业福利		
	社会保险（缴费型）	社会救助（选择型／生计调查型）		税额抵扣	财政福利（税收优惠／减免）	就业相关福利		私营
		法定项目	酌情发放的待遇			法定	非法定	
儿童津贴	退休金和国家补充养老金	收入支持/残障人士及退休人员的最低收入保障/养老金补助		就业税额抵扣	个人补助	法定病假工资	病假补助/生育补助/育儿补助/健康保险待遇	个人养老金计划
残障生活补助/护理补助	求职补助							
残障照料补助	失能津贴	社会基金		儿童税额抵扣	养老金缴费免税	法定产假工资/育儿津贴	企业年金	私营养老金
工伤待遇/战争养老金	遗孀津贴	住房津贴	酌情发放的住房补助					

资料来源：根据 Dean（2002，表 5.1）改编。

3

最后,同样需要注意的是,家庭在收入转移支付中发挥着重大作用,而如何界定家庭的责任——谁该扶养谁——则是社会保障政策的一个重要方面。比如,已婚妇女靠丈夫养活,这是战后国民保险体系的一个核心假设。已婚妇女大多被排除在国民保险待遇之外,理由是她们可以靠丈夫养活。已婚男子则因为要养活妻子,可以领取补助。这确立了一种具有深远影响的结构(Millar,1996)。收入支持和工作税额抵扣等项中规定的家庭经济状况调查,也是基于家庭是一个单一的经济单位、家庭成员有饭同吃的假设。

英国 2002—2003 年度的社会保障支出(不包括税收转移支付和职业福利项目)为 1 100 亿英镑,占政府财政支出的 1/3,相当于 GDP 的 11%(DWP,2002)。从表 1.2 可以看出不同年龄段和不同待遇类型的具体支出情况①。社会保险待遇占了近一半的支出(48%),生计调查型福利约占 29%,普惠型福利待遇约为 22%。年龄段不同,领取的福利待遇也不一样。儿童享受的是普惠型待遇,特别是儿童津贴;超过退休年龄的人领取的是缴费型待遇,尤其是退休金。对于工作年龄人口而言,生计调查型待遇刚好超过一半。对于这一年龄段的人来说,税额抵扣项目所起的作用将越来越大。预计到 2005—2006 年度,税额抵扣项目的支出有望达到 145 亿英镑。

表 1.2　按待遇类型和年龄组分的社会保障支出(2001—2002 年)

	儿　童	工作年龄	退休人员	总　计
	百万英镑	百万英镑	百万英镑	百万英镑
缴费型	221	9 016	43 175	51 076
生计调查型	4 184	16 896	10 266	30 581
普惠型	9 715	6 272	7 995	23 455
总计	14 120	32 183	61 436	105 111
(行百分比)	(13%)	(30%)	(57%)	(100%)
	%	%	%	%
缴费型	1	28	70	48
生计调查型	30	53	17	29
普惠型	69	19	13	22
总计	100	100	100	100

资料来源:DWP(2002,表1和表4)。

---

① 社会保障支出及受益人数的长期趋势,相关分析参见 Walker 和 Howard(2000)。

阅读本书

本书各章考察了当前社会保障政策的主要议题，并用不同的方式，探讨了政策目标、项目设计与实施、政策结果及影响等方面的议题。这本书既涉及"如何"管理的问题，也涉及政策"为什么"会这样的问题。这样做的个中原因在于，不论政策设计得有多么完美或政策目标有多重要，如果不能付诸实践，就分文不值。每章的结构都一样，首先简要概括一下该章的内容，然后进入正文，末尾再回顾全章的内容，提出若干思考题，并列有参考文献，供有兴趣的读者深入阅读之用。

本书的作者完全有能力从手段和目标的角度详细审查社会保障体系。所有作者都是或曾是就业与养老金部每年一度的暑期学校的导师团队的成员。1955年开办暑期学校时，当时称为"国民救助理事会暑期学校"，此后就一直办下来了①。多年来，虽然政治领导换了一茬又一茬，制度安排变来变去，但其初衷却没变，还是力图给负责传递政策的一线工作人员提供一次机会，对其工作的宏观政策环境进行反思。它也给从事社会保障教学研究的导师团队一次特殊的机会，与那些以政策制定和政策实施为本职工作的人一道探讨各种各样的社会保障问题。

全书分为三大部分。第一部分探讨当前政策议题和政策辩论所发生的环境。卡伦·罗林森（Karen Rowlingson）分析了生命历程和就业模式的变迁对社会保障需求的影响。艾玛·卡莫尔（Emma Carmel）和西奥多罗斯·帕帕多普洛斯（Theodoros Papadopoulos）讨论了社会保障政策的管理的变化以及社会政策制定和实施等议题。尼古拉·叶慈（Nicola Yeates）探讨了跨国及超国家的政策发展的性质及其对英国的影响。

第二部分聚焦于重点人群和改革的话题。不论是谈重点人群还是谈改革的话题，我们都考虑了政策目标和政策实施两个层面。前两章分析了政府两个主要政策目标的内涵和影响。阿里克斯·布里森（Alex Bryson）考察了"给能工作的人工作"的政策，而萨乌尔·贝克（Saul Becker）则考察了"给不能工作的人保障"的政策。接下来，简·米勒（Jane Millar）考察了社会保障待遇作为工资的一种重

5

① 1955年，第一期暑期学校的课程包括"20世纪社会科学的发展"、"康复"、"社会保障经济学"以及"国民保险与国民救助的关系"。

要补充而不是替代工资这种现象,分析了税额抵扣项目为什么能起到这种作用、如何起这种作用。唐尼尔·布查特(Tania Burchardt)讨论了残障人士是如何受到新政策议程的影响的。本部分的最后两章考察了与两大不在"工作年龄"的人群相关的政策的发展。苔丝·李奇(Tess Ridge)分析了与儿童相关的政策变迁,特别是终结儿童贫困的承诺。斯蒂芬·麦卡伊(Stephen McKay)分析了养老金争论及近期的养老金改革。

第三部分详细讨论了政策传递问题以及这些议题带来的挑战。布鲁斯·施达福德(Bruce Stafford)纵览了传递模式的变迁,分析了传递模式变迁对使用者和工作人员的影响。沙龙·怀特(Sharon Wright)考察了与失业保障待遇相关的"基层"实践与政策的性质。鲁欣达·普拉特(Lucinda Platt)探讨了多种族社会中政策传递的公正性问题,并考察了不同族群在领取社会保障待遇方面的差异及其原因。罗伊·森斯伯利(Roy Sainsbury)讨论了人们是怎么界定和测量骗保的,以及反骗保的政策举措。最后一章,卡伦·克拉德(Karen Kellard)审视了信息技术发展对政府给个人和家庭提供经济支持的方式带来的影响。

社会保障?

在讨论本书的时候,我们对书名特别是"社会保障"一词争论了很多次。既然政府中已没有"社会保障"部了,而税制日渐成为社会保障传递的一部分,"社会保障"一词也就不再适合去表达收入转移支付的决策机制和进行收入转移的制度安排了。但除了制度安排外,"社会保障"一词的确包含了其他重要的内容。"社会"一词意味着这种制度是一个大家共享的制度。我们都是它的一部分——作为缴费者,作为受益人,作为纳税人,作为公民——而且社会保障涉及各种形式的再分配,再分配体现了我们这个社会的价值观以及我们对社会经济公正的信念。"保障"一词凸显了一个核心目标,人们不是完全听凭市场的摆布,而是可以满足当下的需要并规划未来。导致人们需要收入保障,需要使我们的生活在变幻莫测的社会经济变迁中依然有所依靠的状况,今天的状况与20世纪40年代(贝弗里奇设计他的"国民保险与相关社会服务"计划的时代),与20世纪初(老年和遗孀养老保险刚开始建立),与19世纪30年代(新济贫法的工房制度开始施行)以及17世纪初(当时伊丽莎白《济贫法》对不同的"穷人"作出了不同的规定),都大不相同。但对此种保障的需要却跟以往一样强烈,如果不是更强烈的话。

参考文献

Barr，N.（1998）*The economics of the welfare state*，Oxford：Oxford University Press.

Bennett，F.（2002）"Gender implications of current social security reforms"，*Fiscal Studies*，vol. 23，no. 4，pp. 559—584.

Brewer，M.，Clark，T. and Wakefield，M.（2002）"Social security in the UK under New Labour：what did the third way mean for welfare reforms?"，*Fiscal Studies*，vol. 23，no. 4，pp. 505—537.

Deacon，A.（2002）*Perspectives on welfare：Ideas, ideologies and policy debates*，Buckingham：Open University Press.

Dean，H.（2002）*Welfare rights and social policy*，London：Pearson Education.

Ditch，J.（1999）*Introduction to social security：Policies, benefits and poverty*，London：Routledge.

DWP(Department for Work and Pensions)（2002）"Benefit expenditure tables 2002"，www. dwp. gov. uk.

Dwyer，P.（2000）*Welfare rights and responsibilities：Contesting social citizenship*，Bristol：The Policy Press.

Hewitt，M.（2000）*Welfare and human nature：The welfare subject in twentieth century social politics*，Basingstoke：Macmillan.

Hewitt，M.（2002）"New Labour and the redefinition of social security"，in M. Powell(ed.) *Evaluating New Labour's welfare reforms*，Bristol：The Policy Press，pp. 189—210.

McKay，S. and Rowlingson，K.（1999）*Social security in Britain*，Basingstoke：Macmillan.

Millar，J.（1996）"Women, poverty and social security"，in C. Hallett(ed.) *Women and social policy*，Brighton：Harvester/Wheatsheaf，pp. 52—64.

Walker，R. with Howard，M.（2000）*The making of a welfare class?：Benefit receipt in Britain*，Bristol：The Policy Press.

7

第一部分　变动不居的环境

第二章
"从摇篮到坟墓"：社会保障与生命周期[*]

概要 自 20 世纪 50 年代以来，英国的就业结构和人口结构发生了重大变化。贝弗里奇模式的社会保障体系所依据的基本假设越来越不符合实际了，而社会保障体系提供"从摇篮到坟墓"的保障能力也面临着越来越大的挑战。本章包括以下内容：

- 回顾就业结构的变迁，其特征是从 20 世纪 50 年代的男子全职就业模式，转变为 21 世纪更加灵活的劳动力市场；
- 回顾人口结构的变动，认为 20 世纪 50 年代"男主外、女主内"模式已经解体，家庭结构更为多样化；
- 探讨社会保障体系在多大程度上导致了这些变化；
- 鉴于这些巨大变化，考察社会保障体系是否(依然)能够给人们提供从摇篮到坟墓的支持；
- 审视社会保障体系可能的改革方案，以更好地反映当前的就业和家庭结构。

导言：变动的家庭和就业结构

威廉·贝弗里奇在 20 世纪 40 年代奠定了今天社会保障体系的主要基础。"贝弗里奇计划"旨在给国人提供从摇篮到坟墓的支持，由此消除贫困、疾病、愚昧无知、道德败坏和游手好闲等"五大恶魔"。要实现这一目标，就必须在社会保障体系中将社会保险(缴费型)待遇作为社会保障的核心。国民救助(生计调查型待遇)只是少数人迫不得已才求助的安全网。该体系建基于某些有关家庭和就业模式的假设。其中心假设是男人养家糊口，在全职岗位上干一辈子，女人居家料理家务。在 20 世纪五六十年代，这种男主外、女主内的模式是司空见惯的，尽管并不是所有的家庭都这样。但到 20 世纪 70 年代，这种模式开始发生根本的变化。

[*] 本章作者为卡伦·罗林森，巴斯大学社会研究讲师。详见 http://staff.bath.ac.uk/ssskr/。

到 20 世纪八九十年代的时候,家庭和就业模式已经发生了显著的变化。本章旨在考察社会保障体系与家庭和就业结构的变迁之间的关系。

从男性全职就业到灵活劳动力市场

20 世纪 50 年代和 60 年代,英国的平均失业率大概在 2.5％的水平。失业率如此之低,这在英国历史上也是很罕见的(Nickell,1999)。那是个"充分就业"的年代,绝大部分的毕业生至少都能有一份全职工作,到法定退休年龄时再退休。然而,进入 20 世纪 70 年代中期以后,失业率飙升,1981 年时高达 9.6％(Nickell,1999)。失业率跟着经济周期而变化,20 世纪 80 年代后期有所回落,90 年代初又开始上升。90 年代后期,失业率又降低了些。然而,2002 年的失业率仍高达 5.2％(*Labour Market Trends*,July,2002),是 20 世纪五六十年代失业的两倍。缺乏专门技能的人员等特殊群体的失业率更高,90 年代后期约为 15％(Nickell,1999)。表 2.1 汇总了 1975 年至 1998 年间按性别分的失业率的变动情况。

表 2.1　按性别分劳动力市场趋势(1975—1998 年)(单位:％)

年　份	失业人员		非经济活动人口	
	男	女	男	女
1975	5.1	4.1	2.6	36.5
1979	4.4	3.9	4.7	34.6
1983	10.7	6.6	8.2	34.4
1987	10.0	6.8	9.6	29.8
1990	6.7	5.0	8.9	26.9
1993	10.7	5.5	11.3	27.9
1998	5.8	3.8	13.2	26.9

资料来源:Gregg and Wadsworth(1999)。

因此,20 世纪八九十年代,失业率出现了显著上升,大规模失业成了英国劳动力市场的主要特征。在此期间,还出现了一种新现象:男性非经济活动人口众多。非经济活动人口指的是那些没有就业也没有失业的人,也就是说,他们既不主动找工作也不愿工作。它包括在家里料理家务的人、因患病和残障而离开工作岗位的人士，以及"已提前退休"但尚未领取国家养老金的人员。

表2.1表明，相当多的妇女被定义为"非经济活动人口"，不过，该比例从1975年的36.5％降至1998年的26.9％。相比而言，1975年，只有2.6％的男子被视为"非经济活动人口"；然而，到1998年，男性中"非经济活动人口"的比例上升到13.2％。如果不看比例而看数量，那么，处于工作年龄的男性中，"非经济活动人口"只有40万。然而到20世纪90年代后期，却上升到了230万（Gregg and Wadsworth，1999）。20世纪90年代，50岁以上的人以及技能水平低的人中间，"非经济活动人口"的比例最高。非经济活动人口集中在高失业领域。然而，虽然失业是周期性的，且在20世纪90年代后期，失业率下降了，可非经济活动人口的比例却一直在增长。不过，如前所述，女性非经济活动人口的比例实际上是下降的。

因此，失业率的上升，特别是非经济活动人口的增加，影响的主要是男性。相反，20世纪下半叶，女性的就业率出现了大幅增长。就有小孩的妇女来说，这一趋势更是惊人。1975年，在工作年龄人口中，男性有工作的比例高达92％，而女性有工作的比例仅为59％。到1998年，男性有工作的比例降至81％，而女性有工作的比例升至69％（Desai et al.，1999）。表2.2显示的是按最小的子女年龄分的妇女就业率及其关系。它表明，有5岁以下孩子的妇女的就业率大幅上升了。1981年，在配偶工作的情况下，哺乳期妇女就业的比例只有19％。到1998年，该比例升至56％。在配偶就业的情况下，有2—4岁孩子的妇女就业率从33％升至64％。

表2.2 按最小孩子年龄分的妇女就业率（单位：％）

年 份	孩子0—1岁			孩子2—4岁			孩子5—10岁		
	LP	NWP	WP	NWP	WP	LP	NWP	WP	LP
1981	18	13	19	27	18	33	51	40	61
1986	13	11	30	24	15	45	43	31	65
1990	18	15	42	28	30	55	50	41	74
1993	17	20	52	27	29	59	44	37	75
1998	20	26	56	32	28	64	49	34	78

注：LP=单亲妈妈，NWP=配偶未就业的妇女，WP=配偶就业的妇女。
资料来源：Desai et al.（1999）。

13

男女之间就业率的差距显著缩小了,男女之间的收入差距也缩小了。20 世纪 70 年代,有 1/14 的妇女比丈夫挣得多,而现在,有 1/5 的妇女比他们的丈夫挣得多。不过,还是有 4/5 的男性比妻子挣得多。导致男女收入差距的主要原因是妇女更有可能打零工。在就业妇女中,有 40％是打零工的;而男性打零工的比例只占 7％。然而,劳动时数的差别不能完全解释男女收入的差别,因为数据表明,妇女的小时工资只相当于男性的 82％(上述数据均来自 ONS,2001)。

20 世纪 80 年代,劳动力市场的另一大变化是工资不平等的上升。换句话说,高薪与低薪之间的差距扩大了。特别是,教育水平和技能等级高的人,收入显著上升了,而技能水平低的人,收入水平却每况愈下。所有这些变化,都使得英国几乎成为经济合作与发展组织成员国中工资水平最低的国家(OECD,1996)。临时工、小企业员工、未组织工会的企业员工、少数民族员工以及缺乏技术的体力工人,这些人收入低的可能性很大(Stewart,1999)。24 岁以上的男职工中,收入低的工人所占的比例,1968 年为 1/30,20 世纪 90 年代后期则升至 1/6(Stewart,1999)。而且,有力的证据表明,低薪和失业之间存在某种循环。收入低的人更有可能失业,而不是增加工资;失业的人能找到的工作,更有可能是收入低的工作。

1999 年,最低工资的引入似乎在一定程度上降低了工资/收入不平等。1999 年春,当最低工资标准开始实施的时候,工资水平低于最低工资标准(3.6 英镑/小时)的工资岗位有 150 万个(占 6.5％)。一年以后,低于最低工资标准的工作岗位只有 30 万个(占 1.2％),不过,小时工资在 3.6 英镑以上的工作岗位的状况却没有什么变化(Stuttard and Jenkins,2001)。不过,汤因比(Toynbee,2003)的经历却凸显了低收入岗位的残酷现实:工作不稳定、债台高筑、工作又脏又累。

20 世纪 80 年代和 90 年代出现了一种全新的现象:零就业家庭。工作也两极化了,双职工家庭多起来了,零就业家庭也多起来了。表 2.3 表明,1968 年零就业家庭只有 4％,1995 年零就业家庭上升到 16.7％。在此期间,单亲家庭成为零就业家庭的风险最高,其次就是单身汉。不过,过去 30 年间,夫妻都没有就业的家庭也大幅增加了。因此,男主外、女主内的传统模式很大程度上已经式微了。格雷戈等人(Gregg et al.,1999)认为,零就业家庭中,有 1/3 是因为家庭结构的变化而导致的(如单亲家庭的增多)。不过,大多数(占 2/3)是由于不同类型的家庭的就业机会存在差别而造成的。换句话说,就像表2.2所揭示的那样,富裕家庭的女性跟着丈夫一块去就业;贫困家庭的情况是,丈夫跟着妻子一起待在家里。

表2.3 零就业家庭的变动趋势(1968—1995年)(单位:%)

年 份	总 计	单身人士	单亲父母	无孩子的夫妇	有孩子的夫妇
1968	4.0	11.3	23.4	2.7	1.6
1975	6.2	13.2	36.5	3.4	3.0
1981	10.6	17.5	40.7	5.8	7.3
1985	15.7	22.1	30.2	11.0	10.5
1990	13.3	19.2	48.8	7.9	6.1
1995	16.7	26.5	50.4	9.3	7.3
1968	4.0	11.3	23.4	2.7	1.6

资料来源:Gregg et al.(1999)。

20世纪80年代灵活就业和自主就业的增长,以及雇主用人自主权的扩大,导致了某些论者所说的"灵活劳动力市场"的发展。不过,有人对"灵活"的程度提出了质疑;而且,"灵活"到底有利于雇主还是雇员,是有争论的(Meadows, 1999)。虽然如此,"灵活"总体上还是反映了一个事实,即与20世纪50年代占主导地位的那种相当僵化的劳动力市场体制相比,现在的劳动力市场更多样化了,流动性也更强了。

资料框2.1 就业结构的主要变化

- 20世纪70年代中期,失业率(大部分是男性)急剧上升。80年代后期,失业率有所回落。90年代初,失业率再次上升,然后又下降了。90年代末的失业率是5.2%。
- 20世纪80年代和90年代出现了一种新现象:大量男性成为非经济活动人口,1998年高达230万人,占13.2%。
- 女性特别是配偶也就业、有小孩的妇女的就业率上升了。与男子相比,妇女更有可能打零工,而且妇女的报酬也显著低于男性。
- 20世纪80年代,工资不平等上升了。英国是一个工资低的国家,不过,1999年最低工资标准的引入,提高了一些低收入岗位的工资水平。
- 就业两极化,双职工家庭和零就业家庭都多起来了。

从男主外、女主内模式到家庭生活的多样化

上一节概述了 20 世纪下半叶就业模式的主要变迁。20 世纪下半叶,人口模式也出现了显著变化。从 20 世纪 40 年代末到 60 年代初,家庭生活大同小异:孩子都同父母生活在一起,绝大多数年轻人婚前都没有同居过(人们认为,婚前同居是"有罪的生活")。大多数人都是婚后才要孩子,离婚的也不多。从 20 世纪 70 年代起,情形发生了很大的变化,家庭生活的模式越来越多样化了。

第一个变化发生在 20 世纪 60 年代初,当时,离婚数量显著上升了(参见表 2.4)。整个 20 世纪 70 年代,离婚数量一直在上升。20 世纪 80 年代,离婚人数上升的趋势开始减弱。90 年代,离婚数量减少了。尽管如此,1999 年的离婚数量是 1961 年的近六倍。与此同时,初婚人数却减少了一半(ONS, 2001)。人们对离婚的原因做了许多研究,结论五花八门。一般而言,贫困妇女离婚的可能性更大,妇女离婚后更有可能陷入贫困或变得更穷。这些趋势可能会让我们误以为,婚姻正变得越来越不受欢迎。但事实上,再婚的数量出现了显著上升(1961年至 1999 年间,再婚数量增长了两倍)。因此,婚姻制度并没有被一股脑儿抛弃。

表 2.4　英国的婚姻趋势(1961—1999 年)(单位:千人)

年　份	夫妻均初婚	离　婚	夫妻一方或双方再婚
1961	339.5	27.2	57.1
1971	368.6	79.3	90.8
1981	263.2	157.0	134.6
1991	222.4	173.5	127.4
1999	178.8	158.7	122.3

资料来源:ONS;苏格兰登记办公室;北爱尔兰统计与研究局。

同居是对婚姻制度的另一大潜在挑战。现在,对于一男一女还没有结婚就住在一起,人们早就习以为常了。哈斯基(Haskey, 1996)发现,20 世纪 60 年代中期,未婚女性婚前同居的比例不到 5%;而到了 90 年代初,未婚女性婚前同居的比例达 70%。同居未必就是对婚姻的替代。大多数夫妻都把婚前同居视为结婚的前奏,但有些人在离婚后、再婚前选择同居,而有些人在同居后却作出了不结婚的决定。许多同居的配偶在要孩子前会决定结婚,然而,同居的配偶有了孩子后依

旧同居,却变得越来越普遍。20 世纪 80 年代初,有未成年子女的家庭中,有 1/5 属未婚同居(Haskey,1996)。有未成年子女的同居配偶往往社会经济地位低下,他们更有可能住在老城区的公房里,靠政府的收入救济过活(Kiernan and Estaugh,1993;McRae,1993;Haskey,1996)。

除此之外,单身女性怀孕的也多起来了。将两种现象放在一起,我们就能估计婚外孕的数量。在 20 世纪五六十年代,未婚先孕是很丢人的,或许还会导致"拉郎配"。然而,1967 年的《流产法》给单身女性提供了另一条路,如果她们觉得不想要孩子,可以选择流产。到 20 世纪 90 年代后期,约 1/5 的婚外孕女性选择了流产。图 2.1 显示,1999 年,婚外生育占总生育数的近 40%(1975 年,还不到 10%)。这些婚外生育的孩子大部分是同居配偶生的。

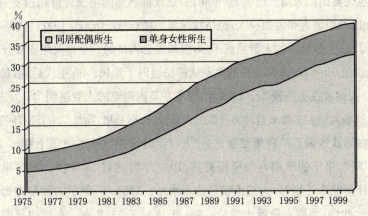

资料来源:ONS(2002);苏格兰登记办公室。

图 2.1　婚外生育占英国总生育的比例

由于结婚率的下降、婚外生育的增多以及离婚率的上升,从 20 世纪 70 年代开始,单亲家庭明显增多了。1972 年至 2000 年间,生活在单亲家庭的未成年人占儿童总数的比例增加了三倍多,都快达到 1/5 了(ONS,2001)。20 世纪七八十年代,大多数人都是因为离婚才成为单亲妈妈。然而到 90 年代,从未结过婚的单亲妈妈变得日益常见。其中的主要原因是同居关系的解体以及生孩子的单身女性的增多(Rowlingson and McKay,2002)。

随着结婚率的下降、离婚和同居的增多,组合家庭也变得越来越多了。1998 年至 1999 年度,有未成年人的家庭(家长不满 60 岁)中,6%是组合家庭(ONS,2001)。

家庭形式的另一大变化,是单身人士的增多。1950 年,单身的英国人还不到

1/20。到 1970 年时,18％的英国家庭都是一口之家。1991 年,一口之家的比例上升到 27％(Hall et al.,1999)。单身的主要是老年人,特别是孤老和寡妇。不过,单身人数上升最快的并不是老年人,而是年轻人和中年人。年轻人想建立自己独立的家庭,中年人在与同居的伙伴闹翻后,也常常一个人过。

第二次世界大战以后的另一个重要的人口现象就是迁入英国的移民。早在 16 世纪初,非洲人和亚洲人就已经在英国繁衍生息了(Fryer,1987)。不过,1948 年 6 月 22 日,492 名牙买加人乘着大英帝国的"神风号"客轮来到英国,宣告了一个新时代的到来,大量来自英联邦和巴基斯坦的移民来到了英国。英国政府及英国的产业部门都希望有更多的工人来为战后的复兴添砖加瓦。国民健康服务等公共服务部门也需要大量的人手。但这些移民工人很快就面临着种族歧视的问题,他们的贫困率也比英国白人高。过去 50 年间,少数族群遭遇的境况变得相当复杂。有些群体,如巴基斯坦人和孟加拉人,经济境况最为糟糕(Berthoud,1997;另请参见本书第十三章)。少数族群的人数虽然不多,但却是总人口的一个重要组成部分。

20 世纪 90 年代,人们关注的焦点从移民转向了难民。80 年代后期,每年大约有 4 000 人寻求在英国避难。1999 年,寻求在英国避难的人数达到 7.1 万人(ONS,2001)。这些人绝大多数来自冲突升级的南斯拉夫、索马里、斯里兰卡,还有阿富汗。

家庭形式的最后一种重要变化是"人口定时炸弹"(见本书第十章)。20 世纪二三十年代,男子的预期寿命缓慢提高,1940 年时达到 59.4 岁。贝弗里奇在构想他的社会保障计划时,大抵也就是这个水平。1951 年,男子的预期寿命提高到 66.2 岁。此后,预期寿命稳步增长,1991 年达到了 73.2 岁。女性的预期寿命在 1940 年是 63.9 岁,1951 年为 71.2 岁,1991 年时达到 78.9 岁(Laslett,1996)。因此,人们退休后的时光大幅增多了。与此同时,今天的人们都盼着能早点退休。

资料框 2.2　人口结构的主要变迁

- 同居现在司空见惯了,不再是"有罪的生活"。
- 单身妇女和同居伙伴生孩子的多起来了。
- 1960—1990 年间,离婚率显著上升,此后居高不下。
- 自 20 世纪 70 年代起,单亲家庭及继父母组成的家庭越来越多。
- 年轻人和老年人中,单身的年轻人和老年人越来越多。
- 从 20 世纪 50 年代起,移民导致了文化和种族的多样化。90 年代后期,难民申请增多了。
- 预期寿命延长了,人们退休后的日子更长了。

社会保障体系是造成这些趋势的主要原因吗？

本章从开头到现在，谈的都是 20 世纪 50 年代以来经济社会生活的显著变化。这一节将评论一下社会保障待遇在多大程度上引起了这些变化。比如，社会保障体系是否降低了人们的工作意愿，由此导致人们不愿劳动、失业增加？它是否导致了"男主外、女主内"模式的解体？它是否影响了人们组成家庭的类型——尤其是，人们是否因为社会保障而更可能成为单亲父母，生育更多的子女？

不想工作？

20 世纪 70 年代初或许是社会保障体系的鼎盛时期。为了减少 60 年代"被重新发现"的贫困，政府提高了社会保障待遇。然而，一场暴风雨正在来临，它给英国的社会保障体系带来了种种难题。如前所述，从 20 世纪 70 年代中期开始，失业人数急剧上升。这种经济变化，很大程度上是由于 1974 年石油价格飙升导致的全球经济危机引起的。在英国经济向后工业社会转型的过程中，制造业、重工业衰败了。然而，没有任何证据可以表明，社会保障体系导致了失业人数的上升。有些人声称，社会保障待遇水平高，会促使有工作的人离开工作岗位，或者导致没有工作的人不想去工作（参见 Bryson and McKay, 1994；Millar and Ridge, 2001）。然而，在这段时间里，社会保障待遇并没有显著提高，因此并没有鼓励人们游手好闲，不去就业。失业人数的增长是由根本性的经济变迁导致的，社会保障体系作为一种安全网，使许多人失业后不至于喝西北风。

非经济活动人口的上升也是这样，它是社会经济条件不断变化的反映。然而，有些人却说，20 世纪 80 年代，领取疾病、伤残或失能补助的人数之所以会上升，部分原因就是管理人员为了压低失业人数，（在政府的默许下）鼓励"失业"人员去领取疾病待遇或伤残待遇。此外，失能津贴的水平比失业津贴高，也会鼓励人们去申领失能津贴。20 世纪 70 年代以前，失能津贴的水平的确相对较高。然而随着新的残障津贴的引入，非经济活动人口的待遇就好于失业人员了。不过，伯绍德（Berthoud, 1998）认为，没有多少证据可以表明，那些领取疾病津贴、失能津贴的人员是在装病或者假装残疾。

虽然没有多少证据可以说明社会保障体系导致了失业或不就业，但有些人不

19

想工作的可能性的确要比其他人大。20 世纪 60 年代后期,有未成年子女的家庭就不太想去工作,因为当时的社会保障待遇考虑了家庭人口的多少,而工资却不考虑工作者的家庭人口数。1971 年,政府实施了家庭收入补助制度,以削弱人们不愿工作的动机。此后,政府一直在这个方向上努力,先是推出了家庭救济金,接着又出台了工作家庭税额抵扣计划。2003 年 4 月,又用就业税额抵扣计划取代了工作家庭税额抵扣计划。因此,政府的确认为,社会保障待遇体系对人们的就业行为是有影响的。

在没有子女的配偶中,双方都失业的配偶不想去工作的可能性要高得多(Cooke, 1987;McKay et al. ,1999)。按生计调查型待遇的做法,双方如果有一人去打零工的话,是得不偿失的。政府针对双方都失业的配偶出台的新政,旨在解决这个问题。新出台的就业税额抵扣计划也能鼓励没有子女的人去就业。然而,还是没有多少证据可以表明,社会保障待遇体系是导致失业配偶就业率低的罪魁祸首。其他因素可能更为重要。比如,配偶双方可能都生活在就业机会少得可怜的地区。另一个可能的因素是人们倾向于门当户对,找条件类似的人(如文化水平不高)作为自己的对象。此外,有关性别关系的传统价值观可能会导致妇女在另一半失业时,跟着待在家里。研究表明,导致双方都失业的配偶就业率低的主要原因,是配偶双方的特征类似(如文化技能低、缺乏工作经验等)(这方面的文献综述,参见 McKay and Rowlingson, 1999)。社会保障体系的确对这些人的行为有影响,但其他因素却更为关键。

就单亲父母的就业率来说,情形也类似。为了使单亲父母更愿意工作,政府一直在提高在业津贴的水平。事实上,由于社会保障改革的结果,单亲父母的就业率上升了。不过,大多数单亲父母没有就业的原因在于一些其他因素。比如,各种研究都表明,在成为单亲母亲之前,这些人的就业率本来就很低(Holtermann et al. ,1999;Marsh et al. ,2001)。另一个障碍是,她们很难找到合适且廉价的儿童照料服务,导致她们想待在家里自己照料孩子(Ford, 1996;Millar and Ridge, 2001)。

因此,就业的主要障碍并不在于社会保障待遇的水平。另一个例子是,人们宁愿靠一份低但是稳定的社会保障待遇过活,而不愿去冒险挣钱(McLaughlin et al. ,1989)。导致不稳定的一个主要原因是住房津贴。当人们靠领取收入救济过日子的时候,房租由政府负责。可当人们有了工作,就会失去一部分甚至全部的住房津贴。这种不确定性会导致人们不想去工作。同样,政府试图解决这个问题,办法是提供连续津贴,使原先靠领取救济金过活的人有个缓冲,不必马上就得完全靠工资过日子。

对男主外、女主内模式的挑战?

20世纪40年代的福利国家从来就没打算挑战男主外、女主内的模式。事实上,这种模式正是社会保障体系所奉行的保险原则的基础。妇女通过丈夫的缴费获得社会保障,享受社会保障待遇。然而,妇女进入了劳动力市场,留了下来,并且在劳动力市场待的时间越来越长,她们有了自己的社会保险待遇。不过,她们的待遇水平还是要低于男子,因为她们的就业时间短,工资水平低。同样,随着妇女劳动力市场参与率的提高,政府降低了保险待遇的作用,由此导致主要的社会保障待遇都是生计调查型的,而不是缴费型社会保险。

对妇女而言,生计调查型待遇提出了种种难题。因为生计调查型待遇假设,夫妻会以公平的方式分配他们的收入。事实证明,这种假设是有问题的。麦克拉夫林等人(McLaughlin et al.,2002)认为,有关"传统"家庭单位的种种假设应统统抛弃,以建立一个更加个别化的体系。他们的理由是:

- 福利国家及家庭内部的性别平等和公正;
- 工作—生活的平衡;
- 劳动力供给;
- 反贫困;
- 照料自有其价值,政府代表社会应给照料者应有的回报。

最近,澳大利亚的改革趋向于分开处理,对于夫妻双方都是在领取找工作补贴的失业人员,在发放补贴时,可以不考虑另一方的一部分收入。澳大利亚还推出了父母津贴,在家里照看子女的人可以获得报酬(McLaughlin et al.,2002)。对这种改革,可以有不同的理解:承认家务劳动的价值或者通过支持父母待在家中,强化男主外、女主内的模式。不过,除非性别身份和性别关系有重大变迁,那么,这种情况就不可避免:领取父母津贴的主要是孩子的母亲,而不是孩子的父亲。

如前所述,英国的在业津贴帮助单亲父母去就业,因此,鼓励了这些单亲母亲走出家门,进入劳动力市场(McKay,2003)。不过,这些津贴对于有配偶的妇女来说,却有可能起反作用。正如雷克(Rake,2001)所说的那样,像工作家庭税额

21

抵扣之类的待遇,由于要考虑夫妻双方的收入,实际上促使夫妻双方都不去就业。当配偶中的一方工作 30 小时以上时,政府给的税额抵扣更是强化了这种消极动机——因为一方不能分另一方的抵扣税额,由此强化了男主外、女主内的模式。话虽如此,不过,透过表 2.2 中配偶有工作的女性的就业率可以看出,这种消极动机并没有我们想象的那么大。因此,没有证据可以表明,社会保障体系导致了或者推动了男主外、女主内模式的解体。

不想结婚或同居?不想要孩子?

长期以来,一直有人担心社会保障体系(以及公房)会鼓励女性成为单亲妈妈。然而,这种担心是多余的(这方面的文献综述,参见 Rowlingson and McKay,2002)。研究表明,福利国家的确给单亲妈妈提供了帮助,但并没有鼓励她们成为单亲妈妈。与是否就业一样,导致人们成为单亲妈妈的原因有很多。经济原因是一个方面,但并非总是最重要的因素。有关家庭生活的文化观念以及宏观的社会经济条件,都是重要的因素。在安排自己的私人生活时,人们一般不会只考虑经济上的得失。相反,人们会考虑更广泛的因素。人们在决定时往往很冲动,而不是冷静地算计。

然而,各国政府,特别是美国政府,都有一种信念:福利体系的确会影响人们与家庭生活相关的行为。有些州故意把福利体系当做一项社会工程,阻止单亲妈妈在领取救济期间生儿育女。政府给每个家庭能领取的待遇水平设置了封顶线,孩子多了,救济金却不变。这些改革的效果如何,不得而知,但有证据表明,单亲父母的就业率上升了(Waldfogel et al. , 2002)。在美国,目前辩论的焦点是:福利体系是否可以用来鼓励和支持婚姻? 如果可以的话,又该怎么做才好(*The American Prospect* , 2002)?

从摇篮到坟墓:现在与未来?

根据贝弗里奇计划的构想,人们可以通过普惠型的国民保险获得“从摇篮到坟墓”的保障。这种构想尚未实现。国民保险始终没有全面覆盖就业不太正规的就业人员,如新成长劳动力、残疾人、就业时间短或打零工的妇女(Baldwin and Falkingham, 1994)。不过,几十年来,政府的政策一直起了重要作用。20 世纪 70

年代,保守党政府致力于削减公共支出,让"国家后撤",导致了国民保险覆盖范围的显著缩小。失业保险金(现在的求职补助)及残障津贴(现在的失能津贴)的领取期限也缩短了。残障津贴还得纳税。公共养老金与通货膨胀挂钩,而不是与平均工资挂钩。这些变化意味着,越来越多的老年人、中年人、青年人不得不靠收入救助过活,聊以度日。

由于本章讨论的各种社会经济政治趋势的结果,20世纪80年代和90年代初,贫困人口急剧上升,不平等状况急剧恶化。1995年至1996年,英国有1/5的人生活在贫困中,而1979年英国的贫困人口还不到1/10(Burgess and Propper, 1999)。20世纪80年代经济增长的成果并没有在不同家庭间分享,大多数成果都进了最富有家庭的腰包,而贫困家庭却未能从中受益。在这些趋势中,遭罪的主要是儿童——1979年,有1/12生的儿童生活在贫困家庭。到1995年至1996年,近1/3的儿童生活在贫困家庭。社会保障体系未能与时俱进,社会对社会保障提出了越来越多的新要求,而社会保障却没能与社会的需要同步。

展望未来,是否可以改革社会保障体系,以适应家庭模式和就业模式的这些变化呢?对现行的社会保障体系进行若干改革是可能的。比如,一种办法是回归贝弗里奇计划的基本原则,增强社会保险在社会保障体系中的作用(参见CSJ,1994)。工党政府热衷于推动有报酬的就业,而且,如果大多数人都有工作的话,我们或许还能给人们发放更慷慨的保险待遇。不过,这仍然意味着有些人还是没有被社会保险覆盖。比如,尽管妇女就业人数逐年上升,然而,在一生中,妇女从事有报酬的工作时间还是要远远小于男性,她们的报酬也比男性的低(Dench et al.,2002)。与其他人相比,单亲父母参加工作(特别是全职工作)的可能性要小得多。政府正致力于提高单亲父母的就业率(计划2010年提高到70%),然而,即使这项雄心勃勃的目标真的实现了,按照绝大多数社会保险项目的规定,妇女(及其孩子)能获得的待遇还是不如男子。

解决这一问题的办法之一,是给在家中照料子女或老人的妇女发补贴。同样,我们也可以从事志愿服务或通过其他形式的"生产劳动"向他人发补贴。然而,如果我们给大量游离于劳动力市场之外的人发补贴,那么,成本就增加了,而国民保险的原则也落空了。我们也可以实施普惠型津贴。现行国民保险体系的另一个问题是,国民保险保的尽是些对男性有影响的险种(比如,失业)。对于照顾儿童或离异的人,国民保险体系也没有提供相应的保障。

另一项选择是提高待遇瞄准的有效性。从 20 世纪 80 年代中期开始,不论是保守党政府还是工党政府,都流行这种做法。人们倾向于用"瞄准"而不是"生计调查",尽管在实践中,瞄准的主要办法就是将待遇与收入和储蓄挂钩(换句话说,生计调查)。任何一种生计调查都可能出现利用率的问题,都会有耻辱烙印,都可能削弱人们的工作或储蓄的积极性,都会有人骗保,也都会带来管理成本。生计调查的另一个问题是,调查通常以家庭为单位,由此可能强化家庭内部的依赖关系。直到最近,生计调查型待遇(主要是收入救济)的水平都很低。要消除贫困,就必须提高待遇水平。这会提高此类待遇的覆盖范围,导致更多的人不愿工作。话虽如此,收入水平较高的家庭也可以享受工作家庭税额抵扣,于是,问题就来了:我们瞄准的目标是穷人,还是把中等收入人群也纳入进来?我们瞄准的收入水平越高,就越接近普惠型福利。

基于普惠原则的社会保障体系是什么样子的?基本收入计划(又称"公民收入")建基于一个简单的想法:每个个体都应享有国家发放的基本收入(Fitz-patrick, 1999; McKay and Van Every, 2000; van Parijs, 2000)。此类计划最普惠的做法是,基本收入,人人有份。此类计划的另一些变种把基本收入的发放与某些"参与"形式挂钩,如照顾小孩,努力找工作,等等。不过,"纯粹的"基本收入计划有一大优势,那就是不需要行政机关去审核人们的资格,因此,行政管理成本很低。利用率、耻辱烙印等都不是问题,因为钱是直接发放的,根本不需要申请。它将是一个包容性的计划,对所有人一视同仁。对于工作、储蓄也不会有负面影响,因为即使人们挣钱了或者有大量存款了,基本收入还是照发不误。

然而,有人说,如果基本收入的水平足以满足人们的需要,人们就不会有工作的动力了。为了能给每个人发钱,就必须对就业人员征收重税,从而削弱人们的工作积极性。纯粹的基本收入计划与现行的社会保障体系相距甚远。没有哪个国家的政府准备这样做。不过,殊途同归的另一个办法可能是提高儿童津贴的水平,因为儿童津贴是普惠的,优势与基本收入计划类似。

另一种激进的方案是彻底摧毁社会保障。有人说,人们应该自保,自谋生路。这种做法与基本收入的想法截然相反。私人福利体系的基础是个人主义价值观,而不是什么普惠和社会包容。社会保障体系不可能被彻底摧毁,因为即使是在 19 世纪,也还是有《济贫法》来救济那些生活困难的人。毫无疑问,如果我们回归私人福利,就意味着公德败坏,意味着贝弗里奇 20 世纪 40 年代就希望根除的罪恶的回

24

归。没有一个主要政党会实施如此激进的改革，不过，在20世纪末，不论是保守党政府还是工党政府，都致力于鼓励私人福利的发展，特别是在养老金领域。

政府政策目前的方向看来并没有把激进改革提上议事日程。政策主轴是就业优先，以就业作为最佳的福利形式。与此相关，推行税额抵扣计划，而不是提高社会保障待遇。这种动向反映了财政部在社会保障政策领域的影响越来越大。许多政府人士把社会保障待遇视为助长依赖的施舍，而税额抵扣则被视为与就业密切挂钩、让人们自食其力的良药。税额抵扣被当做包治百病的灵丹妙药，但眼下却很难判断它是雪中送炭，还是雪上加霜。

总结

- 20世纪下半叶，就业结构和人口结构发生了急剧的变化。家庭生活更加多样化了，同居、离婚、单亲家庭等现象多起来了。男性的就业/经济活动减少了，而妇女的就业/经济活动则增多了。
- 自20世纪70年代以来，贝弗里奇式的社会保障体系的基础（即男性全职就业和男主外、女主内模式）受到了根本性的挑战。社会保障体系本身并没有导致男主外、女主内模式的解体。
- 政府通过削减社会保险待遇的方式来回应这些挑战。生计调查型待遇的扩张以及20世纪70年代以来的其他各种社会经济变迁，导致了贫困特别是儿童贫困的大量增长。
- 当前的社会保障体系并不符合当今的就业结构和人口结构的要求，然而，迄今为止，政府并没有提出激进的改革方案。目前采取的政策举措，包括税额抵扣，将就业作为最好的福利保障加以推广（如通过"新政"），将更多的资源用于帮助儿童以及鼓励人们参加私营养老保险。

思考题

1. 为什么贝弗里奇计划未能提供"从摇篮到坟墓"的保障？

2. 社会保障体系和社会经济行为之间有何关系？

3. 在当前社会保障体系中，哪些方面与当今的就业模式和家庭生活模式冲突得最厉害？要更好地满足这些需要，社会保障体系该如何改革？

参考文献

Baldwin, S. and Falkingham, J. (1994) *Social security and social change: New challenges to the Beveridge model*, Hemel Hempstead: Harvester Wheatsheaf.

Berthoud, R. (1997) "Income and standards of living", in T. Modood, R. Berthoud, J. Lakey, J. Nazroo, P. Smith, S. Virdee and S. Beishon, *Ethnic minorities: Diversity and disadvantage*, London: Policy Studies Institute.

Berthoud, R. (1998) *Disability benefits: Reviews of the issues and options for reform*, York: Joseph Rowntree Foundation.

Bryson, A. and McKay, S. (1994) "Is it worth working? An introduction to some of the issues", in A. Bryson and S. McKay(eds.) *Is it worth working? Factors affecting labour supply*, London: Policy Studies Institute, pp. 1—18.

Burgess, S. and Propper, C. (1999) "Poverty inBritain", in P. Gregg and J. Wadsworth(eds.) *The state of working Britain*, Manchester: Manchester University Press, pp. 259—275.

Cooke, K. (1987) "The withdrawal from paid work of the wives of unemployed men", *Journal of Social Policy*, vol. 20, no. 4, pp. 537—565.

CSJ(Commission on Social Justice)(1994) *Social justice: Strategies for national renewal*(chair: Sir Gordon Borrie), London: Vintage.

Dench, S., Aston, J., Evans, C. and Meager, N. (2002) *Key indicators of women's position in Britain*, London: Women and Equality Unit.

Desai, T., Gregg, P., Steer, J. andWadsworth, J. (1999) "Gender and the labour market", in P. Gregg and J. Wadsworth(eds.) *The state of working Britain*, Manchester: Manchester University Press, pp. 168—184.

Fitzpatrick, T. (1999) *Freedom and security: An introduction to the basic income debate*, London: Macmillan.

Ford, R. (1996) *Childcare in the balance*, London: Policy Studies Institute.

Fryer, P. (1987) *Staying power: The history of black people in Britain*, London: Pluto Press Ltd.

Gregg, P. and Wadsworth, J. (1999) "Economic inactivity", in P. Gregg and J. Wadsworth(eds) *The state of working Britain*, Manchester: Manchester University Press, pp. 47—57.

Gregg, P. , Hansen, K. and Wadsworth, J. (1999) "The rise of the workless household", in P. Gregg and J. Wadsworth(eds.) *The state of working Britain*, Manchester: Manchester University Press, pp. 75—89.

Hall, R. , Ogden, P. and Hill, C. (1999) "Living alone: evidence from England and Wales and France for the last two decades", in S. McRae(ed.) *Changing Britain: Families and households in the 1990s*, Oxford: Oxford University Press, pp. 265—296.

Haskey, J. (1996) "Population review(6): families and households in Great Britain", *Population Trends*, vol. 85, pp. 7—24.

Holtermann, S. , Brannen, J. , Moss, P. and Owen, C. (1999) *Lone parents and the labour market: Results from the* 1997 *Labour Force Survey and Review of Research*, London: Employment Service Report 23.

Kiernan, K. and Estaugh, V. (1993) *Cohabitation, extra-marital childbearing and social policy*, London: Family Policy Studies Centre.

Laslett, P. (1996) *A fresh map of life*(2nd edn), Basingstoke: Macmillan.

McKay, A. and Van Every, J. (2000) "Gender, family and income maintenance: a feminist case for Citizens Basic Income", *Social Politics*, vol. 7, no. 2, pp. 266—284.

McKay, S. (2003) *Working Families' Tax Credit in 2001*, Leeds: Corporate Document Services.

McKay, S. and Rowlingson, K. (1999) *Social security in Britain*, Basingstoke: Macmillan.

McKay, S. , Smith, A. , Youngs, R. and Walker, R. (1999) *Unemployment and jobseeking after the introduction of Jobseeker's Allowance*, DSS Research Report No. 99, Leeds: Corporate Document Services.

McLaughlin, E. , Millar, J. and Cooke, K. (1989) *Work and welfare benefits*, Aldershot: Gower.

McLaughlin, E. , Yeates, N. and Kelly, G. (2002) *Social protection* and units of assessment: Issues and reforms: A comparative study, TUC Welfare Reform Series No. 44, London: TUC.

McRae, S. (1993) Cohabiting mothers: Changing marriage and motherhood?, London: Policy Studies Institute.

Marsh, A., McKay, S., Smith, A. and Stephenson, A. (2001) Low income families in Britain: Work, welfare and social security in 1999, DSS Research Report No. 138, Leeds: Corporate Document Services.

Meadows, P. (1999) The flexible labour market: Implications for pension provision, London: National Association of Pension Funds.

Millar, J. and Ridge, T. (2001) Families, poverty, work and care: A review of the literature on lone parents and low-income couple families with children, DWP Research Report No. 153, Leeds: Corporate Document Services.

Nickell, S. (1999) "Unemployment inBritain", in P. Gregg and J. Wadsworth(eds.) The state of working Britain, Manchester: Manchester University Press, pp. 7—28.

OECD(Organisation for Economic Co-operation and Development)(1996) "Earnings inequality, low-paid employment and earnings mobility", Employment Outlook, Paris: OECD, pp. 59—108(www. oecd. org/pdf/m00028000/ m00028000. pdf).

ONS(Office for National Statistics)(2001) Social Trends, vol. 31, London: The Stationery Office.

ONS(2002) Social Trends, vol. 32(www. national-statistics. gov. uk).

Rake, K. (2001) "Gender and New Labour's social policy", Journal of Social Policy, vol. 30, no. 2, pp. 209—231.

Rowlingson, K. and McKay, S. (2002) Lone parent families: Gender, class and state, Harlow: Pearson Education.

Stewart, M. (1999) "Low pay inBritain", in P. Gregg and J. Wadsworth (eds.) The state of working Britain, Manchester: Manchester University Press, pp. 7—28.

Stuttard, N. and Jenkins, J. (2001) "Measuring low pay using the New

Earnings Survey and the LFS", *Labour Market Trends*, The Stationery Office, vol. 109, no. 1, pp. 55—66.

The American Prospect (2002) *The politics of family*, special edition at www. prospect. org/issue_pages/children/.

Toynbee, P. (2003) *Hard work*, London: Bloomsbury.

vanParijs, P. (2000) "Basic income and the two dilemmas of the welfare state", in C. Pierson and F. Castles (eds.) *The welfare state reader*, Cambridge: Polity Press, pp. 355—359.

Waldfogel, J. , Danziger, S. K. , Danziger, S. and Seefeldt, K. (2002) "Welfare reform and lone mothers" employment in the US', in J. Millar and K. Rowlingson(eds.) *Lone parents, employment and social policy: Cross-national comparisons*, Bristol: The Policy Press, pp. 37—60.

网络资源

贫困儿童行动团体	www. cpag. org. uk
公民收入在线	www. citizensincome. org
教育和技能部	www. dfes. gov. uk
就业与养老金部	www. dwp. gov. uk
就业与养老金部退休人员统计数据	www. dwp. gov. uk/asd/pensioners. html
就业服务中心	www. jobcentreplus. gov. uk
低薪问题委员会	www. lowpay. gov. uk
单亲家庭全国委员会	www. ncopf. org. uk
国家统计数据	www. national-statistics. gov. uk
经济合作与发展组织	www. oecd. org
养老金服务中心	www. thepensionservice. gov. uk
养老金政策研究所	www. pensionspolicyinstitute. org. uk

第三章
英国的新型社会保障治理[*]

概要 自 1997 年以来,工党政府的社会保障政策的目标和组织发生了显著变化。以"治理"概念作为框架,本章探讨了以下问题:

- 政府的政策目标及其背后的主要原则,比如,将社会保障重新界定为仅仅提供支持而不是提供保护,将保障与就业挂钩,重新界定权利与责任之间的关系,重视契约约束和行为监控,追求"选择型普惠";
- 社会保障政策的操作层面,特别是政策传递的组织和管理改变的方式,比如,设立新的就业与养老金部等部门;运用"准合同"、目标操作化、绩效管理等办法,财政部对政策传递的控制越来越强;商业模式在政府的政策宣讲中的主导地位。

导言:解读"治理"

2001 年 6 月 8 日,在"新"工党第二次赢得大选的当天,社会保障部(DSS)就被"改造"为就业与养老金部(DWP)。新的就业与养老金部取代了社会保障部这个存在了几十年的部门,其职能包括原社会保障部的部分职能及教育和就业部的部分职能,还有就业服务中心和养老金服务中心两家新机构。社会保障部的其他机构则隶属于财政部和国防部。如此大范围的机构重组,以及新的部门名称中去除"社会保障"的字眼所蕴含的象征意义,是本章反思英国社会保障治理变化的出发点。可以说,这些变化并非单纯的行政安排或程序性安排,而是一种象征,它们标志着社会保障政策制定的目标、逻辑和组织都发生了重大转向。由此,本章既介绍了英国社会保障政策制定有哪些变化,也初步评估了这些变化的影响。

---

* 本章作者为巴斯大学社会政策讲师艾玛·卡莫尔和西奥多罗斯·帕帕多普洛斯。详见 http://staff.bath.ac.uk/sssekc/, http://staff.bath.ac.uk/hsstp/。

为此,我们用治理的概念来分析英国的社会保障政策。"治理"一词在这里指的是在特定的公共政策领域内,具有政治行动权威的一个或多个行动主体发起、组织并部分控制的、对社会主体(即个人、社会群体或机构)进行政治规制的一种形式。治理通过一整套旨在维持或改变现状的制度和过程,对主体行为实践加以"引导",使其服务于特定的社会、政治、经济目标。

由此,治理的概念让我们可以聚焦于政府政策制定的关键特征:政府不仅是立法和创造规则,还跟"如何行政"密切相关(Culpitt,1999:44)。因此,它促使我们可以从两个不同但又密切相关的领域对政策制定进行分析:

- 首先是政策,也就是体现了政策原则、政策目标和意图达到的政策产出的法律规章,我们将这些称为"形式层面的"政策。
- 其次是政策实施的模式:政策传递的组织安排和程序,这里称其为"操作层面的"政策。

治理概念的分析力在于,它既可以把形式层面的政策和操作层面的政策分别加以分析,同时又能把两者统一起来。这种统一涉及政策手段与目标。手段(操作层面的政策)与目标(形式层面的政策)密不可分:怎么实施政策影响着政策的形式,反之亦然。

再者,不论是社会保障政策的操作层面还是形式内容,都涉及对各种福利主体的规制。事实上,社会保障政策的形式与制度、规章、程序都是密不可分的,而且,制度、规章、程序都会再造政策的形式。同样,这些类型的形成与形成这些类型划分的政策宣讲是分不开的。比如,在公共政策中,是将一个人视为一个公民、一个消费者、一个"找工作的人"或是失业人员,取决于形式层面的政策得以表达出来的政策宣讲,这种政策宣讲包含着一种特定的看法,怎么看社会世界,社会世界该如何。在我们看来,治理融于宣讲之中;治理的形式实际是特定政策宣讲的制度结晶。由于这一原因,我们对英国社会保障治理的分析,也考察上述范畴是如何通过官方的政策宣讲成为正式政策的。

社会保障政策领域形式层面的治理

本节分析工党政府社会保障政策的核心指导原则及其社会经济目标。这里,我们的目的不是为了考察政策发展的具体细节;这些细节会在本书的其他章节谈及。相反,我们纵览社会保障治理的规范层面,而其作为一种新型政治规制的逻辑由此也就一目了然了。

社会保障作为一种支持

"社会保障"这一术语运用于政府的收入维持制度,始于1934年的美国,美国人用这个词来描述罗斯福政府的"新政"鼓吹。罗斯福的社会保障法起初被称为"经济安全法"。主张通过该法案的理由是,社会保障是防范萧条年代大量失业这些明摆着的市场失灵等"人为"不测的"保障"。依据社会保障的这种原初构想,为了回应社会经济状况,社会需要国家的保护——第二次世界大战以后,联合国的国际劳工组织章程更大胆地表达了这种构想(参见资料框3.1)。因此,这种社会保障治理的潜在基础是这一原则,即国家应该保护个体,而不是仅仅给个体提供支持。这种保护,就是保护个体免于非本人责任造成的并且适合采取国家行动的社会经济风险。

贝弗里奇的立场也体现了类似的构想。贝弗里奇把缴费原则——先缴费后受益——视为社会保障体系的一个根本部分。在这个体系中,社会保障主要是作为公民应得的权利向公民提供的,而不是公民根据自己的需要获得的。这是一种受保护的权利,旨在防范影响劳动力市场参与的种种不测(McKay and Rowling-son,1999:60—63)。尽管这并不意味着"保障生活水平不低于温饱线,因为收入能力下降的人必须自己适应此种变化",这种权利还是需要辅之以"充分动用国家权力,以维持就业、减少失业"(Beveridge,1941,引自Fraser,1984:288)。

资料框3.1还概括了20世纪末英国政府的社会保障愿景。如果我们把原初的社会保障愿景与英国政府的社会保障愿景进行对比,就会看出两者的不同点。其一是社会保障待遇的作用。新的共识是社会保障提供的不应是保护,而应是支持。看看在其他语境中都是怎么用"保障"这个词的,就可以看出社会保障应提供保护与社会保障应提供支持两者之间的关键区别。例如,一家私营公司给一个生命受到威胁的人提供保障。这里的保障显然是保护这个人免于伤害,而不是在伤害发生之后给这个人提供支持。将保障作为一种支持的社会保障,是一种"被掏空"的保障;保障的本质——保护——变味了。依据这种愿景,社会保障的首要职能不是保护人们免于社会经济条件和社会经济过程的失灵,而这些失灵本是可以通过政府行动改变的。相反,它只是一只"帮手",借助这只手,一个人可以改变他或她自己的行为,以使自己达到这些社会经济条件和过程的要求。事实上,依据"被掏空的保障"这种家长式的社会保障愿景,对"帮助自助者"的强调本身就意味着,社会保障待遇的受益人本身就得为自己的状况承担大部分的责任;借助政府某些(有条件的)帮助,他们可以不必再靠领取社会保障过日子。

资料框3.1　社会保障的愿景

1. 富兰克林·D. 罗斯福(Franklin D. Roosevelt)

1934年6月在国会通过1935年社会保障法之前给国会的咨文(引自Digby, 1989:16):

在我们的目标中,我将保障我国的男女老少作为首要目标。在我们这个人造的世界上,有些不幸是不可能完全消除的。人们需要某些保障来防范这些不幸。

2. 威廉·贝弗里奇(William Beveridge)

1942年12月贝弗里奇报告发布当天的广播采访(引自Fraser, 1984:216):

英国社会保障计划的基础是缴费原则。根据该原则,国家发放的不是给每个人的免费津贴,而是国家发放给被保险人的一种待遇,被保险人缴费后方有权享受这种待遇。

3. 国际劳工组织

1944年《费城宣言》。国际劳工组织的原则:

(1)劳工不是商品;(2)言论自由和自由结社是可持续进步的基本条件;(3)任何地方的贫困都构成对其他地方繁荣的威胁;(4)不分种族、信仰或性别,每个人都有权在自由、尊严、经济安全和机会均等的条件下,追求其物质福祉和精神发展……只有在社会公正的基础上才能建立真正的和平。

4. 约翰·穆尔(John Moore),社会服务国务大臣

1987年9月28日《星期日泰晤士报》的采访:

名副其实的福利国家致力于增进公民的实际福利。它努力让更多的人认识到,依赖可能让人变得更脆弱,助人的最好办法是让人有自助的意愿和能力。

5. 社会保障部

《新宏愿:新福利契约》,1998年福利改革绿皮书,1998年3月:

政府决心建立一个积极的福利体系,帮助人们自助,并确保人们在困难时得到适当的支持(p.16)。

新的福利国家应帮助和鼓励工作年龄人口去干力所能及的工作。政府的目标是以就业为中心,重建福利国家(p.23)。

工党政府认为,第二次世界大战后根据贝弗里奇计划而出台的社会保障政策随后的调整以及保守党当政时社会保障的缩减,都已经走完了其历史历程(DSS, 1998;本书第一章)。1997年工党上台时,关于社会保障,至少有两大清晰的目

标。首先是将（再）就业作为针对工作年龄人口的核心政策；其次，为实现这一目标，使社会保障"现代化"，尽管人们对如何实现社会保障现代化的问题众说纷纭。在这一框架下，工党有关社会保障治理的规范假设发生了显著的变化。传统工党的社会保障原则是推行"积极的、广泛的再分配……用不着生计调查"（Brewer et al.，2002：3）。用当时吸引人们眼球的话说，工党就是"思考不可思议的事"，它的某些政策显然属于"不可思议"的范畴。

如何实现社会保障"现代化"？对此问题，论者提出了两大互相竞争的原则（Timmins，2001：559ff；Brewer et al.，2002：3—5，14—15）。一种愿景是时任社会保障部福利改革事务大臣的弗兰克·菲尔德（Frank Field）提出来的。他认为，必须走社会保险的路子，即按照缴费原则给人们提供福利。第二次世界大战以后，生计调查型待遇的重要性上升了，这种做法不利于鼓励人们承担起保障自己收入的责任，自食其力。为了克服生计调查型待遇的弊端，必须实行社会保险。菲尔德认为，将待遇与缴费挂钩，能促使个体去就业，自力更生。这种办法还有助于捍卫这样一种理念，即享受社会保障是个人的一种权利。对于退休人员而言，更是如此。

财政部提出了另一种愿景。他们认为，社会保险不是办法，需要重视的是结果。阿里斯泰尔·达尔林（Alistair Darling）（1998 年，福利改革大臣职位被取消了，弗兰克·菲尔德离开了社会保障部。达尔林从财政部调任社会保障部国务大臣）认为，"社会保障的重要差别，不在于待遇依据的是社会保险还是生计调查，而在于他们是否给人们提供了足够的帮助，让人们回到工作岗位上并改善他们的生活"（引自 Brewer et al.，2002：4；还请参见 DSS，2000b，第 6 段和第 25 段以及导言部分第 2 段）。最终，这种方案被采纳了，成了政府的政策。

权利和责任的新格局

尽管政府一再保证，政府并没有把取消缴费型待遇摆上议事日程（DSS，2000b，para.8），然而在实际上，缴费型待遇正在被一点点蚕食，而生计调查型待遇却在扩张。缴费型体系是国家和个人之间的"物物"交易，用"新"工党的话说，个人先承担了责任，由此获得了受保护的权利。既然工党政府致力于终结"空手套白狼"的福利文化，那么，从逻辑上说，它应强化而不是削弱缴费原则。然而，这与扩张生计调查型待遇的趋势是相矛盾的。这一悖论该如何解释呢？

要搞明白工党的这些政策举措,一种办法是把它们视为政府想重新订立的国家与公民之间的契约。在缴费型体系中,提出权利主张的人通过缴费表明他们承担了他们的责任,由此获得了受保护的权利。由于享受待遇的条件主要跟提出权利主张之前的行为相关,因此当权利主张提出来后,国家引导、监督申请者的行为的权利就相当弱了。在履行了缴费义务后,申请者受保护的权利就强化了。相反,根据新的安排,个人提出请求国家提供支持以后,就必须遵守国家提出的条件。由此,就强化了国家在申请者提出权利主张后引导、控制其行为的权利。在这种背景下,工党政府的社会保障政策标志着国家和个人之间权利与义务的新分配,保障被视为一种支持,而不是一种权利。由此,国家就有权要求申请人作出行为改变,以回报国家提供的支持。这就是政府的绿皮书所说的"新福利契约"。

工作即保障

强调工作与保障之间的平衡,这与社会保障的原初构想迥然相异,也可能是工党政策构想中最具有规范色彩的一个方面。处在工作年龄的人没有保障权可言。相反,工作即最好的保障。然而,工作本身是缺乏保障的。国家不会保障每个人都有工作,国家也不会保障每个就业人员都获得足够的"保护",尽管国家出台了全国最低工资标准(NMW)。还有,"有报酬的工作"所涉及的范围是有限的。一些重要的、给人们带来福利的活动,由于没有参与市场现金交易而不属于"生产"活动,不算"有报酬的工作"(Levitas,1998;Lund,2000:202—203)。照料家人和志愿服务就是两个很好的例子(参见第六章)。再者,根据这种思维,就业实际上有可能加大有劳动能力的人和处于工作年龄的残障人士之间的社会差别,它反映了一种狭隘的社会生活愿景——我们不是为了活着而工作,而是为了工作而活着。

这种做法意味着政府不再坚守传统的充分就业原则。根据这一原则,国家应实现充分就业,通过(给男性)提供就业机会实现保障。正如1944年的就业白皮书所言,充分就业意味着国家有责任实现"稳定的高就业水平"(Digby,1989:58)。这显然不同于"新"工党"给能工作的人工作"的做法。政府最近对充分就业进行了重新界定,认为充分就业就是"充分的就业能力"(比如,DWP and HM Treasury,2001)。据此,导致失业的原因在于个人的能力不行。这意味着,失业人员本身应为失业负责。政府的责任是提供培训及技能发展的机会,而个人则需

35

利用政府提供的这些机会。因此,政府的说教明显建构了机会和就业能力的观念,这种建构涉及了"风险管理的私有化"(Rose,1996:58)以及"对不安全的管理"(Dean and Shah,2002)。处于工作年龄的人必须为自己的就业状况负责,为自己的保障(包括老年时的保障)负责。

由此,工党为工作年龄人口提供的"保障",是在一个"灵活的"、不稳定的劳动力市场中,让个人多工作,以此换取保障。社会保障政策不再是保护社会免于潜在的市场失灵的方式,也不再是一种引导经济去回应、满足社会需要的方式。相反,社会保障政策成了引导个人行为、让他们适应市场经济需求的方式(Grover and Stewart,1999)。如果这一趋势继续下去,社会保障就面临着一种风险,即"无休止地创造一种前景——人们不再是其他人经济活动的负担"(Fitzpatrick,2002:15)。

契约化及行为监控

保守党政府采取了一些措施,迫使领取社会保障待遇的失业人员参加面试。工党在这条路上走得更远(参见第五章)。工党第一个任期内推出的新政对领取社会保障待遇的工作年龄人口,采取或要求或鼓励的方式,让他们参加面试、接受培训或者就业。针对年轻人、单亲父母、长期失业人员、年龄较大的失业人员、长期失业人员的配偶以及残障人士,政府出台了不同的新政,每一群体享受待遇的条件都各不相同。只有年轻人和年龄在25—50岁之间的长期失业人员,新政项目是强制的,如果不遵从新政的要求,就会受到惩罚。享受待遇的条件各有规定,这表明,虽然从理想的角度说,所有工作年龄人口都应去工作,但只有有些人是必须去工作的。

2002年,这一进程看来加快了。政府调整了针对25岁以上的人的新政,将就业要求扩大到需考虑就业的人群。从2003年4月起,所有单亲父母,不论子女年龄大小,均需参加就业面谈。所有第一次申请待遇的人员,都必须参加就业服务中心的就业面谈(DWP,2001b:3—4)[1]。这沿用了ONE项目推出的门户的做法,ONE项目是就业服务中心成立前搞的试点项目(Osgood et al.,2002)。

这意味着根据福利对象的年龄或就业状况,对福利对象进行更明显的改造。

---

[1] 此规定有两项例外:生育津贴和工伤待遇。

不论申请福利待遇的原因是什么,申请者都要走"以工作为中心的路子"。背后的原则很清楚。这些工作年龄人口必须和政府签订一项契约,政府有权要求福利对象从事就业相关的活动,以回报政府提供的待遇(Heron and Dwyer,1999)①。

选择型普惠

在工党的社会保障政策中,对福利对象进行分类时,考察的主要是他们与劳动力市场的关系。因此,全国人口被分为儿童、工作年龄人口和退休人员三类。在社会保障中,权利、责任和风险的分配根据年龄或劳动力市场身份分类的不同而不同。"福利体系应支持许多目标:给能工作的人工作,帮助最需要帮助的人——有未成年子女的家庭及最穷苦的退休老人"(DSS,2000b,para.9)。在澄清"给不能工作的人保障"的含义时,特别把(穷苦)退休人员和有未成年子女的家庭单列出来,因为这些人"无法通过工作改变自己的收入……相反,对于绝大多数工作年龄人口来说,工作仍是最佳福利形式"(Brewer et al.,2002:7)。政府期望鼓励将来的退休人员能为养老进行储蓄和投资(DSS,1998;DWP,2002),如休伊特(Hewitt,2002)所说的"以资产为基础的福利"。

这种选择型普惠战略(参见 Timmins,2001:574)意味着政府并没有致力于全面消除贫困,也没有进行全盘收入再分配。相反,政府致力于消除特定人群的贫困,而其再分配议程则更多着眼于"缩小低收入阶层和中等收入阶层之间的距离,而不是缩小中等收入阶层与高收入阶层的距离"(Brewer et al.,2002)。

总之,根据工党社会保障治理的规范愿景,保障被重新界定为支持,而工作则被重新定义为就业能力。与此同时,契约化和对申请人的行为监控则对权利、责任和风险进行了新的分配。这种做法的背后是生产主义逻辑,根据这种逻辑,政府的主要职责是在国际化的市场经济中,为提高经济竞争力创造条件(Grover and Stewart,1999;Jessop,1999)。从属于这一目标,此种社会保障政策在许多规范层面都具有新自由主义保障观的特征。特别值得一提的是,"通过个人在市场上对自己负责而获得的'保障',是个体的、自治的、私人的;根据定义,它本身就是不断变动的动态世界的危害之一"(Culpitt,1999:48)。

---

① 不过,必须指出的是,对等的双方不会签订这种合同,因为一方(即政府)可以很轻易地改变合同的条款,而另一个"契约方"找不到能跟他签订替代合同的下家。

社会保障政策领域操作层面的治理

随着政策形式层面的这些变化,相关部门的重组和重命名的逻辑和目标也就清楚了。整体看来,这些变化代表着在治理的政策操作层面权利和责任的新分配。新分配提升了政策形式层面治理的特征。新的权责关系明显表现在三个方面:

- 首先,将此前的教育和就业部的部分职能,特别是就业服务并入新组建的就业与养老金部。这体现了政府根据年龄和就业状况对福利对象进行分类的思路,也提升了生产主义逻辑,后者为政策形式层面的变革提供了思想基础。
- 其次,财政部的角色也变了。它成了准契约方,并对就业与养老金部及其分包机构提供的服务进行监督。
- 最后,政府持续运用商业模式,强调绩效考核,以此种方式来引导就业与养老金部一线员工的活动。

新的部门结构

关于第一种变化,社会保障部重组为就业与养老金部。这与政策形式层面对福利对象的分类显然相关。因此,退休人员的问题由新成立的养老金服务中心负责,工作年龄人口由新设立的就业服务中心负责,而儿童的待遇则主要由税务局来负责。当然也有例外,如养老金税额抵扣由税务局负责,而有许多待遇还是由就业服务中心负责的,如残障照料补助、生育补助、社会基金发放的待遇等,虽然领取这些待遇都不用承担就业"责任"。此外,儿童支持署还是隶属于就业与养老金部的。尽管如此,社会保障部改名,设立就业服务中心,以及政府为此而想出的种种理由,都进一步明确了这些做法与形式层面的政策目标之间的关联。

2000 年夏,时任教育和就业国务大臣的大卫·布伦科特(David Blunkett)及社会保障国务大臣阿里斯泰尔·达尔林一起去下院选举委员会,解释重组方案。达尔林说,"就像我们改变待遇体系的总体文化一样,我们必须改变整个组织文化"。布伦科特则说,"鉴于机构的新目标是增加能就业的人口数,因此必须克服不合理的分类,即把工作年龄人口分为找工作的人和不找工作的人"(SSSC,2000)。"建设工作优先的新文化"这个过程(DWP and HM Treasury,2001,para.1.21)需要引导就业与养老金部员工的行为,以改变社会保障部/就业与养老金部本身的文化。因此,新设立的就业服务中心"将有一种全新的文化,其基础是助人自助,并在福利体系中塑造责任与权利的文化"(DWP,2002:16)。

然而,2003 年,就业服务并入就业与养老金部的就业服务中心,这种做法明显表现了新型社会保障治理的生产主义视野。就业服务有两种服务对象——"求职人员"和雇主。由于雇主成了就业与养老金部的服务对象,就业与养老金部给工作年龄人口的服务就有了不同的工作重点。就业服务中心的目标(参见资料框3.2)包含一整套跟社会保障部不同的权利和责任。随着此前的就业服务并入了福利署,结果,福利署现在必须满足雇主的需要了(参见第十一章)。

资料框3.2 就业服务中心的目标

- 以就业为中心的待遇体系;
- 热情服务,帮助雇主尽快招到他们想招的员工;
- 提供迅捷、可靠和专业的待遇通道;
- 为每个需要帮助的人提供更好的服务;
- 个人顾问提供更积极的帮助;
- 给员工提供一个更安全、更职业化的工作环境;
- 大力改进 IT 设备与支持服务。

资料来源:DWP(2002:15—16)。

就业服务中心旨在更有效地满足雇主的需要,以便使"计划、服务的提供和递送都能满足雇主的招聘需要"(DWP,2002:12,15,53)。这句话道出了新机构的角色:要提供和递送,就需要有可以提供、递送的产品。在此情况下,"产品"看来是有就业意愿、能就业的申请待遇的人。因此,这些操作政策的变化以及由此引发的行为逻辑意味着政府把更多的重心放在了创造待遇申请人的就业能力上,这不是我们单纯靠分析形式层面的政策就可以发现的。就业与养老金部在维持经济运行方面承担了一种新责任。"重要的是每个人,即雇主、个人和政府都认真对待自己的责任,以便实现一个高技能、高生产率的经济"(DWP and HM Treasury,2001,para.4.47,4.40)。

财政部的角色

政策操作层面的第二大变化是财政部角色的变化。多年来,在英国政策制定过程中,财政部一直是最有权势的部门(比如,Hennessy,1989)。不过,过去,它主要是通过年度预算谈判决定某个部门每年能有多少钱用于实施部门政策方案、兑现政府承诺,由此影响各部及其大臣。财政大臣戈登·布朗(Gordon Brown)在工党执政之初就发起了全面支出审查,以三年为期确立支出要求和预算,而不是每年搞一次。乍看上去,这意味着各部对于这三年间的支出有了更大的控制权。在这种体制下,部门有了更大的自主权,把没有花完的钱"转"到下一个财政周期。看上去,各部在为自己的政策筹资时有了更大的灵活性和可预测性。财政部本身也是这么搞的(HM Treasury,2000)。

然而,全面支出审查的做法要求各部跟财政部一道草拟一份公共服务协议。公共服务协议明确提出了各部接下来三年的政策目标(DWP,2001a)。在写作本章的时候,最新的公共服务协议是 2000 年发布的 2001—2004 年度公共服务协议。2002 年秋,将达成一系列新的协议。作为对公共服务协议的补充,还要签订一系列服务提供协议。在这份协议中,各部需要明确他们实现目标的举措。此外,作为对这些服务提供协议的补充,还有"技术注解",列举了用来评估各部表现的指标(比如,DSS,2000a)[1],各部也必须按这些指标提交年度报告。

这一系列"准合同"不仅是对社会保障治理而言,还是就更广泛的领域而言,都具有重大意义。因此,劳兹和史密斯(Rouse and Smith,2002:49)正确地指出,公共服务协议"要求公共服务提供者签署需承担责任的合同……表现的重要性进一步集权化了"。不过,与此同时,劳兹和史密斯认为,与以前的管理主义体制相比,这些进展允许各部门和机构有更大的自由权用以自己决定问题解决方案(Rouse and Smith,2002:48)。当然,在这一框架下,机构可以决定治理的某些方面,并且像在以前的管理主义体制下那样,有意无意地推翻公共服务协议和服务提供协议确立的目标(Clarke and Newman,1997)。不过,与保守党当政时相比,在工党当政时,很难说机构有更大的自由权限。这种说法忽视了这些新安排的重

---

[1] 有关就业与养老金部 2001—2004 年公共服务协议的技术注解,可参见就业与养老金部的网站,也可参见公共服务协议本身。不过,技术注解看来并没有更新,如是使用社会保障部的名称。公共服务协议对其参考文献和网络链接都有更新,因此列在了就业与养老金部名下。

要后果,也没有考虑新治理体制发展的环境。新协议显著改变了财政部插手的程度。财政部不仅可以像过去那样对各部的政策制定施加限制,而且也能限制各部能出台什么政策。政策目标本身、政策实施的方式以及评估政策实施的办法,所有这些,现在都必须得到财政部的同意,受财政部的监督。

这就涉及对部门行动和机构的微观监督,而且还侵犯了各部的自主权。这在英国可是史无前例的。同样值得注意的是,由于财政部仍然控制着各部所需的资金来源,因此在这些"准合同"谈判中,财政部在很大程度上决定着合同的条件①。事实上,财政部在这些谈判中,仍然将重点放在《使政府现代化》白皮书所说的"挣来的自主权"上(Cabinet Office, 1999)。也就是说,如果达到了政府提出的目标,那么,各部门、机构、地方当局、学校和医院受到的限制会少一些。相反,如果没有达到政府提出的绩效考核目标,将遭到惩罚(Cutler and Waine, 2000:55—56;Newman, 2001:91—93)。在社会保障治理中,关键是建立绩效考核的标准。正是在这一过程中,财政部获得了史无前例的社会保障治理权力。

政府内部的契约:绩效管理

因此,财政部角色的不断变动说明,在政策操作领域,财政部与就业与养老金部直接的权责发生了转换。然而,契约化的范围远远不限于公共服务协议和服务提供协议。自从建立待遇和儿童支持署以来(其他政府部门从 20 世纪 80 年代后期就开始了),就要求有控制机构化进程的机制(Rhodes, 1997)。做法是与负责政策实施的机构签订框架协议,对服务进行审计,并模仿私营部门搞绩效管理(Rose, 1996b; Clarke and Newman, 1997)。除此而外,对于负责政策传递的部门分包商——负责某些就业服务中心运营的私营部门和志愿组织——也签订了合同和框架协议。再者,就业服务中心还计划与养老金服务中心及其他与 65 岁以上老年人打交道的组织结成"工作伙伴"(DWP, 2001c)。或许可以预期,以后会签订更多的"服务层面的协议"以明确相关各方的责任。这些责任与地方当局承担的合同责任类似(比如,Benefits Agency, 2002:20)。

41

---

① 可能会出现这样的情形,如某些部门在首相的支持下,在推行某项政策方案时很有影响力,或者某位大臣获得了人们对其议程的强大政治支持,使得财政大臣难以插手。当然,首相可以让财政大臣下台,这可能会成为一种威胁。然而,这种激进的步骤从政治上来说是行不通的。实践中,就业与养老金部搞的公共服务协议和服务提供协议似乎证实了一个事实,那就是财政部的议程和历届国务大臣的议程是高度一致的。

　　鉴于此种契约化的程度,工党强调对政策目标的实现程度进行绩效管理,这种做法一般被称为"通过会计实现责任的自由主义药方"(Massey,2001:31)。也就是说,审计被当做一种财务控制方式,用来评估服务提供和组织的责任。不过,以为工党单纯靠会计来维持和建立责任,这种观点也太狭隘了,事实上,工党政府与保守党的差别就在于此。如果保守党政府关注的是成本、效率和钱的价值的话(Newman,2001:91),那么,布莱尔的头两个任期中则引入了绩效型管理主义,其特征是"发展型进路"。与保守党政府不同的是,这一进路强调结果取向、目标取向,它关注的主要是用资金投入实现特定的结果(Rouse and Smith,2002:47)。1999年的《使政府现代化》白皮书(Cabinet Office,1999)及对白皮书的影响和实施情况的检查报告(CMPS,2001),都阐释了这一进路。资料框3.3显示了政府所说的"现代政策制定的九大特征"(CMPS,2001:14)。这种结果取向的绩效型管理的特征体现为第1、第3、第6点所强调的目标和结果的重要性。此外,从第6至第9点可清楚地看出,以实现目标为导向的政策实施及对实施的控制,是工党操作层面的政策战略的核心。

资料框3.3　现代政策制定的九大特征

　　1. 前瞻性:确定政策要达到的结果;对政府的长期战略负责。
　　2. 开放性:关注其他国家及其他的政策机制;向世人展示准备好了的战略。
　　3. 创新性、灵活性与创造性:根据已经列出的结果确定政策成功的标准;管理风险;团队协作;让局外人参与"政策团队"。
　　4. 证据为本:做研究;回顾已有的研究;咨询专家。
　　5. 包容性:咨询服务人员;咨询受政策影响的人;寻求反馈;做影响评估。
　　6. 部门联动:根据确定的目标,看涉及哪些部门;确定协作安排;实施也是政策制定过程的一部分。
　　7. 检查:不断对项目进行检查;有意义的绩效指标;放弃重复的政策或失败的政策。
　　8. 评估:从一开始就确定评估的目的;确定项目成功的标准;从一开始就将评估过程纳入政策方案;项目试点。
　　9. 吸取教训:宣传好的做法;说明吸取教训后的所作所为;区分政策未能实施与实施未能成功。
资料来源:CMPS(2001:14)。

　　为了明确目标并对目标的实现进行评估,政府推出了各种绩效考核的指标和考核机制,其中包括审计署以及内阁办公室和财政部领导下的十多种评估过程或评估小组和机构(参见表3.1)。除了这些机制之外,就业与养老金部还有别的评估机构和服务绩效的机制,如年度报告和监督机构等。反过来,微观的绩效管理是对这些机制的有益补充。比如,绩效改进团队,对福利署的最佳实践进行调查并公之于众;鼓励客服主管参与绩效评估过程;设立有责任心的考勤经理来监督员工的出勤情况(Benefits Agency, 2002:18, 32—33, 44)。

表 3.1　政府绩效考核与提升战略机制

部　门	制度或小组	职　　责
审计署		审计;学习经验
财政部	支出检查	对政策目标、预算需要和预算约束进行检查评估
	公共服务协议	确定衡量政策结果的指标
	服务提供协议	明确如何管理资源,使资源到达目标人群手中
	服务提供协议规定	明确每一个政策目标的考核指标
	公共服务生产力小组	检查政策制定过程中是否体现"以顾客为中心";政策制定者的"自评"工具
内阁办公室	首相政策传递中心	监督政府及私营部门职员实现重点政策领域的目标
	公共服务改革办公室	检查公共服务及民用服务的改革
	绩效与创新中心	战略性的、前瞻性的"重大议题"
	管理与政策研究中心	培训与发展;传播好的做法;推广证据为本的政策研究
	公共服务基准工程	移植"商业卓越模式";比较公共部门、私营部门的表现

然而,如卡特勒和韦恩(Cutler and Waine, 2000:52—53)所指出的那样,目标和指标规定得过于明确,有可能会束缚创新,并影响"联动政府"的发展。各级员工都以完成目标或假装正在努力完成目标为导向,或忙于遵从程序的要求而牺牲项目的目标(Newman, 2001:93)。实际上,要实现多种目标,意味着有些做法可能会自相矛盾,而对于一线人员来说,要协调好这些矛盾并非易事。当他们既要为雇主又要为求职者或申请人服务的时候,这就更难了(如第十二章所述)。

"商业模式"的主导地位

资料框3.3中,有一个政策制定特征值得注意,因为它揭示了"商业"模式在社会保障治理中的主导地位。第5点说要让一线工作人员及受政策影响的人员等非政府主体参与到政策发展过程中来，然而，就业与养老金部似乎并没有参与这一进程。正如李斯特（Lister，2001:106）指出的那样，在决定服务如何提供方面，服务使用者根本就没怎么参与（另请参见本书第十一章）。当然，根据该计划对社会保障政策进行的大量检查、评估，是有服务使用者参与。不过，这些评估往往把服务使用者当成顾客，考察的是国家提供的服务的社会政治特征。毕竟，私营部门的服务信条是，顾客就是上帝：这看来是对上一部分所分析的"新契约"的误读。然而，在讨论服务提供的各种文献中，却充斥着这种自相矛盾的建构：把申请待遇的人当成顾客，把提供服务的机构甚至政府部门当成商家（比如，Alistair Darling，in Social Security Select Committee，2000；Benefits Agency，2002；DWP，2002）。因此，就业服务中心的目标是确保"服务以顾客为中心，切合个人的需要"（DWP，2001c:7），而养老金服务中心的员工团队则"管理、支持全面的顾客体验……提供最好的顾客体验"（DWP，2001/02:3）。

以此种名义出台的许多措施，当然有可能改善申请待遇的体验：开放的办公室；可以通过电话提交申请；申请不同待遇时无需跑多家部门。有些措施看来与申请人的需要并不契合，比如，给不太可能上网的人提供上网和电子邮件服务，这种做法是不可能提高"顾客体验"的（Selwyn，2002；本书第十四章）。

然而，从治理的角度来看，这些措施提出了一个更有意义的问题。我们不必为了给政策操作层面的变化找名目而把申请人说成"顾客"。理由可以很简单，变化就是为了满足申请人的需要。于是，把申请人当做顾客，其目标是引导员工的行为，让他们好好工作，"仿佛"申请人是顾客，而他们则在做"生意"。如果我们想让就业与养老金部的每个人都致力于实现商业式的客服和产品递送目标，那么，将绩效管理这种商业模式引入到社会保障治理中，这种做法也就不足为怪了。

新型社会保障治理

本章探讨了工党政府的政策原则、目标及其意欲的政策产出，以及为政策传递而出台的组织安排和程序。在这两个领域中，我们都能看见社会保障的"准契约化"：在就业与养老金部的政策制定者和财政部之间、服务提供者与就业与养老金部之间,以及享受待遇的个体与就业与养老金部之间。再者,我们认为,在这种新型治理形式下,国家引导个人和社会群体像"承担风险和把握机会的人"、企业主那样行为。

就政策的形式层面而言,为了服务于劳动力市场政策的目标,面向就业年龄人口的社会保障政策已经发生了转换;也就是说,成了管理劳动力市场行为的手段。唯有有关儿童的政策,方可看出政府对社会经济保障的承诺,尽管现在这项政策主要通过财政部实施。就政策的操作层面而言,部门的重组以及就业与养老金部公开声称的政策愿景与政策目标,都体现了这些角色的变化。再者,官方对"社会保障"一词的使用,与其说是用来描述由政府负责的、提供社会经济保障的政策,不如说是用来描述各种"鼓励"个人在面对不安全时采取特定行为的政策。

因此,英国社会保障的新型治理的特征是新型政治规制。就业与养老金部及财政部建构、引导社会对象走向一整套社会经济目标。这些目标扎根于生产主义的视野,认为社会保障的职能是在国际化的市场经济中提升竞争力。个体与机构之间的关系进一步契约化,国家对他们的行为和表现也有广泛的监控,由此对个体和机构的权利、责任和风险进行了全新的分配。由此看来,这是英国社会保障史的新篇章;这是一种新型社会保障,社会色彩淡了,保障也少了。

总结

- 本章运用"治理"的概念,分析了社会保障政策。治理讲的是如何用政策手段规制、引导个人、机构和社会群体的行为,以实现社会经济目标。分析某个政策领域的治理形式,需要考察政策制定的形式层面和操作层面。

- 就政策的形式层面而言,工党当政时社会保障的核心原则和目标包括:对保障的政策内容进行重新定义,保障不再是基于权利而获得的保护,而是基于责任而得到的支持;基于福利对象的劳动力市场身份和年龄,对福利对象进行重新分类;保障与就业相结合;通过选择型普惠的方式,提高契约化程度,加强对待遇申请人的行为监控。

● 就政策的操作层面而言,对社会保障部进行重组并改名为"就业与养老金部",证实了与形式政策变动相关的生产主义逻辑,其重心是强调处于工作年龄的待遇申请人必须进入劳动力市场;机构明确承诺满足雇主的要求;在就业与养老金部的所有领域,引入和推广"商业"模式和绩效管理;财政部控制就业与养老金部的政策制定的能力达到了史无前例的高度。

思考题

1. 解释政策的形式层面与政策的操作层面之间的区别。在社会保障领域,此类区别有何意义?

2. 贝弗里奇理想的"社会保障"与工党的"社会保障"有何区别?

3. 1997 年以来,社会保障操作领域的主要变化有哪些?导致这些变化的原因是什么? 在这些变化中,意义最重大的是什么? 为什么?

4. 把申请待遇的人和享受待遇的人称为"顾客"是否合适?

参考文献

Benefits Agency(2002) *Annual reports and accounts 2001—2002*, London: The Stationery Office.

Brewer, M., Clark, T. and Wakefield, M. (2002) "Social security in the UK under New Labour: what did the third way mean for welfare reform?", *Fiscal Studies*, vol. 23, no. 4, pp. 359—384.

Cabinet Office(1999) *Modernising government*, Cm 4310, London: The Stationery Office.

Clarke, J. and Newman, J. (1997) *The managerial state: Power, politics and ideology in the re-making of social welfare*, London: Sage Publications.

CMPS(Centre for Management and Policy Studies)(2001) *Better policy-making*, London: Cabinet Office.

Culpitt, I. (1999) *Risk and social policy*, London: Sage Publications.

Cutler, T. and Waine, B. (2000) "Managerialism reformed? New Labour and public sector management", *Social Policy and Administration*, vol. 34, issue 3, pp. 318—332.

Dean, H. and Shah, A. (2002) "Insecure families and low-paying labour markets: comments on the British experience", *Journal of Social Policy*, vol. 31, no. 1, pp. 64—80.

Digby, A. (1989) *British welfare policy: Workhouse to workfare*, London: Faber and Faber.

DSS(Department of Social Security)(1998) *New ambitions for our country: A new contract for welfare*, Cm 3805, London: The Stationery Office.

DSS(2000a) "Public Service Agreement 2001—2004: technical note", www. dwp. gov. uk/publications/dss/2000/psa_tech/psatech. pdf.

DSS(2000b) *Report on the Contributory Principle. Reply by the Government to the Fifth Report of the Select Committee on Social Security*, London: HMSO.

DWP(Department for Work and Pensions)(2001a) "Public Service Agreement for Department for Work and Pensions 2001—2004", www. dwp. gov. uk/publications/dss/2001/dwp_psa/psa. pdf.

DWP(2001b) *Touchbase* newsletter, issue 24.

DWP(2001c) *Touchbase* newsletter, issue 25.

DWP(2001/02) *Touchbase* newsletter, issue 26.

DWP(2002) "Departmental Report on Government's Expenditure Plans 2002—2003", London: The Stationery Office, www. dwp. gov. uk/publications/dwp/2002/dwpreport/.

DWP and HM Treasury(2001) "The changing welfare state: employment opportunity for all", London: The Stationery Office, www. dwp. gov. uk/publications/dwp/2001/emp-opp/employment. pdf.

Fitzpatrick, T. (2002) "In search of a welfare democracy", *Social Policy and Society*, vol. 1, issue 1, pp. 11—20.

Fraser, D. (1984) *The evolution of the British welfare state*, London: Macmillan.

47

Grover, C. and Stewart, J. (1999) "'Market workfare': social security, social regulation and competitiveness in the 1990s", *Journal of Social Policy*, vol. 28, issue 1, pp. 73—96.

Hennessy, P. (1989) *Whitehall*, New York, NY: Free Press.

Heron, E. and Dwyer, P. (1999) "Doing the right thing: New Labour's attempt to forge a New Deal between the individual and the state", *Social Policy and Administration*, vol. 33, issue 1, pp. 91—104.

Hewitt, M. (2002) "New Labour and the redefinition of social security", in M. Powell(ed.) *Evaluating New Labour's welfare reforms*, Bristol: The Policy Press, pp. 189—210.

HM Treasury(2000) *Prudent for a purpose: Building opportunity and security for all. Public Spending Plans 2001—2004*, Cm 4808, London: The Stationery Office(www. hm-treasury. gov. uk/Spending_Review_2000/Spending_Review_Report/).

Jessop, B. (1999) "Narrating the future of the national economy and the national state? Remarks on remapping regulation and reinventing governance", in G. Steinmetz(ed.) *STATE/CULTURE: State formation after the cultural turn*, Ithaca, NY: Cornell University Press, pp. 378—405.

Levitas, R. (1998) *Social inclusion and new Labour*, London: Macmillan.

Lister, R. (2001) "'Work for those who can, security for those who cannot': a third way in social security reform or fractured social citizenship?", in R. Edwards and T. Glover(eds.) *Risk and citizenship: Key issues in welfare*, London: Routledge, pp. 96—110.

Lund, B. (2000) *Understanding state welfare: Social justice or social exclusion?*, London: Sage Publications.

McKay, S. and Rowlingson, K. (1999) *Social security in Britain*, Basingstoke: Macmillan.

Massey, A. (2001) "Policy management and implementation", in S. P. Savage and R. Atkinson(eds.) *Public policy under Blair*, London: Palgrave, pp. 16—33.

Newman，J.(2001) *Modernising governance：New Labour，policy and society*，London：Sage Publications.

Osgood，J.，Stone，V. and Thomas，A.(2002) *Delivering a work-focused service：Views and experiences of clients*，DWP Research Report No. 167，Leeds：Corporate Document Services.

Rhodes，R. A. W.(1997) *Understanding governance：Policy networks，governance，reflexivity and accountability*，Buckingham：Open University Press.

Rose，N.(1996) "Governing the advanced 'liberal' democracies"，in A. Barry，T. Osborne and N. Rose(eds.) *Foucault and political reason：Liberalism，neo-liberalism and rationalities of government*，Chicago，IL：Chicago University Press，pp. 37—64.

Rouse，J. and Smith，G.(2002) "Evaluating New Labour's accountability reforms"，in M. Powell(ed.) *Evaluating New Labour's welfare reforms*，Bristol：The Policy Press，pp. 39—60.

Selwyn，N.(2002) "E-stablishing an inclusive society? Technology，social exclusion and UK government policy making"，*Journal of Social Policy*，vol. 31，no. 1，pp. 1—20.

SSSC(Social Security Select Committee)(2000a) *Report on the Contributory Principle. Fifth Report on Social Security*，HC 56-I，London：The Stationery Office.

SSSC(2000b) Minutes of Evidence，3 July，www. parliament. the-stationery-office. co. uk/pa/cm199900/cmselect/cmsocsec/662/0070301. htm.

Timmins，N.(2001) *The five giants：A biography of the welfare state*(revised edn)，London：Harper Collins.

网络资源

就业与养老金部　　　　　　www. dwp. gov. uk

国际劳工组织　　　　　　　www. ilo. org/public/english

国际社会保障联合会　　　　www. issa. int/engl. homef. htm

49

就业服务中心	www. jobcentreplus. gov. uk
公共服务目标	www. hm-treasury. gov. uk/performance
社会政策虚拟图书馆	www. social-policy. org
社会政策顾问委员会	www. ssac. org. uk
就业和养老金选择委员会	www. parliament. uk/commons/selcom/
	workpenhome. htm

第四章

全球背景中的社会保障[*]

概要 越来越多的人意识到了跨国、超国家及全球化的环境的重要性,社会政策是在这些环境中制定和实施的。本章将全球化环境与英国社会保障政策与管理联系起来:

- 回顾了"社会保障"一词在全球的应用,并据此探讨了法定社会保障体系如何在更广泛的福利体系中运作的问题;
- 将英国社会保障体系置于"发达"国家和"发展中"国家等全球体系的背景中进行考察;
- 考察了社会保障的跨国性质;
- 对国际组织在处理社会公正、公平和保障问题方面的立场进行了反思。

导言:社会保障与社会保护

在英国,"社会保障"大多指的是主要由中央政府管理的现金待遇体系。然而,将社会保障与政府管理的现金待遇相等同可不是什么国际惯例。正如国际劳工组织(ILO,2000:29)指出的那样,"在许多国家,社会保障和减贫措施之间通常都有明显的区别"。因此,在美国,社会保障指的只是社会保险中的退休、遗属和残障待遇;而社会救助则被称为"福利"。在法国和许多拉美国家,社会保障指的是包括医疗保健在内的社会保险,但不包括某些由地方提供的社会救助待遇[①]。在爱尔兰,人们更愿意用"社会福利"而非"社会保障"一词。虽然泛泛地来说,这

51

---

[*] 本章作者为尼古拉·叶慈,贝尔法斯特女王大学社会政策讲师。详见 www.qub.ac.uk/ssp/nico-la.htm。

[①] 国际劳工组织社会保障开支的数据不仅包括现金和实物形式的津贴,还包括医疗服务的公共开支,就是因为医疗服务已被纳入社会保障。

两个词具有相同的意思，但是社会福利不包括那些"与健康相关的"、由地区性的卫生与健康委员会管理的残障、疾病和生育津贴。

由于全国社会保险金的征缴责任已被重新划归税务局，而且税务局在课税扣除制度中发挥着越来越重要的作用，因而这种将社会保障严格地认定为政府职能，特别是某一个部门的职能的做法在英国已经不适用了（参见本书第一章）。而且对这些公共性安排的过度强调，忽略了一些基于市场的安排和非法定的福利提供者，如雇主（职业养老金、疾病和产假工资）和商业机构（个人养老金、个人储蓄、私营失业和照顾保险），同时也忽略了非正式的社会安排。虽然识别非正规的社会安排对那些没有广泛的法定社会保障体系的国家来说具有特别重要的意义，但也可以说它与所有的"发达"和"发展中"国家都是有关系的。这些安排包括一些由文化因素决定的、建立在亲属、邻里和社区关系之上的责任和实践。在很多国家，家庭成员之间有互相支持的义务（Midgley and Kaseke，1996；Millar and Warman，1997）。此外，还包括一些源自宗教教义的慈善捐助（如基督教的布施和伊斯兰教的天课[①]）和合作社或互济会（如提供现金或实物救助的丧葬、借贷和非正规储蓄会）（Midgley，1997）。尽管在一些国家，法定的和非正规的社会保障体系已经被整合起来作为一种支持非正规体系发展和/或扩大法定体系覆盖面的手段，但是这些非正规的或"传统的"保障体系通常还是在地方层面操作，并没有得到国家的认可和支持（Midgley and Kaseke，1996）。

"社会保护"一词反映出收入安全是由基于市场的安排、非正规安排和公共安排共同促成的。它的优点在于更多地关注了满足个人和家庭经济需求的一系列更广泛的非法定福利安排。资料框 4.1 分析了"社会保障"与"社会保护"的区别。此外，社会保护还包括一些维持农民收入的农业计划，如小额贷款、农作物保险、农业补贴和食物保障等（Gough，2000）。欧盟的共同农业政策可以被看做一种农民收入维持体系，因为它的目的是"特别通过增加农业人口的个人收入来确保农业社区相对公平的生活标准"（Treaty of Rome，1957，Article 39（b）；Kleinman and Piachaud，1993）。当然，这种看法还是很有争议性的。

为申请者提供津贴只是政府实现收入保障的渠道之一。其他渠道还包括对

[①] 天课是穆斯林信徒的一种救济义务，他们被要求至少贡献出自身财富的 2.5% 来帮助穆斯林社区的穷人。这些基金由相应的天课机构来收集和分发（参见 www.submission.org/zakat.html；www.zpub.com/aaa/zakat.html）。

福利性物品或服务(如住房、食品和能源)进行价格补助。这样就建立起了一个坚实的间接性工资补助的安全网,它可以补充有限的津贴或完全将其替代。有些国家还对一些特殊食品和特定的津贴领取者进行补助。最后,我们不能低估就业作为一种社会保障体系的重要性。在终身就业获得保障的地方是不需要国家提供失业津贴的。世界各国公共部门的工作者和公务员就是这样的例子,虽然公共部门改革引入的灵活就业也导致了失业津贴在这些人群中覆盖面的扩大。此外,国家对雇主的补贴以及其他一些企业福利有时候也被认为是对受雇者的一种社会保护。

资料框 4.1　社会保障与社会保护

社会保障是"社会通过……公共措施……为其成员提供的保护":

● 弥补各种偶发事件(特别是疾病、生育、工伤、失业、丧失劳动力、年老和养家糊口者的死亡)造成的工作收入的丧失或严重减少;

● 为人们提供医疗服务;

● 为有子女的家庭提供津贴。

据此定义,社会保障包括社会保险、社会救助、额外支出的津贴和普惠型津贴。

社会保护"不仅包括公共社会保障项目,还包括与其具有相同目标的私营或非法定的保障项目……只要这些项目的筹资并不完全取决于市场因素"。

据此定义,社会保护不仅包括社会保障津贴,还包括互济会和职业年金计划等。

资料来源:根据国际劳工组织(ILO, 2000:29—30)改编。

世界各国的社会保障

全球社会保障准则的建立可以被看做20世纪国际政治的最大成就。迪克森(Dixon,1999:1)指出,"社会保障作为一种满足人类需要的机制几乎已经被普遍接受",霍思金斯(Hoskins,2001:3)也认为社会保障是"(20世纪)最成功的社会和经济创新"。

1948年《世界人权宣言》将社会保障作为一种人权(资料框4.2),1966年《经济、社会和文化权利国际公约》第九条又重申了这一点,它"承认社会保障,包括社会保险,是每个人的权利"。于1995年社会发展世界峰会上宣布的社会发展《哥本哈根宣言》再一次肯定了这项权利。此宣言要求各签约国致力于"确保每一个人在失业、疾病、生育、育儿、守寡、残疾和年老时都能够获得足够的经济和社会保护"。欧洲理事会的《欧洲社会宪章》(1961 年)和欧盟的《劳工基本社会权利宪章》(1989 年)同样强调获得足够的社会保障待遇是人的基本权利。

资料框 4.2　社会保障与 1948 年《世界人权宣言》

每个人,作为社会的一员,有权享受社会保障,并有权享受他的个人尊严和人格的自由发展所必需的经济、社会和文化方面各种权利的实现(第二十二条)。

每一个工作的人,有权享受公正和合适的报酬,保证使他本人和家属有一个符合人的尊严的生活条件,必要时并辅以其他方式的社会保障(第二十三条第三款)。

人人有权享受为维持他本人和家属的健康和福利所需的生活水准,包括食物、衣着、住房、医疗和必要的社会服务;在遭到失业、疾病、残废、守寡、衰老或在其他不能控制的情况下丧失谋生能力时,有权享受保障(第二十五条第一款)。

母亲和儿童有权享受特别照顾和协助。一切儿童,无论婚生或非婚生,都应享受同样的社会保护(第二十五条第二款)。

覆盖面

社会保障现在已成为发达工业国家的一个既成特征,在那里,法定的覆盖面几乎已经达到 100％。可是在这些国家之外,社会保障的覆盖面是非常有限的。实际上,从全球视角来看,像英国这样的福利供给水平只能算是一个例外。正如凡·基内肯(van Ginneken, 1999)指出的,"一半以上的世界人口(工人及其依赖者)是没有任何法定的社会保障/保护的"(p.1)。在北非和南亚,就业人口的社会保障覆盖率约为 5％—10％,中、东欧为 50％—80％,拉丁美洲为 10％—80％,东南亚和西亚为 10％—100％(具体的百分比取决于我们讨论的是哪一种风险或人群)(van Ginneken, 1999:1)。1998 年末,全世界只有 1/4 的未充分就业和失业人群获得了某种失业津贴,他们大部分生活在"发达"国家(ILO, 2000:147)。

很多原因造成了如此多的人被排除在社会保障津贴之外。第一,没有法定的社会保障项目。截至 1995 年,拥有法定社会保障项目的国家已经由 1940 年的 57 个增长到 172 个,但是拥有世界上 6 600 万人口的 49 个国家和地区仍然没有任何这样的安排(Dixon, 1999:2)。它们大部分都是一些低收入国家,但也有一些明显的例外。阿拉伯联合酋长国虽为世界上最富有的国家之一,却没有建立法定的社会保障体系。第二,法定的社会保障项目不能覆盖所有的社会风险和人群。一般来说,关于老年、残疾、死亡、疾病和妊娠的保障项目是最普遍的,而那些关于失业、家庭和儿童的项目就比较缺乏(Dixon,1999)。在迪克森所研究的172个国家和地区中,少于1/10(8%)的拥有覆盖以下所有情况或人群的社会保障项目:老年、残疾、死亡(包括灾难幸存者津贴)、疾病、妊娠、失业、家庭和儿童。最容易被排斥在法定社会保障项目之外的是那些工作在村庄、小规模企业和小商店中的工人、城市非正规劳动者、农业工人、家庭雇佣和家务劳动者①。第三,即使有些人被正式纳入到了这些项目中,他们也可能会因为没有缴纳足够的保障金或享受资格已经被终止而不能获得保障津贴。在一些地区,特别是中、东欧和部分非洲,人们不能获得保障津贴是因为法定的保障项目已经解体,或由于战争、自然灾害和严重的经济混乱而不起作用了(Dixon,1999)。

千百万工人缺乏全面的法定社会保障,这一事实引起了一系列关于社会保障体系设计和国家实施能力的思考。一个有效的社会保障体系需要大量的参保人群,社会保险项目需要大部分劳动力都有一份正规的工作,只有这样,他们的收入才能被监管,强制性的保险金才能被征缴上来。但这并不适用于全球范围内不断增长的、拥有非正规的就业和收入的人群(van Ginneken,1999;Beattie,2000)。而且,由于法律强制力较弱,社会保障项目一般不能实现人人都参保。由于人们只注重满足当前生存需要而没有多余的资源可用来储蓄为失业或年老做准备,参保率还可能进一步降低。总的来说,高效的法定社会保障项目需要一种强大的公共基础结构和高超的管理能力,这样税金才能被征缴上来,可被覆盖的人群才能被估算出来,待遇才能够被有效地发放(van Ginneken,1999)。这种基础结构的缺失对一种充分的社会保障体系的发展(特别是在"发展中"国家)来说,是一个极大的障碍:

> (社会救助项目)在决定谁有受助资格和确保待遇能够有效地发放到目标人群手中等方面都需要有高超的管理技能。因而待遇发放的成本是相当高的,如果没有有效、负责的控制机制和监督体系,待遇极有可能流失,腐败也可能发生……而且很多发展中国家的社会保障行政管理都很难应付与社会保险项目运作相关的大量管理工作,因为它需要建立一种参保者的终身档案(van Ginneken,1999:9,13)。

55

---

① 参见 www.ilo.org/public/english/protection/condtrav/unprotected。

支出

世界范围内的社会保障不仅在覆盖面上具有不平等性,而且在开支水平上也具有多层次性。1990 年,全球公共社会保障开支[①]的平均水平约为国内生产总值的 9.6％,但是地区之间有巨大的差异。在欧洲约为 18.5％,大洋洲(澳大利亚、新西兰和斐济)为 11.2％,北美为 9.1％。落在这些开支"领袖"之后的是拉丁美洲和加勒比海地区、亚洲,最后是非洲,它们的社会保障开支占国内生产总值的比例分别是 6.0％、3.7％和 2.6％(ILO,2000,表 14:312),而且这些地区内部的差异也是非常明显的。例如,在西欧国家(欧盟成员国以及挪威、瑞士和冰岛),1996 年的社会保障开支占国内生产总值的比例已达 19.1％,而在中、东欧国家只有 12.6％(ILO,2000:312)。英国的社会保障开支低于西欧的平均水平,大体与"拉丁语系圈"各国相似。

政策设计的特征

当然,社会保障开支本身并不能说明社会保障体系在实现其各种目标和社会权利方面具有怎样的效力和效率。衡量一个社会保障体系质量如何的方法之一就是分析其政策设计的特征。迪克森(Dixon,1999)的研究就是一个典范。他根据各国达到国际劳工组织最低社会保障标准的程度,对 172 个国家进行了排序。在研究方法方面,他构建了一套非常全面的量表。此量表连接了基本和补充社会保障服务在政策设计和管理方面的 860 个特征,包括筹资、管理、覆盖面、享受资格和服务提供(例如,支付周期、与先前生活水平相比津贴给付的慷慨程度)。

每个特征都予以相应的评分(参见 Dixon,1999:199—205 关于此研究方法的全面论述)。在此基础上,这些国家被排列成一个四"名次表"或被划归为四个层级(资料框 4.3 列出了每个层级位于前 10 名的国家)。位于第二层级的国家,其政策设计得分比那些具有最好的政策设计(第一层级)的国家低 10％—20％。相应地,第三层级的国家得分比第一层级低 20％—30％,第四层级与第一层级的得分差距大于 30％(Dixon,1999:217—220)。英国和巴西都被列为第 37 位,属于

[①] 这里所说的社会保障开支包括养老金、工伤、疾病、家庭、住房和社会救助等现金或实物形式的津贴,也包括行政管理的开支。

第二层级。在这里需要特别指出的是,这种评估方法测量的对象只是法定的政策意向,并不是实际的运作过程。

资料框 4.3　全球社会保障政策设计排名:每个层级前 10 名(1995 年)

第一层级 20 个国家	第二层级 38 个国家	第三层级 49 个国家	第四层级 66 个国家
1. 澳大利亚	21. 冰岛	58. 马耳他	106. 格林纳达
2. 瑞典	22. 波兰	59. 佛得角	107. 科特迪瓦
3. 法国	23. 爱尔兰	59. 特立尼达岛	108. 印度
4. 丹麦	23. 意大利	59. 土耳其	109. 斯里兰卡
5. 新西兰	25. 爱沙尼亚	62. 厄瓜多尔	110. 牙买加
6. 俄罗斯	26. 斯洛伐克	62. 美国	111. 多米尼加共和国
7. 芬兰	27. 玻利维亚	64. 南非	112. 毛里塔尼亚
8. 奥地利	28. 阿尔巴尼亚	65. 巴巴多斯岛	113. 布基纳法索
9. 西班牙	28. 吉尔吉斯斯坦	66. 哥伦比亚	114. 肯尼亚
10. 德国	30. 突尼斯	67. 布隆迪	115. 哈萨克斯坦

资料来源:改编自 Dixon(1999,附录 10.1:223—231)。

　　正如迪克森所指出的,澳大利亚被认为具有世界上设计最好的社会保障体系,这是很多人没有想到的,因为它采取的是一种社会救助的策略,这在英国是与《济贫法》一样具有消极的文化和制度内涵。英国与澳大利亚社会保障体系最大的不同点是,前者通过生计调查来满足特定人群的经济需求,申领者需要对其贫困程度作出证明;而后者是通过"富裕程度调查",除最高收入群体之外,所有人群都必须接受调查[1]。因而,澳大利亚的社会保障体系"涉及的对象是非常广泛的,生计调查也就不会伤害什么人的自尊心",虽然它也为特定人群(如残疾人)和那些最需要帮助的人提供一些附加的福利(Dixon, 1999:217—218)。从原则上来说,"澳大利亚的社会救助体系扮演的是社会保障安全网的角色。它为很多人提供适度的保障津贴,特别为那些最需要帮助的人提供额外的救助,而其筹资来

57

---

[1]　与传统的、以生计调查为基础的津贴相比,英国的税额抵扣制度在收入等级的划分基础上更进了一步,尽量使收入调查更简单而又不使人难堪(参见本书第一章)。

源于财政税收，不会给雇主和受雇者增加太多的供款负担"(Dixon，1999：218)。位于澳大利亚之后的五个"最好的"社会保障体系，没有一个像英国那样如此青睐生计调查机制。它们是建立在贡献性和普遍性准则之上的，生计调查只是一种补充手段。在第一层级中，仅中、东欧国家就占了四个，这与其社会保障体系的社会主义渊源是分不开的。虽然它们都被经济危机所困扰，以至于影响了将社会保障责任付诸实施的能力。

先进的社会保障体系一般被认为是与较高的经济发展水平相联系的——只有那些较富裕的、经济上较"发达"的国家才能够发展一种"更好的"、"更全面的"社会保障体系。但是，被世界银行划归为中低收入行列的大多数中、东欧国家，在迪克森的研究里却被列为第一层级；美国和科威特虽居于最富有的高收入国家之列，在这里却分别被列为第62和第163位；阿拉伯联合酋长国也属于高收入国家，但它甚至都没有一个法定的社会保障体系。迪克森认为，美国是"唯一一个社会保障体系被列为第三层级的西方发达国家"，这是因为它更愿意"将满足社会保障需求的责任交由雇主和个人来承担"(Dixon，1999：221)。因而，单纯的经济发展水平根本不足以解释为什么一些国家的社会保障体系设计较其他国家更好。为了进一步理解这一问题，我们需要综合考虑一个国家的文化、宗教和政治传统、各种政策和制度安排以及国家、工人、资本和市民社会之间政治权力的平衡(Yeates，2001)。

福利体制

上述国际比较是以社会保障体系的开支水平及政策设计的特征为基础的。除此之外，还有不断增多的大量文献探讨了各国福利体制的异同。它们分析了不同福利体制应对经济、社会和人口变化的不同方式。"福利国家体制"这个概念被艾斯平-安德森(Esping-Andersen，1990：2)用来"展示在国家和经济的交互作用中，有一系列法律和组织层面的特征系统交错、纷繁复杂"。他运用这一词语来区分福利国家的两种研究方法。第一种也是最常用的一种就是把福利国家与一系列致力于社会进步与改善的政策和措施相联系。第二种也包含了这些政策和措施，但同时还把这些政策和措施与它们对就业和性别社会结构产生的影响联系了起来。因此，从福利体制的视角来研究社会保障，不仅要看其各种福利津贴的特点或开支水平，还要分析其特定的公共—私有部门的关系是如何产生的，人们依靠在市场上出卖劳动力获得收入来维持适当的生活水平的程度、福利供给对就业的影响以及不同的社会保障体系扩大或减少地位和阶级差异的程度。

福利体制这一分析方法的最基本特点就是将各个国家分组或划归为不同的类型。这种分组可以通过一个复杂的量化计分的方法达致,运用大量的变量来确定各国福利供给所产生的广泛影响,或者通过一种质性的方法和少数几个变量来揭示福利供给背后的假设及其对福利获得的影响。艾斯平-安德森是运用第一种方法的代表人物,而路易斯(Lewis,1992,1997)是第二种方法的代表人物。福利体制的相关研究文献主要关注的是有多少组别或体制类型,以及哪些国家属于哪种类型(关于这些观点的综述,参见 Abrahamson,1999)。鉴于本章的研究目的,在这里,我们只要说艾斯平-安德森的研究方法和关于福利国家的类型划分已经受到了各方面的批判就足够了。女性主义的观点认为,艾斯平-安德森只关注国家和市场的交互作用以及公共部门的就业情况,没有将性别纳入福利体制的建构准则之内,因为他忽略了非正规的、家庭内的无酬劳动(关于女性主义批判观点的综述,参见 Lewis,1992,1997;Sainsbury,1994)。艾斯平-安德森的研究还因为没有包括或错误理解了意大利、希腊、西班牙、葡萄牙和爱尔兰等"边缘"国家的福利体制,并否认一种特殊的"南部"欧洲福利国家模型的存在而受到批判(参见 Ferrera,1996;Cousins,1997)。对艾斯平-安德森的研究过于"核心化"的批判,实际上也是对很多现有的关于福利国家和社会保障研究的批判,不论其是跨国比较还是专注于一个国家的。卡增斯(Cousins,1997:225)曾经很正确地指出,大多数这样的研究是集中于"核心"的西方资本主义国家的,它们或者将那些"非核心"国家(第三世界国家或欧洲边缘国家)排除在外,或者纳入其中的一些,但是以这些国家最终将沿着"核心"西方国家福利体系的轨道而发展这一假设为前提的。

跨国维度

全球化已经使人们广泛认识到在关注社会政策的国家特性之余,关注其跨国界性的重要意义。这一概念已被不同的人从不同的角度加以定义和运用(关于这方面的进一步讨论,参见 Yeates,2001:14—17),但它从根本上来说是指一种由经济、社会、文化和政治因素交互作用形成的网络和各种常规地穿越国境的过程(Yeates,2001:4)。当然,跨国性的交互作用绝不是最近才出现的现象,但是各种社会、环境和经济问题正日益国际化,因为其影响范围已超越国界,需要全球性的解决办法,而且时常要经由跨国性的或国际性的政府机构来协调(Bretherton,1996；Deacon, with Hulse and Stubbs, 1997)。

社会保障的国际协作

目前,关注于社会保障事务的主要国际组织包括世界银行、国际货币基金组织、联合国及其各种"卫星"机构,特别还包括国际劳工组织。发展社会保障事务也是经济合作与发展组织——世界上最富有的 29 个国家之间的一种跨国性政策论坛——的核心工作。最近,世界贸易组织也对社会保障和养老金问题表现出了极大的兴趣。一些地区性组织也不例外,最突出的就是欧盟。其他一些地区性组织,如南部非洲发展共同体(SADC)、东南亚国家联盟(ASEAN)和南方共同市场(MERCOSUR),也已经或正在考虑制定一些跨国性的社会和劳工规定,虽然到目前为止,也只有南方共同市场制定了一种超国家的法律来促进本地区内各国之间社会保障权利的互相承认(Deacon, 2001)。最近,一些地区性发展银行,如亚洲开发银行和美洲开发银行也加入了世界范围内关于社会保障和社会保护的大讨论(Lustig, 2001；Ortiz, 2001)。这些机构不仅仅参与社会保障事务的相关争论,还试图通过各种途径介入各国的政策过程,例如,为各种研究、报告和会议提供资助、信息提供、审查与国际标准的吻合程度,以及当国内政策被认为不符合国际标准时,赋予相关批评家更多权威(Burden, 1998)。

社会保障是国际合作中具有最悠久历史的领域之一。建立于 1927 年的国际社会保障协会就为其会员,特别是社会保障领域的管理人员、行政人员、政策制定者和研究者提供了一种研究、培训和咨询资源。建立于 1945 年的国际劳工组织一直关注劳工问题,因而在社会保障研究方面已具有专长。它倡议建立最低保障标准,已经制定了 30 多项公约和 20 多份建议书来专门处理社会保障事务(Otting, 1994)。这些国际组织并不擅长政策实施和执行,因为这需要国家和地方官员以及政客的合作。实际上,国际劳工组织是没有权力强迫各国遵循国际标准的,它主要依靠道德说教实现其目标。

对这些组织来说,社会保障是它们比较感兴趣的并且比较重要的社会政策领域之一,因为它与劳动力的供给和流动、生产和竞争都有着密切的关系。以欧盟为例,虽然 1957 年的《罗马条约》并没有明确经济和社会事务的关系,对各国社会政策的干预在很大程度上还处于共同体的权限之外(Majone, 1993),但是社会保障被认为是经济整合目标的核心,因而也就成为成员国应当紧密合作的领域之一(第 118 条)①。欧盟对社会保障的兴趣主要在于消除阻碍成员国之间劳动力流动的障碍,即涉及越境流动工人(被雇用和自雇)的社会保障权利。这也曾是欧盟最活跃、最强势的领域(其最早的指令之一就是与这些工人的社会保障权利有关的)。由《罗马条约》第 119 条纳入男女同工同酬这一点可以看出,性别平等问题是其关于社会保障的另一个兴趣所在。欧盟对这一问题的介入并不是主要源自对社会公平的关注,而是因为意识到所有成员国保证同工同酬这一责任的缺失将会破坏那些已将此作为一种法定义务的国家的经济竞争力。不管其致力于性别平等的动机如何,事实是自 20 世纪 70 年代以来,欧盟已经通过了各种各样的指令禁止就业和法定社会保障中直接或间接的性别歧视。最近,欧盟也强调了获得足够收入的权利,虽然目前在这个领域,它的功能还只是提出一些建议(关于欧盟社会政策的进一步阅读,参见 Cram, 1998 和 Geyer, 2000;关于欧盟社会保障政策的回顾,参见 Ditch, 1999)。

在 20 世纪的大部分时间里,国际劳工组织都是国际社会保障事务的主导机构。它强调社会保障最基本的目标就是确保最低生活标准以及不断提高生活水平。它一直都比较关注法定社会保障覆盖面的逐步扩展,特别是在非正规就业人群中的扩展。国际劳工组织的社会保障和劳工公约与建议书已经获得了世界范围内的认同,而且对"发达"和"发展中"国家的相关立法产生了深远的影响(Kay, 2000)。但是到 20 世纪 90 年代中期,其他一些国际组织已经部分地取代了国际劳工组织的这一主导作用。国际货币基金组织、世界银行以及最近世界贸易组织对社会保障事务,特别是养老保障这一领域的介入,引起了一场轰轰烈烈的全球大讨论,内容涉及社会保障的目标、社会保障资金筹集和服务提供中较可取的"福利组合",以及国家和公共开支在促进社会经济更广阔地发展方面所起的作用等。从更广的范围来说,政府、跨国公司、社会运动、工会、专业协会以及贸易联合会也都在不断地将政治行动引向这些国际舞台,试图对全球资本主义和国土的管理及统治方式施加影响。相应地,这个国际舞台就变成了一个关于合理的社会保障模式以及公共性、商业性、志愿性和非正规部门之间恰当的角色分配的不同政治观

---

① 其他的领域包括就业、劳动法和工作环境、职业培训、职业健康和安全、集体谈判以及结社权。

点互相争斗的场所（Deacon，with Hulse and Stubbs，1997；Yeates，2001）。

社会保障的全球争论

社会保障的全球争论是围绕社会保障的目标这一中心轴线展开的，即社会保障只是为了缓解贫困，还是在此基础上还应该预防贫困？相关争论猛烈抨击了公共政策在承担经济和政治改革的社会成本方面所扮演角色的相关政策讨论。鉴于最近发生的国际经济危机——发生于 1997 年的亚洲金融危机，影响波及全球（例如，西方国家）——目前，要解决的问题并不是全球化是否可以被用来支持社会标准的发展，而是怎样做才能够实现这种支持。全球化正日益将人们置于全球经济风险之下，这增强而不是减少了对较好的社会保障体系的需求（关于经济全球化对社会保障的影响，参阅 Hoskins，2001；Sigg and Behrendt，2002），这一观点目前已被普遍接受。但是一种"较好的"社会保障体系是由什么构成的呢？社会(保障)政策只是应该扮演经济发展的"侍女"角色，还是应该被视为一种促进社会公平和平等的手段？

世界银行认为，社会保障政策的目标应该是使贫困人口能够更好地应对各种社会风险对其产生的经济影响。它提出的社会风险管理策略认为，社会保障不仅仅是特困人口最基本的安全网，还应该是其脱离贫困的跳板，因为社会保障体系至少不应该反对贫困人口承担风险（Holzmann and Jørgensen，2000：3；World Bank，2001）。在世界银行看来，非正规的和基于市场的社会保护是应对与健康（疾病、伤害、残疾）和生命周期（出生、年老、死亡）相关的，或社会性（犯罪、家庭暴力）和经济性（失业、农业歉收、生意破产）的"个人特有"风险的最好途径。为低收入群体提供一定的公共补贴是合理的，因为仅仅依靠非正规的或商业性的渠道，是不能保障其生活水平的。但是，非贫困人口是需要自己作出一些"风险管理"的安排的，例如，通过个人储蓄或购买商业社会保险等。因而，社会风险管理的最基本目标就是为那些"特困人口"提供支持。要把商业性的福利供给和家庭作为"首要求助对象"，继而是慈善性和志愿性措施，用来补充已被撤除或削减了的作为"最后求助对象"的公共福利供给。这种社会风险管理措施并没有把实现更平等的收入分配作为一种法定目标，不论其途径是税收转移支付还是全面的公共物品供给（Holzmann and Jørgensen，2000：21）。此种政策导向反映出了新自由主义对个人责任的偏好，它强调了"选择"、私利和可强制执行的关于集体责任（能够增强社会凝聚力、社会整合和社会平等)的契约性权利(Dixon,1999)。

世界银行的这种策略与世界劳工组织的策略是相矛盾的。前面已经提到,国际劳工组织一直以来就提倡将基本的社会保护作为一种人权,而且还一直关注最低标准的制定和社会保障覆盖面的扩展。近几年来,面对当前的经济和政治环境,国际劳工组织开始对其传统的劳工主义策略进行反思,并试图设计一种新形式的全民社会保护体系(Deacon,2002;Standing,2002)。在这种情况下,"体面的工作"(ILO,1999,2001)这一概念及其相关实施策略被提出,意图是实现社会保障的全民覆盖,以此来保障生活标准,而不仅仅是当贫困发生时采取缓解措施。总的来说,这种策略就是要创造一种"自由、平等、安全和尊严得到维护的情况下体面的、多产的工作"(ILO,1999;Standing,2002)。其核心理念就是,如果要求人们积极地参与国家或社区的社会和经济发展过程,国家或社区就要承担一种积极的责任促进社会平等和包容,为弱势群体增权以及保证每个人平等地享有国家或社区资源。因而,国际劳工组织倡导为工龄人群建立统一的社会保障项目,但同时也意识到这些项目需要符合最大包容性原则。相应地,社会保障的一些改革理念也已被提出,例如,支持扩展式家庭照顾,增加社会保障项目对非正规就业人群的覆盖和对那些依附于谋生手段(如农业农作)而不是正规工作的各种风险的覆盖,以及在自雇工人中发展新形式的互助和社会保险项目(Deacon,2002)。将集体主义的价值观引入社会保障和保护体系的设计积极地体现了平等和再分配的社会目标,这种平等和再分配可以是一国之内的,也可以是跨国性的。跨国性的再分配也非常重要,因为并不是所有的国家都有能力发展相同水平的社会保障。这样的措施包括全球社会信托基金的建立、发展救助义务的履行以及更多特许资金的提供等(Euzéby,2002;Sigg and Behrendt,2002;Townsend and Gordon,2002)。

养老金的案例

怎样定义社会保障的目标才算恰当? 公共性、商业性、志愿性和非正规部门在社会保障中的角色分配应该是怎样的? 关于这些问题的争论一直在各个领域延续,养老金就是其中最主要的一个。明斯(Minns,2001)将这种全球争论看做养老金提供的英美模式和欧洲、亚洲—太平洋以及欧亚模式之间的"新冷战"。美国、英国、荷兰、爱尔兰、瑞士、智利、澳大利亚和加拿大等国实行的都是欧美模式。

63

在促进此模式的全球传播方面，世界银行（World Bank，1994，2000；Holzmann and Jørgensen，2000）和国际货币基金组织（IMF，1996）一直都是走在前列的。这一方面使得全面的、由公共部门管理和提供的养老金不断解体，另一方面促进了私营养老金体系的发展。其目的是鼓励个人储蓄，刺激养老金市场，将私有金融机构为养老金领取者提供收入保障的作用最大化。这样一来，世界银行就将国家的法定角色限制在对（私有）养老金行业的管理，以及为最贫困人群提供低水平的、以生计调查为基础的、非贡献性的国家养老金。它还建议希望获得额外供给的人群将强制性个人养老金作为第二支柱，将自愿性补充养老金作为第三支柱。即与第一支柱相比，第二和第三支柱被赋予了更为重要的角色①。

这也就使得养老金私有化"由一种激进的理念变成了一种主流的、全球性的政策处方"（Kay，2000：192），并为新的"政策模板"提供了合法性证明和支持（Kahler，1992）。世界银行曾试图说服中、东欧（Deacon，with Hulse and Stubbs，1997；Deacon，2000）、拉美（Cruz-Saco and Mesa-Lago，1998）和中国（World Bank，1997）等一些国家的政府采用它所推崇的养老金模式。它对很多国家提出这样的建议并伴之以制度、人力和财力资源的援助，以帮助这些国家的政府——很多都依靠世界银行获得发展资金——按照它推崇的思路对养老金进行改革。但是在这方面，它到底有多成功呢？英美模式和华盛顿共识在国际政策圈内的主导地位已经得到了广泛的重视，但这些处方是如何依旧依赖各国的实际情况来决定这种模式在多大程度上以及以何种方式实施却很少被关注。因而，在拉丁美洲，只有智利的养老金体系与世界银行提出的模式非常接近，玻利维亚、萨尔瓦多和墨西哥只是部分参照，其余国家则更接近于世界劳工组织所提出的模式（Cruz-Saco and Mesa-Lago，1998）。同样，福尔茨和拉克（Fultz and Ruck，2001）也指出，大多数中、东欧国家正在对其公共社会保障项目进行改革，但是并没有建立法定的私营保障这一支柱。当然，世界银行政策范式的影响力还是不能够被忽视的。因为即使那些政策处方不能够被严格遵循，但这一范式也已经使得世界银行与个别国家的一系列机构建立的积极伙伴关系、福利供给的个体化和市场化以及政府从收入再分配领域的淡出合法化了（Deacon，2000；Dixon and Hyde，2001；Cruz-Saco，2002）。

---

① 关于英国养老金体系主要支柱的讨论，参见本书第九章。

国际劳工组织传统的养老金政策强调了三支柱保障体系（另外两个支柱分别是与收入相关的公共保障项目和自愿性的私有保障项目）中强制性的全民定额公共养老金体系的重要性（Otting，1994）。世界银行的上述策略也对此产生了一定的影响。国际劳工组织为"发达"国家的养老金体系设计了一种四支柱模型，包括：

- 以生计调查为基础的养老金，筹资来源于一般税收；
- 现收现付式的给付确定型养老金，相当于每人一生平均收入的40%—50%；
- 资本化的强制性缴费确定型养老金；
- 自愿性退休储蓄和养老金之外的其他收入。

对于"发展中"国家，国际劳工组织建议优先扩展养老金在非正规就业人群中的覆盖面，以及（或者）建立一种全国性的养老金计划，这种计划要将高收入工人排除在外，因为他们会被要求参加一种更昂贵的（可能是私有的）养老金计划。此外，它还指出，基本的国家保障计划可以仅仅提供残疾和灾难幸存者津贴，或者提供一些只有达到一种相对较高的年龄（如65岁或70岁）才可领取的退休津贴（Gillion，2000：20；Gillion et al.，2000）。正如国际劳工组织自己所承认的，这种模式反映了原有理念的一种重要转变，是因为"考虑到退休收入风险更大的多样性"（2000：20）才这样做的。它放弃关于全民养老金供给的倡议以及承认私营养老金供给可以扮演更重要的角色是为了表明"国际劳工组织的社会保障部再也不能够被视为布雷顿森林政策（Bretton Woods policies）的壁垒了"（Deacon，2000：11—12）。

虽然英国不依靠世界银行和国际货币基金组织获得发展资金，但是这些机构的政策范式都不同程度地对其社会保障政策及相关论述有所渗透。世界银行和国际货币基金组织政策范式的普遍性由此也就可见一斑。英国政府实施市场化和私有化的过程，包括将待遇供给和管理的责任转到私有部门，以及将私有部门的价值观念纳入公共部门的福利供给（Walker，2001）。例如，养老金、疾病津贴和长期照顾津贴供给的私有化以及住房津贴、疾病津贴和家庭津贴管理的私有化都是前一个过程的体现；而社会保障管理的公司化，即"日渐依照商业性准则来运作，强调效率和目标，而较少关注满足个人需求的有效性"（Walker，2001：139）正是第二个过程的体现。总的来说，虽然国家在社会保障的供给和管理中继续发挥着主导作用，但是根据沃克（Walker，2001：139）的结论，从长远观点来看，市场化意味着"一种相对不足的公共社会保障体系"；在这个体系中，"贫困的代价完全由

65

个人及其家庭来承担使得贫困也被私有化了"。

双边主义及政策采购

双边主义和政策采购是跨国主义的其他两种显著形式。双边互助是一种传统的"富"国为"穷"国提供国际发展救助的主要形式。除了提供资金,"富"国政府还经常将一些公务员派到其他国家提供技术支持和政策建议,以帮助这些国家的政府建立、扩展或改组社会保障体系。这些专家的建议反映了作为捐赠者的政府和机构的政治和政策导向(de la Porte and Deacon, 2002)。从更广的范围来说,人口的跨国流动以及文化和理念的跨国传播增加了人们对其他国家社会政策发展的兴趣和比较的机会,促进了各种社会政策"团体"的出现,"通过这些团体,社会政策得以被发展、修订和借鉴"(Manning and Shaw, 1999:120—121)。现在,各国政府和政策制定者基本上都会经常关注在其他地方什么措施比较有效,并考虑如何将这些措施应用到本国。政策采购在英国的养老金、儿童抚养、以福利促成工作和课税减免体系中比较突出。当然,跨国性的政策渗透和传播在福利国家的发展历史中已不再是什么新事物。列宁所提倡的社会主义社会保障体系和英国早期的社会保障供给都效仿了德国俾斯麦模式,而早前英国殖民地的社会保障体系也仍留有殖民统治的烙印。然而,目前这种传播的可能性已经被各种超国家的和国际性的组织大大增强了。它们或者通过传播自己所推崇的政策模式,如上述分析中提到的试图说服各国政府遵循其政策建议,或者通过鼓励各国专家比较本国与其他样板国家的政策体系来积极鼓励跨国性的政策合作、比较和借鉴。例如,经济合作与发展组织就鼓励欧洲、北美和太平洋地区经济之间进行政策讨论和对话,特别是关于劳工市场的变化以及人口老龄化对社会(保障)的影响。欧盟和欧洲理事会在其成员国之间也采取了类似的措施。当然,"政策采购"并不是说把其他国家(看起来)比较有效的政策带回自己的国家,然后按照其本来的形式照搬实施。实际上,这也是不可能的,因为每个国家都是在不同的社会、政治、经济和文化环境中运行的。最终,其他国家的政策是因为无关或无效而被忽略还是被借鉴,取决于"采购"国的政治情况以及这些政策将要被实施的具体环境。前面提到的俾斯麦模式的跨国传播证明了社会主义和自由主义的社会保障体制都可以容纳它的准则和理念,虽然这种容纳有着不同的原因和形式。

总结

- 在英国公民看来,社会保障是理所当然的事情,但是,尽管国际社会在半个多世纪以前就把社会保障看做人的一种基本权利,对于大多数的世界人口而言,这种权利还只是停留在理论层面。

- 国际劳工组织一直提倡社会保障体系要优先考虑最低标准的建立和法定社会保障覆盖面的扩展,这种模式对 20 世纪各种社会保障体系的发展产生了深远的影响。

- 关于法定的、商业性的以及非正规的社会保障安排之间恰当的平衡点以及预防贫困与缓解贫困等不同目标的争论,也具有全球性的重要意义。

- 社会保障全球化最近的发展阶段促使世界银行和国际货币基金组织加入了全球性的社会保障大讨论。作为新自由主义和保守主义福利思想的"携带者",它们较少关心再分配和平等问题,而是提倡选择主义的公共社会保障体系,这种体系在一种已被显著市场化和非正规化的福利供给机制中运作。

- 最后,评定任何改革计划的标准是要看它是否使得获得充足收入保障的权利对每个人都有意义,而不仅仅是对那些享有特权的少数人群有意义。

思考题

1. 从全球视角来定义社会保障需要注意哪些问题?

2. 法定的津贴体系在确保个人和家庭获得充足的收入方面有怎样的重要性?还有什么其他可利用的收入来源?法定的和非法定的资源各自的优缺点是什么?

3. 全球性社会保障权利的实现程度如何?

4. 与其他国家相比,如何评价英国社会保障体系的开支、设计、覆盖面和结果?

5. 思考"全球化"对社会保障造成直接或间接影响的不同形式。

6. 比较世界银行和国际劳工组织的政策范式:(1)对两者关于社会保障所扮演角色的看法进行一般性比较;(2)对两者关于养老金未来发展的看法进行特别比较。两种范式各自的优缺点是什么?

参考文献

Abrahamson, P. (1999) "The welfare modelling business", *Social Policy and Administration*, vol. 33, no. 4, pp. 394—415.

Beattie, R. (2000) "Social protection for all: but how?", *International Labour Review*, vol. 139, no. 2, pp. 129—148.

Bretherton, C. (1996) "Introduction: global politics in the 1990s", in C. Bretherton and G. Ponton (eds.) *Global politics: An introduction*, Oxford: Blackwell, pp. 1—19.

Burden, T. (1998) *Social policy and welfare: A clear guide*, London: Pluto.

Cousins, M. (1997) "Ireland's place in the worlds of welfare", *Journal of European Social Policy*, vol. 7, no. 3, pp. 223—235.

Cram, L. (1998) "UK social policy in European Union context", in N. Ellison and C. Pierson (eds.) *Developments in British social policy*, Basingstoke: Macmillan, pp. 260—275.

Cruz-Saco, M. A. (2002) *Labour markets and social security coverage: The Latin American experience*, Extension of Social Security paper no. 2, Geneva: Social Security Policy and Development Branch, ILO.

Cruz-Saco, M. A. and Mesa-Lago, C. (eds.)(1998) *The reform of pension and health care systems in Latin America: Do options exist?*, Pittsburgh, PA: University of Pittsburgh.

de la Porte, C. and Deacon, B. (2002) "Contracting companies and consultants: the EU and the social policy of accession countries", Globalisation Social Policy Programme Occasional Paper No. 9/2002, Helsinki, Finland: STAKES.

Deacon, B. (2000) *Globalisation and social policy: The threat to equitable welfare*, Occasional Paper 5, Geneva: UNRISD.

Deacon, B. (2001) *The social dimension of regionalism: A constructive alternative to neo-liberal globalisation?*, Globalism and Social Policy Programme Occasional Paper no. 8/2001, Helsinki, Finland: GASPP/STAKES.

Deacon, B. (2002) "Globalization and the challenge for social security", in R. Sigg and C. Behrendt(eds) *Social security in the global village*, New Brunswick, NJ: Transaction, pp. 17—30.

Deacon, B. , with Hulse, M. and Stubbs, P. (1997) *Global social policy: International organisations and the future of welfare*, London: Sage Publications.

Ditch, J. (1999) "Poverty and social security in the European Union", in J. Ditch(ed.) *Introduction to social security: Policies, benefits and poverty*, London: Routledge, pp. 227—238.

Dixon, J. (1999) *Social security in global perspective*, Westport, CT: Praeger.

Dixon, J. and Hyde, M. (eds.)(2001) *The marketization of social security*, Westport, CT: Quorum Books.

Esping-Andersen, G. (1990) *The Three worlds of welfare capitalism*, Cambridge: Polity.

Euzéby, A. (2002) "The financing of social protection in the context of economic globalization", in R. Sigg and C. Behrendt(eds.) *Social security in the global village*, New Brunswick, NJ: Transaction, pp. 31—46.

Ferrera, M. (1996) "The 'southern' model of welfare in Europe", *Journal of European Social Policy*, vol. 6, no. 1, pp. 17—38.

Fultz, E. and Ruck, M. (2001) "Pension reform in central and eastern Europe: emerging issues and patterns", *International Labour Review*, vol. 140, no. 1, pp. 19—43.

Geyer, R. (2000) *Exploring European social policy*, Cambridge: Polity.

Gillion, C. (2000) *The development and reform of social security pensions: The approach of the International Labour Office*, Geneva: ILO, www. ilo. org/public/english/protection/socsec/publ/exec. htm.

Gillion, C. , Turner, J. , Bailey, J. and Latulippe, D. (eds.)(2000) *Social security pensions: Development and reform*, Geneva: ILO.

Gough, I. (2000) "Welfare regimes: on adapting the framework to devel-

69

oping countries", Global Social Policy Programme, Institute for International Policy Analysis, University of Bath.

Holzmann, R. and Jørgensen, S. (2000) *Social risk management: A new conceptual framework for social protection, and beyond*, Social Protection Discussion Paper no. 6, Washington, DC: World Bank.

Hoskins, D. D. (2001) "The redesign of social security", in D. D. Hoskins, D. Dobbernack and C. Kuptsch (eds.) *Social security at the dawn of the 21st century*, New Brunswick, NJ: Transaction, pp. 3—14.

ILO(International Labour Organization) (1999) *Decent work*, Report of the Director-General of the ILO to the 87th Session of the International Labour Conference, Geneva: ILO.

ILO(2000) *World Labour Report 2000: Income security and social protection in a changing world*, Geneva: ILO.

ILO(2001) *Social security: A new consensus*, Geneva: ILO.

IMF(International Monetary Fund) (1996) *Aging populations and public pension schemes*, Washington, DC: IMF.

Kahler, M. (1992) "External influence, conditionality, and the politics of adjustment", in S. Haggard and R. R. Kaufman (eds.) *The politics of economic adjustment*, Princeton, NJ: Princeton University Press, pp. 89—136.

Kay, S. (2000) "Recent changes in Latin American welfare states: is there social dumping?", *Journal of European Social Policy*, vol. 10, no. 2, pp. 185—203.

Kleinman, M. and Piachaud, D. (1993) "European social policy: conceptions and choices", *Journal of European Social Policy*, vol. 3, no. 1, pp. 1—19.

Lewis, J. (1992) "Gender and development of welfare regimes", *Journal of European Social Policy*, vol. 2, no. 3, pp. 159—173.

Lewis, J. (1997) "Gender and welfare regimes: further thoughts", *Social Politics*, vol. 4, no. 2, pp. 160—177.

Lustig, I. (ed.) (2001) *Shielding the poor: Social protection in the developing world*, Washington, DC: Inter-American Development Bank.

Majone, G. (1993) "The European Community between social policy and social regulation", *Journal of Common Market Studies*, vol. 31, no. 2, pp. 154—170.

Manning, N. and Shaw, I. (1999) "The transferability of welfare models: a comparison of the Scandinavian and state socialist models in relation toFinland and Estonia", in C. Jones Finer(ed.) *Transnational social policy*, Oxford: Blackwell, pp. 120—138.

Midgley, J. (1997) *Social welfare in global context*, London: Sage Publications.

Midgley, J. and Kaseke, E. (1996) "Challenges to social security in developing countries", in J. Midgley and M. B. Tracy(eds.) *Challenges to social security: An international exploration*, Westport, CT: Auburn House, pp. 103—122.

Millar, J. and Warman, A. (1997) "Family-state boundaries in Europe", in M. May, E. Brunsdon and G. Craig(eds.) *Social Policy Review 9*, London Guildhall University/Social Policy Association, pp. 276—289.

Minns, R. (2001) *The Cold War in welfare: Stock markets versus pensions*, London: Verso.

Ortiz, I. (ed.)(2001) *Social protection in Asia and the Pacific*, Manila: Asian Development Bank.

Otting, A. (1994) "The International Labour Organization and its standard-setting activity in the area of social security", *Journal of European Social Policy*, vol. 4, no. 1, pp. 51—57.

Sainsbury, D. (ed.) (1994) *Gendering welfare states*, London: Sage Publications.

Sigg, R. and Behrendt, C. (2002) "Social security in the global village: mapping the issues", in R. Sigg and C. Behrendt(eds.) *Social security in the global village*, New Brunswick, NJ: Transaction, pp. 1—13.

Standing, G. (2002) *Beyond the new paternalism: Basic security as equality*, London: Verso.

Townsend, P. and Gordon, D. (2002) "Conclusion: constructing an antipoverty strategy", in P. Townsend and D. Gordon (eds.) *World poverty: New policies to defeat an old enemy*, Bristol: The Policy Press, pp. 413—431.

van Ginneken, W. (1999) *Social security for the excluded majority: Case studies of developing countries*, Geneva: ILO.

Walker, C. (2001) "The forms of privatization of social security in Britain", in J. Dixon and M. Hyde (eds.) *The marketization of social security*, Westport, CT: Quorum Books, pp. 123—142.

World Bank (1994) *Averting the old age crisis: Policies to protect the old and promote growth*, New York, NY: Oxford University Press.

World Bank (1997) *Old age security: Pension reform in China*, Washington, DC: World Bank.

World Bank (2000) *World Development Report 1999/2000: Entering the 21st century*, Oxford: Oxford University Press.

World Bank (2001) *Social protection sector strategy: From safety net to springboard*, Washington, DC: World Bank.

Yeates, N. (2001) *Globalization and social policy*, London: Sage Publications.

网络资源

欧洲理事会	www. coe. int
国际社会福利协会	www. icsw. org
国际劳工组织	www. ilo. org/public/english
国际货币基金组织	ww. imf. org/external
国际社会保障协会	www. issa. int/engl. homef. htm
经济合作与发展组织	www. oecd. org
社会保护咨询服务	www. worldbank. org/sp
世界银行	www. worldbank. org
世界贸易组织	www. wto. org

第二部分　不断变动的目标

第五章
从福利到工作福利[*]

概要
- 英国正在兴起一种新型的从福利到工作体制,大多数处于工作年龄的社会保障待遇申请人都要去工作。

- 这种体制运用各种从福利到工作的政策工具。这些政策工具针对导致失业的各种复杂因素,其中一些政策工具好几年前就有了。不过,全国最低工资标准、新政和税额抵扣等,都是政府新出台的举措。

- 运用从福利到工作项目来解决失业问题,可能对社会保障待遇申请人及其家庭、其他求职人员、财政部和国民经济带来正反两方面的影响。

- 许多标准可以用来评估从福利到工作项目的成败。根据提升申请人的就业前景这一标准,有证据表明,有些举措是成功的,不仅提高了人们就业的积极性,降低了雇主的用工成本,还帮助求职者或申请人找到了适合的工作。

导言:从福利到工作

"工作是最好的福利形式。"(DWP, 2002a:2)工作的收入高于福利救助。心理学研究证明,工作的人要比不工作的人心理健康(Warr, 1987)。工作还是家庭摆脱贫困的主要方式(Bryson et al., 1997; Dickens and Ellwood, 2003)。因此,提高成年就业人口的比例应成为政府政策的核心主题。说起来容易做起来难。怎么让人们去就业,怎么让他们安下心来工作? 优先救助谁,谁又该被遗忘? 接受救助的人该怎么回报? 再有,就业真的对所有人都好吗? 比如,有证据表明,如果母亲去工作,孩子的教育会受影响(Ermisch and Francesconi, 2000)。有些人要照料家人,不便找工作(参见第六章)。有些残障人士可能会从就业中获益,而其

---
[*] 本章作者为阿里克斯·布里森,政策研究所研究员。详见 www.psi.org.uk/。作者感谢雷金特大街科技信托基金提供的经济支持。

他人显然不可能从中获益(参见第八章)。

回答上面这样的问题,离不开道德伦理和政治经济判断。这些判断是政策制定回避不了的,也是所有政府在设计推动福利对象走向就业时都面临的。评估从福利到工作的政策,应当解决一些问题。本章探讨的正是这些问题:

- 从福利到工作试图解决的问题;
- 政策选择;
- 工党的政策进路;
- 评估政策举措成败的方式;
- 哪些做法是成功的?

从福利到工作的政策试图解决的问题

从福利到工作指的是这样一些项目和措施,旨在让那些靠国家(福利)过活的人通过有偿工作(就业)实现经济自立。这些项目和措施主要针对两类社会保障对象:首先,是失业的"求职人员",即失业了但须有求职意愿才能领取失业保障金的人员。这些人一直是此类项目的重点对象。其次,是领取其他社会保障待遇(收入支持、一部分残障津贴)的人员,这些人没有就业,但不需以有就业意愿作为领取待遇的条件。劳动力市场项目把这些人作为目标人群的时间不长。我们下面将看到,现行政策对两类人群有所不同,但从福利到工作的总体目标不仅是要减少失业,而且是要解决没有就业的问题。

大体而言,三种有关失业和没有就业的原因的理论观点,影响了英国从福利到工作政策的发展。这三种理论是:经济理论、行为主义理论和制度学派。

经济理论认为,劳动力需求的不足与劳动力供给两个因素是导致失业的关键变量。想就业的人多于工作岗位,僧多粥少,就出现了失业。从整体上看,经济中的工作岗位可能会绝对短缺;或者由于不同地区的经济增长速度的差异,可能会导致经济增长创造的就业岗位与当地劳动力供给的失衡。劳动力需求不足具有周期性,在经济滑坡时,需求不足问题会更严重,就像 20 世纪 80 年代初和 90 年代初的情形。即使经济开始增长了,经济衰退还是会给失业人员留下印记,因为雇主偏向于招聘未曾失业的人员。这会使得一些人失业时间延长,导致长期失业的上升,就像 20 世纪 80 年代中期经历的那样。经济发展中还有一种趋势,雇主对非熟练工和体力劳动者的需求会逐渐下降。再加上国际竞争迫使企业裁员提高生产率,导致了失业人员曾从事的许多岗位消失了。

为解决失业问题,政府通常有两种手段:一是对产业发展进行管理,二是通过扩大投资刺激增长,创造就业机会,影响劳动力需求。然而,从 20 世纪 70 年代开始,这种做法不再流行了。即使政府愿意这么做,雇主也不一定欢迎政府的需求管理政策。而且,欧洲货币联盟的指令、投资者和股市的反应都严重限制了政府的行动空间。

作为替代,政府采取了供给方面的策略,运用各种办法,帮助个人和雇主克服经济的不足。这些办法包括:

- 补贴雇主,以降低雇用失业人员的成本,形式有直接补贴工资、补助培训费以及降低社会保险费;
- 培训失业人员,使其掌握雇主所要求的技能;
- "制造工作"计划,让失业人员获得必要的工作经验;
- 使失业人员有更多的就业机会,包括求职援助和雇主安置。

导致失业的原因不仅是经济学家说的缺乏工作岗位,另一个问题是工作岗位的性质。以前,占主导地位的是"男人养家糊口"模式,家里就一个人就业(参见第二章)。现在,这种模式成了一种传说。随着服务业的兴起以及国际竞争的加剧,从 20 世纪 70 年代起,劳动力市场变得更灵活了,低薪的职位越来越多了,这些职位往往是零工、短工,既没什么发展前景,又没什么福利待遇。20 世纪 80 年代初,与工资收入挂钩的福利补助以及与收入一起上涨的福利待遇,都说明了劳动力市场的不足带来了真正的工作积极性问题,因为对许多人而言,工作并不划算。结果,失业人员并不着急找工作。自此以后,为了解决人们工作积极性不高的问题,政府出台了一系列政策,包括:

- 拉大失业待遇与在业收入的差距,方法是提高在业工资补助的水平,降低失业待遇的实际水平;
- 降低领取工资补助的工时要求;
- 修改有关工人收入达到一定水平后停止发放相关待遇的规定,有利于工人收入稳定;
- 提供救助,帮助解决因为就业而产生的相关费用。比如,发一笔钱,用于与就业相关的花销;补贴旅游和儿童照料费用;允许失业人员重新就业后仍

77

可享受一段时间的失业待遇,以支付住房费用等。

有关失业根源的第二种理论,是行为主义。这种理论又分为两派。一派认为,失业是失业人员性格的反映。失业不是因为缺乏工作岗位,相反,失业是因为失业人员有工作不想干。问题出在失业人员抱有不切实际的职业期望。失业人员的道德品质是成问题的。这些人在 19 世纪被当做"无能"的人。到 20 世纪末,他们又被描述为靠国家过活的"底层阶级"(Smith,1992)①。米德(Mead,1986,1997)认为,失业人员存心不做最符合他们利益的事情,即以就业的方式积极参与社会生活。在这个意义上,他们是"无能"的。

行为主义理论对失业问题的诊断,其政策意义是很明显的。几个世纪以来,它影响了失业政策的设计和实施。为了防止人们依赖政府,必须确保失业人员领取的救助水平低于工作收入。用 1832 年《新济贫法》的话说,救助对象的生活状况必须比最苦、最穷的劳工还"差"。此外,作为对政府救助的回报,失业人员必须从事某种活动。大方一点的形式,就是强制失业人员参加旨在提升其工作前景的活动,如参加就业面谈、找工作、接受培训,或接受政府提供的就业机会。没那么大方的形式,就是强制失业人员参加性格塑造活动,这些活动本身可能并不能直接提升失业人员的工作前景,但通过塑造个人的道德品格,有助于个人自食其力,目标是改变失业人员的性格和行为。

另一派指出了长期失业给失业人员工作动机造成的不利影响。他们认为,长期失业会使人意气消沉,缺乏物质资源和社会联系。失业人员之所以出现工作动机不足的问题,不是因为失业人员的性格,而是因为长期失业的事实。不过,这一派提出的对策却没什么新意,还是建议政府运用胡萝卜和大棒,设法让失业人员重新就业。

制度论认为,是福利国家制度造成了失业和未就业问题,导致了失业和未就业问题的持续。有些人认为,政府过于强调公民享受社会保障的权利,而不是强调获得社会保障的条件。对于那些须"为工作、诚实、节俭等重要价值观的沦丧负责"的社会保障待遇申请人而言(Field,1997:61),这种做法适得其反。同样,要解决失业和未就业的问题,就必须提高享受社会保障待遇的条件,加强工作调查。

① 从更一般的角度说,可以把失业看做社会道德沦丧的一部分。因此,失业的原因与导致犯罪和家庭解体的原因类似,都是社会道德滑坡所致。

有些人认为,福利体系已无可救药,应该废除(Murray,1984)。还有一些人认为,福利体系在工作调查上浪费了太多的时间,而花在服务雇主方面的时间则少得可怜:这些分析者认为,就业安置的首要目标应该是给雇主提供有效的服务,集中精力给雇主提供合适的人选,由此提高社会保障对象的就业机会。政府出台的政策中,与这些分析相吻合的包括两大类,一是积极与雇主打交道,做法跟私人就业机构的类似,给雇主提供工资补贴、培训补助、减免税收或国民保险费等"甜点"。二是雇主可以"试用"失业人员,看看是否合适,试用后再做决定。从这个角度看,工作调查可能适得其反,因为它给雇主一个信号——公共就业安置服务机构送来的人不想工作。

因此,对于失业和未就业问题的不同界定,导致了不同的政策处方。然而,这些政策处方未必是非此即彼的替代方案。失业可能是由于其中一种原因导致的,也可能是由于多种原因一起作用的结果。因此,政策必须应对各种因素,不能偏废。还可能涉及更广泛的政策议程,如对贫困和社会排斥的担忧、就业机会均等以及对劳动力市场中处境最惨的群体的关切等。而且,政策冲突很常见:实现一个目标,但可能很难实现另一个目标。比如,为了让失业人员去面试,对不去面试的人员会处以降低待遇标准的处罚。这种做法可能会让失业人员更积极地找工作,但如果雇主认为这些人其实并不想工作,且参加面试并非出于真心的话,并不能提升他们的就业前景。或者说得更广一点,政策可以让失业人员去就业,却并不能保证他们都有足够的收入,使自己和家人摆脱贫困。

79

工党与从福利到工作政策

1997 年快上台的时候,首相托尼·布莱尔(Tony Blair)宣称:"这将是一届从福利到工作的政府。"(Blair,1997)资料框 5.1 概述了 1997 年引入的主要举措。工党对失业问题的分析,综合了经济、行为和制度因素。比如,第一份福利改革绿皮书(DSS,1998)就提出,现有的支持体系"过于消极",它给失业人员提供了现金待遇,却没指望他们提供什么回报。因此,行为结果(失业人员缺乏找工作的动机)和制度结构(福利体系未能创造让失业人员与劳动力市场积极对接的条件)联系起来了。

资料框 5.1　从福利到工作:1997 年以来的主要举措

年份	政 策 发 展
1997	● 单亲父母新政。针对有学龄儿童的单亲父母,是一个自愿参加的项目,个人顾问提供就业、福利津贴、培训和儿童照料方面的建议。
1998	● 工党福利改革绿皮书提供了"公民与政府之间的、权利与责任相匹配的新福利契约。我们将根据工作伦理重建福利国家:给能工作的人工作,给不能工作的人保障……政府的责任是提供积极的帮助,申请人的责任是利用好政府的帮助"。 ● 年轻人新政。针对 25 岁以下、失业 6 个月以上的年轻人,是一个强制性的项目,是新政各种项目的模范:先提供密集的求职援助,然后提供四种选择(补贴就业、加入环保队伍、志愿部门工作、全职教育或培训)。 ● 长期失业人员新政,是强制性项目。针对 25 岁以上且失业 12—24 个月的人士。 ● 残障人士新政,是自愿参加的项目,提供建议和信息。 ● 模范就业区。在失业率高的地区,给最困难的求职者提供更密集的支持。 ● 就业培训,面向 16—18 岁且未上学或未就业的人员。 ● 儿童照料国家战略,旨在给所有 0—14 岁的儿童提供优质廉价的照料。
1999	● 推出全国法定最低工资。 ● 工作家庭税额抵扣计划和残障人士税额抵扣计划分别取代了家庭救济金和残障工作补助。提高了待遇水平,通常由雇主直接发放。 ● 失业人员的配偶新政。给失业人员的配偶提供求职援助和培训机会,可自愿参加。 ● 50 岁以上人士新政。给领取待遇的 50 岁以上的人士提供信息和建议以及就业税额抵扣、培训补助,可自愿参加。 ● 职业培训,给失业 6 个月以上的人士提供。
2000	● 1999 年的福利改革和养老金法生效,要求相关人员接受就业面谈,否则停发家庭享受的各种待遇。 ● ONE 试点项目整合了待遇申请程序,对工作年龄人口提供以就业为中心的个案服务。 ● 提出目标,到 2010 年前,70% 的单亲父母应实现就业。
2001	● 规定无子女的夫妇应一并申请各种待遇,双方均须满足待遇资格条件。 ● 学习与技能理事会取代培训与创业理事会,负责 16 岁以后的培训。
2002	● 设立就业服务中心:"运用个人顾问体系,以统一的方式,提供与就业、待遇相关的建议以及支持和帮助。"(DWP, 2002b) ● 初次申请收入支持的人士,强制其接受就业面谈。25 岁以上人士的新政取代了长期失业人员的新政,做法更接近年轻人新政模式。 ● 规定 45 岁以下无子女的夫妇须一并申请待遇。
2003	● 推行儿童税额抵扣计划及就业税额抵扣计划。

注:详细信息参见 House of Commons(2000)。

政府想设计一个"更积极的"系统，"拉"申请人一把，而不是"救一救"他们（Harman，1997）。在实践中，这意味着，申请人要想获得社会保障待遇，就必须从事与就业相关的活动。这种做法可以追溯到 1986 年，当时出台了规定，要求长期失业人员定期参加就业面谈。这些被称为"重新开始"的面谈是强制性的。如果申请人无故拒不参加面谈，可以减少甚至取消其享受的各种保障待遇。参加各种就业培训课程也成了享受待遇的条件之一。工党继承了保守党的这些政策遗产，并将之发扬光大。经济合作与发展组织也把积极的劳动力市场政策作为非通胀型经济增长的关键要素（OECD，1994）。

强制性的新政项目加大了处罚的力度，甚至可以"殃及全家"，降低全家享受的各种待遇。现在，单亲母亲、残障人士和失业人员的配偶都需参加就业面谈。如果不参加，也会遭受处罚。

政府还加强了就业面谈工作：通过持续不断的检查，给服务对象提供个案服务，其目的是让工作人员（常常被称为"个人顾问"）与申请人（服务对象）搞好私人关系。

这种做法体现了政府观念的转变。对国家与申请人之间的关系，政府的认识发生了变化。工党把这种转变说成是"改变国家与个人之间的契约"：申请人在承担新责任的同时，将获得一些新权利（DSS，1998；King，1999）。这些权利包括，对于必须参加培训的人来说，他们有权要求政府提供高质量的培训场所。事实上，对于某些人群而言，政府还承担了"兜底雇主"的责任，当他们找不到工作时，政府有责任保障他们就业。这种做法跟保守党的政策是格格不入的。此外，申请人有权获得政府直接提供或委托私人机构提供的高质量培训，有权在找工作时获得有价值的建议。

政府还实施了全国最低工资标准，试图保障最低的薪酬水平。工党采取的从福利到工作的各项政策中，唯一对劳动力需求产生深远影响的就是全国最低工资标准了。工党之所以出台此标准，源于"使工作有其利"的信念，即只有提供足够的经济刺激，社会保障待遇申请人才会去工作。政府推行税额抵扣计划，完善工资补助体系，也是基于这种考虑，税额抵扣计划的目标是增强就业的积极性，方法包括提高待遇水平，给需要花钱照料子女的人提供实质性的帮助，降低抵扣税额因收入上升而减少的比率，并直接通过雇主发放抵扣税额，以强化抵扣税额与就业的联系。

81

这种做法的典型代表,是年轻人新政。它是政府从福利到工作的招牌项目,面向年轻人。政府认为,早干预个人的职业生涯,消除长期失业带来的创伤,能提升年轻人的长期职业前景。开始时,年轻人要密集地找工作,政府会提供相应的援助,以消除就业的障碍。此后,政府会给申请人四种选择:补助就业、环保工作、志愿工作以及全日制教育或培训。"没有第五种选择"(Brown, 2000),不参与是不行的。在他们作出选择后,如果还没安置好,将又要开始密集地找工作,面临新的选择。申请社会保障待遇的年轻人须持续参与项目活动,直至就业为止。这个项目有效地消除了年轻人的长期失业问题。

为了帮助人们摆脱福利、积极就业,政府采取的政策措施是多种多样的。对不同的人群,政府提供的支持各有不同。资料框5.2归纳了从福利到工作政策的九个领域,每个领域针对的都是导致失业的因素,虽然角度各不相同。这些政策同时并

资料框5.2 英国从福利到工作项目与措施

求职援助

新政;就业计划工作室;求职者服务;项目中心(以前的就业服务中心);就业面试保障计划;求职补助;面试之行计划。

培训

新政;年轻人就业培训;高级学徒;成年人职业教育;职业发展贷款;在业培训补助。

试工

新政的雇主选项;新政的志愿部门选项;试工。

"制造工作"计划

年轻人新政中的环保工作者;长期失业人员新政;向上阶梯。

检查/个案式管理

ONE试点项目;新政。

雇主援助

试工;年轻人新政和长期失业人员新政中提供的工资补助和培训补助。

"使工作有其利"

工作家庭税额抵扣;残障人士税额抵扣;儿童照料补助;全国法定最低工资;单亲父母在业培训补助;核定资格条件时,劳动收入不计入收入。

社区动议

就业区;社区新政;就业行动团队。

照料援助

儿童照料国家战略;将儿童照料费用纳入在业税额抵扣的范畴;提高生育待遇;父母享受带薪产假。

存,说明政府知道,失业的原因是复杂的。全国最低工资标准、税额抵扣、单亲父母、长期病患和残障人士的就业面谈等,这些都是新出台的,其他政策是过去就有的①。

评判从福利到工作政策的成败

根据什么标准来评判从福利到工作政策的成败? 这个问题乍一看很简单,实际却很复杂。这些政策的目标很明确,让社会保障待遇申请人就业。虽然如此,这些政策对于政府、申请人和国民经济而言,却发挥着许多功能。这些功能可以分成六类,相应地也就有了六大评估标准。

评判从福利到工作项目,最显而易见的标准是项目给参与项目的个体带来的经济后果。这些后果可以从以下几个方面进行测量:

- 申请人不再领取社会保障待遇的人数,或者他们在多短的时间内不再领取社会保障待遇;
- 就业人数(而不是成为非经济活动人口);
- 申请人用于就业准备的时间;
- 申请人经济状况好转、职业技能提升或工作准备的程度。

工党上台的时候就发出了信号,评估从福利到工作项目的标准,要看其促进社会保障待遇申请人就业的成效,而不是简单地让他们不再领取社会保障待遇。只有在促使申请人不再领取社会保障待遇的同时,不增加申领社会保障待遇的人数,这样的政策举措才能有效减少领取社会保障待遇的人数。正因如此,工党很关注出出进进的问题,即不再领取社会保障待遇的人不久后又来申领社会保障待遇。这导致工党很关注就业的可持续性,近来,政府的工作致力于让以前领取社会保障待遇的人在工作岗位上干下去。还有一些办法可以减少申请社会保障待遇人数。比如扯皮,让人们很难申请社会保障待遇,这种做法在美国很常见。还比如,提高享受社会保障待遇的门槛。不过,这些做法是否真能改善申请人的经济状况,值得商榷。

83

---

① 这表明,政府在吸取其他国家的经验教训(Dolowitz, 1998; King, 1999; Dolowitz and Marsh, 2000)。

　　评判从福利到工作项目的第二个标准,是其对家庭经济状况的影响。这涉及家庭内部及不同家庭间的收入分配问题。从福利到工作政策可以让收入从"就业富人"流向"就业穷人",从而缩小收入不平等。比如,政府可以运用税收体系,给单亲父母提供强大的经济刺激,鼓励他们就业。此类政策还能有效消除夫妻双双失业和单亲父母工作积极性不高的问题,从而让就业岗位从双职工家庭流向零就业家庭。评估政策成败的指标,可以包括贫富家庭收入差距的缩小,遏制零就业家庭的增多等。促进家庭内部的收入再分配的政策,也可以成为从福利到工作的有效工具。比如,儿童津贴。儿童津贴一般发给孩子的母亲,用在孩子身上。这种津贴就能鼓励就业,因为当孩子的母亲就业后,津贴照发,当他们不再享受其他社会保障待遇而工资又还没发时,这笔钱能救救急。由于在核定抵扣税额时,儿童津贴并不算"收入",因此有助于鼓励人们在工作岗位上干下去,"使工作有其利",不至于影响就业的积极性(从 2001 年开始,在核定抵扣税额时,抚养费也不计入收入)。对于夫妻双双失业的家庭,夫妻新政及夫妻一并申领社会保障待遇的做法,也有助于鼓励传统上并不申领社会保障待遇的人就业。

　　第三个标准是对经济的影响。从福利到工作政策的最终目标是提高工作年龄人口的就业率。实现这一目标有两种途径。首先,从福利到工作政策能增加劳动力的有效供给。通过鼓励人们找工作,将非经济活动人口与劳动力市场"重新连接起来",从而增加潜在的劳动力人数。其次,从福利到工作政策能提高经济创造就业岗位的水平,而不会导致通货膨胀(Layard et al. , 1991)。当然,条件是政策能降低劳动力成本——通过降低求职者的薪资预期,给雇主提供工资补贴,或者帮助求职人员尽快找到合适的就业岗位。提高员工的生产效率,增加单位工资的产出,也能降低劳动力成本。各种帮助员工成为"更好的"员工的政策,就是那些能提高经济学家所说的"人力资本"的政策,包括培训和培养工作习惯的项目。如果政府给参加从福利到工作政策的人员各种帮助,却损害了竞争同样岗位的其他人的利益,那么,上述这些做法就没有什么意义了。果真发生这种情况的话,那么,从福利到工作政策只不过是用一拨员工取代了另一拨员工,将失业的负担从项目参加人员转嫁到了没有参加项目的人员身上。如果政策针对的是劳动力市场上境况最惨的人群,就可以在很大程度上避免这种情形的出现,因为帮助这些人对于其他劳动力的影响微乎其微。

　　第四个标准是税收增加和社会保障支出减少带来的财政收益。让申请社会

84

保障待遇的人员就业,即使单位成本很高,仍然可能是划算的,条件是这样做能节省社会保障支出,并通过持续就业增加税收。相反,即使单位成本很低,但如果只是将没有某个项目也可以就业的人员送去就业,那么,该项目还是得不偿失(即"资不抵债"的问题)。

评估从福利到工作政策成败的第五个标准是项目的人气。项目在申请人中间的受欢迎程度,可以用符合资格条件的申请人参加该项目的比例来测量,也可以用参加者对某项政策的满意度来测量。当然,即使申请人的满意度很低,从福利到工作政策根据其他标准也可能是有效的。不过,如果目标人群的利用率很低,很难想象这会是一项成功的政策。从福利到项目政策在选民中的受欢迎程度也很重要,因为如果选民不喜欢某届政府的从福利到工作政策,下次大选时就会把它选下台,不论这些政策对于社会保障待遇申请人而言有多么好。

最后,如果从福利到工作政策能鼓励申领社会保障待遇的人员形成更积极的工作态度、积极为社会做贡献,那么,他们还是成功的。这可以说是政策的道德伦理维度。此类变化可以从人们行为的变化看出来,也可以通过态度调查测出来。如果政策制定者满足于通过增强人们的就业能力,使人们"走近就业"(即便他们并没有实际就业),那么在这种情况下,这一标准是有效的。有些人测过这方面的效果(Bryson et al. , 2000)。不过,研究常常发现,失业人员的就业意愿要比在业人员高(Jackson,1994)。

什么管用?

我们何时才能知道,某个项目或政策变动已经成功了呢?单靠某项政策帮助了申请社会保障待遇的人员就业这一点,是不够的:要识别政策产生影响的因果机制,就必须了解这些人在没有政策干预的情况下可能经历的境况。这要求我们把政策的效果同其他影响申请人就业前景的因素分开。这些影响因素有申请人的特征(性格、技能水平、动机)、家庭状况和地区条件、劳动力市场的状况,以及其他政策的效果等(Purdon et al. , 2001,Purdon,2002 描述了这些问题及其解决办法)。我们还必须了解政策对于其他劳动力的影响,以便确定政策是否有净收益。这意味着要理解在没有项目或政策的情况下,劳动力市场的状况。即使做了认真仔细的评估,有了结果,我们在提出政策建议时还是要谨慎,特别是因为评估时的状况随后可能会发生变化,进而影响政策的效果。比如,尽管有证据表明,美国从福利到工作政策的经济效果大体上是不错的,然而,那些研究都是在经济持续增长的背景中做的。因此,很难从这些研究中得出结论,说这些政策在经济滑坡时会产生什么影响。

对各种政策举措进行认真仔细的评估还为时不长(King,1995;Walker,2000)。尽管评估方法发展很快,但争议依旧。因此,确定的结果少之又少。再有,迄今为止的评估几乎全都集中于考察从福利到工作政策在促使申领社会保障待遇的人员积极就业方面的效果(White and Riley,2002)。这种情况开始发生变化了,有人评估了年轻人新政对劳动力市场的影响,还有人对社区层面的政策干预进行了评估。下面的内容仅限于英国的经验,谈的是时下流行的一些促使申领社会保障待遇的人员就业的政策的成败①。

定期面谈

个案服务的核心是定期就业面谈,这种办法最早始于 1986 年的"重新出发"项目。重新出发项目提高了失业人员就业的比率,缩短了失业人员领取失业待遇的时间(White and Lakey,1992)。重新出发项目会把人吓跑,研究人员发现,失业人员往往在面试前后或收到面试通知时不再领取失业待遇(Dolton and O'Neill,1996)。然而,重新出发项目也提高了失业人员的就业率,表明该项目"通过让失业人员与雇主接触,或是促使失业人员积极找工作"(Dolton and O'Neill,1995),增加了失业人员得到工作机会的数量。因此,重新出发项目表明,定期面谈产生了"威胁"的效果,促使失业人员积极找工作,从而给他们带来了好处。

强迫

对重新出发项目的评估表明,要求领取社会保障待遇的人员积极参加项目,有助于让申请人尽快摆脱失业状态。然而,强迫的价值取决于干预的性质、目标人群、劳动力市场状况以及服务提供方式。比如,对定期面谈的分析表明,以面谈作为享受待遇的条件,效果是最明显的。自愿参加的面谈几乎不起作用(Green et

---

① 其他的文献回顾,参见 Gardiner(1997)和 Blundell(2001a)。

al.，2001)。不过,自从 ONE 试点也以面谈作为享受待遇的条件后,在促使单亲父母不再领取社会保障待遇方面,起了一定的作用(Kirby and Riley，2001)。然而,对于申请求职补助的人员以及患病或残障人士而言,强迫的做法没有任何效果。再有,这种做法对单亲父母能产生影响,仅限于由就业中心向他们提出参加项目的要求;如果强制参加项目的要求是通过呼叫中心和私营部门提出的,效果就并不明显。

其他证据表明,"威胁"效应会促使失业人员不再领取失业待遇。参加就业工程项目(该项目启发了长期失业人员新政的设计)的长期失业人员在经历一段密集的找工作的时间后,当他们要参加"创造就业"项目时,不再领取失业待遇的时间明显快于没有参加项目的对照组。然而,他们就业的可能性和没有参加项目的人一样,都不高(Bryson et al.，1998)。对一并申请项目的评估,也发现了威胁效应的影响。由于一并申请项目要求领取社会保障待遇的夫妻双方都必须去找工作就业,因此,有些领取求职补助的夫妇为了规避这个项目,不再领取求职补助。然而,这对就业却没有什么影响(Bonjour et al.，2002)。

如果雇主认为,求职者是因为被迫提出求职申请或来参加面试,或者雇主被一群群只是为了交差而来面试的人骚扰的话,那么,强制只会适得其反(Bryson and Jacobs，1992)。如果管理人员认为这些要求是不公正或不合情理的,他们会拒不执行,从而让这些要求变成"一纸空文"(Bryson and Jacobs，1992)。

帮助找工作

直到 20 世纪 90 年代中期,帮助失业人员找工作这种做法几乎没有什么效果,原因是虽然失业人员找工作的行为发生了变化,比如,找工作的次数增多了,或者对工作的要求也不那么死板了,但他们得到的就业机会却并没有增多(Bryson and White，1996)。尽管道尔顿和奥内尔(Dolton and O'Neill 1995，1996)认为,重新出发项目的积极效果可归功于失业人员求职行为的变化,但调查数据并不支持这一说法(White and Lakey，1992)。就业俱乐部能提高妇女的就业机会,虽然在妇女就业后,就业俱乐部反倒会压低她们的工资(White et al.，1997)。然而,新政的经验表明,在失业后最初的四个月里帮助找工作的话,确实对年轻人有利。

让求职人员与雇主密切接触

雇主之所以没有给求职人员就业机会,一个原因是雇主怕求职者不适合空缺的岗位(Bryson and Jacobs，1992)。让求职人员接近雇主的各种政策，有助于消除这种不确定性，从而帮助求职人员就业。试工，即雇主可以在正式录用求职人员之前"试试"看，这种做法目前为止效果是最好的(White et al.，1997)。就业顾问先对求职人员进行筛选，以确保他们适合雇主的空缺岗位，也有助于缓解雇主的担心。这种为雇主量身定做的服务已经体现在就业面试保障项目中。这类服务虽然对于男求职人员的帮助不大，但却提高了妇女的就业机会(White et al.，1997)。

与雇主接近也是一些成功的就业培训和工作体验项目的特征。比如，"培训为工作"项目是工作学习项目的前身，它是一个面向长期失业人员的大规模培训项目，提高了参加人员的就业机会。不过，与课堂培训或项目安排工作相比，让参加人员去企业实地锻炼的效果最好(Payne，2000)。对就业培训项目和就业行动项目的评估也得出了类似的结论(Payne et al.，1996)。此外，这些评估表明，与不拿证的培训相比，能拿证的培训更有助于失业人员实现再就业。

待遇水平与待遇期限

社会保障待遇对就业的影响是双重的：社会保障待遇可能削弱就业动机，但也有可能为找工作提供便利。证据表明，在英国现行的待遇水平下，失业待遇的发放虽然的确降低了年轻人就业的比率，但对于失业人员的就业动机一般没有负面影响(Narendranathan et al.，1985；Arulampalam and Stewart，1995)，对找工作也没有影响(Schmitt and Wadsworth，1993a)。事实上，有些人还担心待遇水平低会影响失业人员的就业机会，因为"一旦失业，家庭马上会陷入贫困"(Nickell，1999：28)。这项研究可能使政府提高与儿童相关的失业待遇变得更容易了，因为政府会认为这些待遇不会影响人们就业的积极性。即使如此，政府的中心工作还是使工作有其利(参见下文)。

在美国等国，享受失业待遇是有时间限制的，而且，随着失业时间的延长，失业待遇的水平也"逐步"下降。这种做法在促使失业人员停止领取失业待遇方面有一定的成效，尽管并不清楚这些人是否真的就业了(Evans，2001)。迄今为止，英国政府还没有试图限制领取生计调查型待遇的时间。一个可能的原因是，有证据表明，"在体制内"对于保证申请人保持与劳动力市场的联系而言，具有极为重要的价值；与情况"类似"但没有领取生计调查型待遇的人相比，领取待遇的人成为非经济活动人口的可能性要小得多(Wadsworth，1992)。与此相一致，有研究发现,20 世纪 80 年代中期,由于失业保障体系的变化,在失业人员中,符合领取失业待遇条件的人少了,结果,劳动力有效供给减少了,找工作的人数也变少了(Schmitt and Wadsworth, 1993b)。

失业待遇的发放方式及领取失业待遇的条件确实很重要。一项国际比较研究(Dex et al. , 1995)表明,丈夫失业会降低妻子工作或继续工作的积极性,从而导致她们的就业率低。可能的原因是,个人在领取生计调查型待遇时,收入能力会受限制,低薪员工不好开口要求加工资,原先领取生计调查型待遇的人担心就业后出现的不确定性(McLaughlin, 1991, 1994)。尽管还有人认为,配偶就业状态的变化是因其他因素所致(Irwin and Morris, 1993; Pudney and Thomas, 1993),然而,这项研究还是导致政府出台了一些新的政策举措,如一并申请和配偶新政等。

领取失业待遇的人往往偏向于领取失业待遇而不是去就业,因为失业待遇虽然低,却很稳定。相反,如果去就业,干的时间不长,工资也少得可怜,还要面对种种不确定性(McLaughlin, 1991)。这些研究促使政府出台措施,为失业人员就业提供便利,包括延长失业人员就业后能领取住房津贴的时间,以及给就业人员提供援助,降低就业带来的相关费用,如儿童照料费用等。

使工作有其利

领取社会保障待遇的人员之所以不愿就业,主要原因是工资太低。当然,从20 世纪 90 年代初开始,工资补助政策范围扩大了,单亲父母就业的比例也略有上升(Blundell, 2001a)。家庭救济金使得领取失业待遇的人员就业后的经济状况比领取失业待遇时好多了(Marsh and McKay, 1993)。不过,由于资格条件不太确定,再加上与其他收入来源之间的关系也没协调好,影响了家庭救济金的激励效果(Kempson et al., 1994)。然而,它鼓励了单亲父母去打零工,既有就业收入,又能继续享受家庭救济金(Marsh and McKay, 1993)。工作家庭税额抵扣计划推行后的证据也表明,它有利于促进单亲父母就业(Blundell, 2001a)。

在业津贴也能提高就业水平。在劳动收入下降时,它有助于让员工继续干下去,从而延长了人们在业的时间,降低了他们未来失业的可能性(Bryson and Marsh, 1996)。不过,通过在业津贴或税额抵扣提供工资补助这种做法有两个负面影响。首先,工资补助从中期看会限制工资的提高,使在业员工长期依赖国家的救助(Bryson et al. , 1998)。当工资收入上升时,工资补助会相应减少,这会导

89

致员工不想参加培训、寻求晋升或延长工作时间。其次,对家庭救济金(Marsh and McKay, 1993)和工作家庭税额抵扣计划(WFTC)(Blundell, 2001a)的评估表明,对于双职工家庭来说,工资补助适得其反,它会导致另一半不愿去就业。

全国法定最低工资标准也有助于使工作有其利(Stewart, 2002)。对于工资水平本来就低于最低工资标准的人来说,最低工资标准的实施不会影响他们的就业意愿。工资水平的提高也有助于拉动原先的非经济活动人口进入劳动力市场。

新政

新政代表着从福利到工作项目新的开始。首先,新政是多角度的。参加者跟着项目向前走的时候,获得的待遇也会发生变化。其次,申请人有某些选择权,尽管这种选择权很有限。在经历密集的就业援助后,仍未就业的人员可以选择一种方案。最后,以参与作为领取待遇的条件。符合资格条件的申请者必须参与进来,方能领取待遇。在促进申请人就业方面,这种做法是否成功了呢?由于很多有关新政的评估结果尚未发表,因此,我们聚焦于年轻人新政和长期失业人员新政[1]。就年轻人新政而言,答案是肯定的。该项目提高了失业的年轻人就业的比率(Blundell, 2001a)。之所以有这种成效,部分归功于该项目开始之初就给失业人员提供密集的求职援助(Blundell, 2001a; Blundell et al., 2001)。为什么这种做法很有效,而以前的求职援助项目却没有什么效果?原因不得而知。一种可能是,由于给服务对象提供了个案式的服务,就业顾问提供的建议更有价值了,而就业顾问和失业人员之间的信任也增强了。另一种可能是,在项目进行四个月以后,就进入了选择阶段,失业人员开始面临选择。如果失业人员不喜欢所有这些选择,他们可能会想退出。除此之外,还可以归功于项目给失业人员提供的就业补助(Blundell, 2001a; Dorsett, 2001; Bonjour et al., 2001)[2]。项目中的一些模块的效果并不怎么好。特别是全日制教育和培训,在促使失业人员就业方面效果最差,但有助于失业人员在退出项目后继续受教育或接受培训。

长期失业人员新政的影响不太好说,可能的原因是目标人群本身就不好就业。

---

[1] 2003年夏,对单亲父母新政的定量评估将面世。关于评估材料的综述,请参见 Evans et al. (2002)和 Millar(2002)。

[2] 贝尔等人(Bell et al., 1999)考察了英国及其他国家工资补贴项目的影响。他们发现,新政的工资补贴有助于提高年轻人的生产率,从而提高其就业能力。

不过,提供就业补助的做法还是提高了参加者的就业率(Winterbotham et al., 2001)。

政策出台看实施

决定从福利到工作政策的成败,不仅看从福利到工作政策本身的内容,而且看这些政策是如何实施的。资料框 5.3 列举了实施过程中会影响成败的一些因

资料框 5.3 实施从福利到工作政策时需作出的选择

谁得到什么?
- 申请待遇的人员与未申请待遇的人员;
- 申请人员中的亚群体(失业人员、单亲父母、病患和残障人士)。

何时干预?
- 短期失业人员还是长期失业人员?
- 年轻职工还是老职工?
- 有利的经济条件;
- 在全面铺开前试点,是为了看项目是否可行还是走走形式。

在哪儿干预?
- 全国项目还是地方项目?
- 农村还是城市?

谁提供服务?
- 机构协作;
- 谁来领头?
- 公共提供还是私人供给?
- 因地制宜还是中央控制?
- 让雇主在场。

项目设计
- 胡萝卜还是大棒?
- 项目元素排序;
- 提供的内容(求职、培训、"制造工作"、补助)。

政策筹资
- 如何发放(预算外收入、开支检查、配套资金)?
- 成功动机(筹资跟产出相关)。

人员
- 个案服务;
- 培训;
- 酌情处理权;
- 支持(信息系统、管理);
- 待遇发放、就业安置,还是兼而有之?
- 控制预算的人还是管理人员?

91

素。研究表明,同样的政策在不同的地区,效果差别很大(比如,Evans et al.,2002)。在美国,有明确的证据表明,政策成败关键看服务的质量和服务提供的性质(Evans,2001)。

总结

1997 年,工党上台时提出的很多问题今天照旧存在。单亲父母以及丈夫失业的妇女的就业率依然不高(Blundell,2001b)。劳动力的质量还偏低,不足以满足岗位的要求。在低技能行业中,低薪仍很普遍。政府的其他政策,特别是义务教育和高等教育,能发挥很大的作用。虽然如此,从福利到工作政策的成败还是取决于很多因素。新政对于年轻人等群体产生了积极的影响,虽然影响可能不是很大。税额抵扣计划通过转移支付,给贫困的就业家庭带来了不少收入。不过,政府的一些大动作还有待进行充分的评估,尽管这些新出台的政策本身就意味着很难去评估其长期的影响。经济滑坡的时候,真正的考验就来了。

思考题

1. 失业人员的工作调查是否与建立一个满足雇主需要的就业安置服务相兼容?

2. 是否可以强制人们去工作?

3. 从福利到工作政策如何才能"起作用"?

4. 有什么证据可以证明从福利到工作政策实际上起作用了或者没起作用?

参考文献

Arulampalam, W. and Stewart, M. B. (1995) "The determinants of individual unemployment durations in an era of high unemployment", *The Economic Journal*, vol. 105, pp. 321—332.

Bell, B., Blundell, R. and Van Reenen, J. (1999) *Getting the unemployed back to work: The role of targeted wage subsidies*, Working Paper W99/12, London: Institute for Fiscal Studies.

Blair, T. (1997) "The will to win", Speech as Prime Minister, Aylesbury Estate, Southwark, 2 June.

Blundell, R. (2001a) "Welfare-to-work: which policies work and Why?", Keynes Lecture in Economics, London: University College London and Institute for Fiscal Studies.

Blundell, R. (2001b) "Welfare reform for low income workers", Hicks Lecture 1999, *Oxford Economic Papers*, vol. 53, pp. 18—214.

Blundell, R., Costa Dias, M., Meghir, C. and Van Reenen, J. (2001) *Evaluating the employment impact of a mandatory job search assistance program*, Working Paper 01/20, London: Institute for Fiscal Studies.

Bonjour, D., Dorsett, R., Knight, G. and Lissenburgh, S. (2002) *Joint Claims for JSA—Quantitative evaluation of labour market effects*, Report to the Working Age Evaluation Division of the DWP, London: DWP.

Bonjour, D., Dorsett, R., Knight, G., Lissenburgh, S., Mukherjee, A., Payne, J., Range, M., Urwin, P. and White, M. (2001) *New Deal for Young People: National survey of participants: stage 2*, Employment Service Report ESR67, London: DWP.

Brown, G. (2000) "Chancellor of the Exchequer's Budget Statement", 21 March.

Bryson, A. (1998) "Lone mothers' earnings", in R. Ford and J. Millar (eds.) *Private lives, public responses: Lone parenthood and future policy in the UK*, London: Policy Studies Institute, pp. 167—192.

Bryson, A. and Jacobs, J. (1992) *Policing the workshy: Benefit control, labour markets and the unemployed*, Aldershot: Avebury.

Bryson, A. and Marsh, A. (1996) *Leaving Family Credit*, DSS Research Report No. 48, London: The Stationery Office.

Bryson, A. and White, M. (1996) *Benefits and effective job search*, Mimeo, London: Policy Studies Institute.

Bryson, A., Ford, R. and White, M. (1997) *Making work pay: Lone mothers' employment and wellbeing*, York: Joseph Rowntree Foundation.

Bryson, A., Knight, G. and White, M. (2000) *New Deal for Young People: National survey of participants: stage 1*, Employment Service Research and Development Report ESR44, Sheffield: Employment Service.

Bryson, A., Lissenburgh, S. and Payne, J. (1998) "The First Project Work Pilots: a quantitative evaluation", Report to the Employment Service and DfEE, Report ESR10.

Dex, S., Gustafsson, S., Smith, N. and Callan, T. (1995) "Cross-national comparisons of the labour force participation of women married to unemployed men", *Oxford Economic Papers*, vol. 47, pp. 611—635.

Dickens, R. and Ellwood, D. T. (2003: forthcoming) "Whither poverty in Britain and the US? The determinants of changing poverty and whether work will work", in R. Blundell, D. Card and R. Freeman(eds.) *Seeking a premier league economy*, Chicago, IL: University of Chicago Press, www. nber. org/books/tcf/.

Dolowitz, D. (1998) *Learning from America: Policy transfer and the development of the British workfare state*, Brighton: Sussex Academic Press.

Dolowitz, D. and Marsh, D. (2000) "Learning from abroad: the role of policy transfer in contemporary policy making", *Governance: An International Journal of Policy and Administration*, vol. 13, no. 1, pp. 5—32.

Dolton, P. and O'Neill, D. (1995) "The impact of Restart on reservation wages and long-term unemployment", *Oxford Bulletin of Economics and Statistics*, vol. 57, no. 4, pp. 451—470.

Dolton, P. and O'Neill, D. (1996) "Unemployment duration and the Restart effect: some experimental evidence", *The Economic Journal*, vol. 106, pp. 387—400.

Dorsett, R. (2001) *The New Deal for Young People: Relative effectiveness of options in reducing male unemployment*, PSI Discussion Paper No. 7, London: Policy Studies Institute.

DSS(Department of Social Security)(1998) *New ambitions for our coun-*

try: *A new contract for welfare*, Cm 3805, London: The Stationery Office.

DWP(Department for Work and Pensions) (2002a) "Department for Work and Pensions Service Agreement", www. dwp. gov. uk/publications/dss/2001/dwp-psa/psa. pdf.

DWP(2002b) "Budget help for lone parents", Press release EMP1704-BLP, 17 April, London: DWP press office.

Ermisch, J. and Francesconi, M. (2000) *The effect of parents' employment on children's education*, ISER Working Paper, 2000-31, www. iser. ac. uk/pubs/workpaps/pdf/w000-31. pdf.

Evans, M. (2001) *Welfare to work and the organisation of opportunity*: *Lessons from abroad*, CASE Report 15, London: Centre for Analysis of Social Exclusion, London School of Economics and Political Science.

Evans, M., McKnight, A. and Namazie, C. (2002) *The New Deal for Lone Parents*: *First synthesis report of the national evaluation*, DWP Report No. 116, www. dwp. gov. uk/waed/esr116rep. pdf.

Field, F. (1997) "Re-inventing welfare: a response to Lawrence Mead", in L. Mead(ed.) *From welfare to work*: *Lessons from America*, London: Institute of Economic Affairs.

Gardiner, K. (1997) *Bridges from benefit to work*: *A review*, York: Joseph Rowntree Foundation.

Green, H. , Connolly, H. , Marsh, A. and Bryson, A. (2001) *The medium-term effects of voluntary participation in ONE*, DWP Research Report No. 149, London: DWP.

Harman, H. (1997) "New Deal for Lone Parents is welfare reform in action", DSS press release, 23 October.

House of Commons(2000) *Employment and training programmes for the unemployed*, House of Commons Research Paper 00/81, www. parliament. uk/commons/lib/research.

Irwin, S. and Morris, L. (1993) "Social security or economic insecurity? The concentration of unemployment(and research) within households", *Jour-*

95

nal of Social Policy, vol. 22, no. 3, pp. 349—372.

Jackson, P. R. (1994) "Influences on commitment to employment and commitment to work", in A. Bryson and S. McKay(eds.) *Is it worth working?*, London: Policy Studies Institute, pp. 110—121.

Kempson, E., Bryson, A. and Rowlingson, R. (1994) *Hard times: How poor families make ends meet*, London: Policy Studies Institute.

King, D. (1995) *Actively seeking work? The politics of unemployment and welfare policy in the United States and Great Britain*, Chicago, IL and London: University of Chicago Press.

King, D. (1999) *In the name of liberalism: Illiberal social policy in the United States and Britain*, Oxford: Oxford University Press.

Kirby, S. and Riley, R. (2001) *The employment effects of ONE: Interim findings from the full participation phase*, Report for the DWP, London: DWP.

Layard, R., Nickell, S. and Jackman, R. (1991) *Unemployment: Macroeconomic performance and the labour market*, Oxford: Oxford University Press.

McLaughlin, E. (1991) "Work and welfare benefits: social security, employment and unemployment in the 1990s", *Journal of Social Policy*, vol. 20, no. 4, pp. 485—508.

McLaughlin, E. (1994) "Flexibility in work and benefits", Paper for the Commission on Social Justice, London: IPPR.

Marsh, A. and McKay, S. (1993) *Families, work and benefits*, London: Policy Studies Institute.

Mead, L. (1986) *Beyond entitlement*, New York, NY: Free Press.

Mead, L. (1997) *From welfare to work: Lessons from America*, London: Institute for Economic Affairs Health and Welfare Unit.

Millar, J. (2002) "The art of persuasion? The British New Deal for Lone Parents", in R. Walker and M. Wiseman(eds.) *The welfare we want? The British challenge for American reform*, Bristol: The Policy Press.

Murray, C. (1984) *Losing ground: American social policy, 1950—1980*, New York, NY: Basic Books.

Narendranathan, W. , Nickell, S. and Stern, J. (1985) "Unemployment benefits revisited", *The Economic Journal*, vol. 95, pp. 307—329.

Nickell, S. (1999) "Unemployment in Britain", in P. Gregg and J. Wadsworth(eds.) *The state of working Britain*, Manchester: Manchester University Press, pp. 7—28.

OECD(Organisation for Economic Co-operation and Development)(1994) *The OECD jobs study: Evidence and explanations*, Paris: OECD.

Payne, J. (2000) *Evaluating training programmes for the long-term unemployed*, PSI Research Discussion Paper No. 1, London: Policy Studies Institute.

Payne, J. , Lissenburgh, S. , White, M. and Payne, C. (1996) *Employment training and employment action: An evaluation by the matched comparison method*, DfEE Research Series No. 74, London: DfEE.

Pudney, S. and Thomas, J. (1993) "Unemployment benefit, incentives and the labour supply of wives of unemployed men: econometric estimates", Mimeo, Cambridge: Department of Applied Economics, Cambridge University.

Purdon, S. (2002) *Estimating the impact of labour market programmes*, DWP Working Paper No. 3, www. dwp. gov. uk/asd/asd5/WP3. pdf.

Purdon, S. , Lessof, C. , Woodfield, K. and Bryson, C. (2001) *Research methods for policy evaluation*, DWP Working Paper No. 2, www. dwp. gov. uk/asd/asd5/WP2. pdf.

Schmitt, J. and Wadsworth, J. (1993a) "Unemployment benefit levels and search activity", *Oxford Bulletin of Economics and Statistics*, vol. 55, no. 1, pp. 1—24.

Schmitt, J. and Wadsworth, J. (1993b) *Job search activity and changing Unemployment Benefit entitlement: Pseudo-panel estimates for Britain*, CEP Discussion Paper No. 148, London: London School of Economics and Political Science.

Smith, D. (1992)*Understanding the underclass*, London: Policy Studies

97

Institute.

Stewart, M. B. (2002) "The impact of the introduction of the UK minimum wage on the employment probabilities of low wage workers", Conference paper presented at the European Association of Labour Economists, Paris, 19—22 September, London School of Economics and Political Science.

Wadsworth, J. (1992) *Unemployment benefits and labour market transitions in Britain*, CEP Discussion Paper No. 73, London: London School of Economics and Political Science.

Walker, R. (2000) "Welfare policy: tendering for evidence", in H. T. O. Davies, S. M. Nutley and P. C. Smith(eds.) *What works?: Evidence-based policy and practice in public services*, Bristol: The Policy Press.

Warr, P. B. (1987) *Work, unemployment and mental health*, Oxford: Oxford University Press.

White, M. and Lakey, J. (1992) *The Restart effect: Does active labour market policy reduce unemployment?*, London: Policy Studies Institute.

White, M. and Riley, R. (2002) *Findings from the macro evaluation of the New Deal for Young People*, DWP Research Report 168, London: DWP.

White, M., Lissenburgh, S. and Bryson, A. (1997) *The impact of public job placing programmes*, London: Policy Studies Institute.

Winterbotham, M., Adams, L. and Hasluck, C. (2001) *Evaluation of New Deal for Long-term Unemployed People: Enhanced national programme*, Employment Service Research Series, Sheffield: Employment Service.

网络资源

津贴现况	www. benefitsnow. co. uk
儿童行动团体	www. cpag. org. uk
教育与技能部	www. dfes. gov. uk
就业与养老金部	www. dwp. gov. uk
财政部	www. hm-treasury. gov. uk
下议院图书馆	www. parliament. uk/commons/lib/re-

search

税务局	www. inlandrevenue. gov. uk
财政研究所(养老金与储蓄中心)	www. ifs. org. uk/pensionsindex. shtml
国际劳工组织	www. ilo. org/public/english
就业服务中心	www. jobcentreplus. gov. uk
低薪问题委员会	www. lowpay. gov. uk
经济合作与发展组织	www. oecd. org
政策研究所	www. psi. org. uk
内阁办公室社会排斥处	www. socialexclusionunit. gov. uk
社会保障顾问委员会	www. ssac. org. uk
工会理事会	www. tuc. org. uk/welfare
经济与社会融入中心	www. cesi. org. uk
就业与养老金委员会(英国)	www. parliament. uk/commons/selcom/ workpenhome. htm
就业训练	www. worktrain. gov. uk
世界银行	www. worldbank. org

99

第六章
"给不能工作的人保障"：
工党被人忽视的福利原则[*]

概要 "给能工作的人工作,给不能工作的人保障",是工党福利改革的基础。然而,迄今为止的福利政策和福利提供,其重点都放在"给能工作的人工作"上了,而忽视了"给不能工作的人保障"。在实践中,人们也不清楚"保障"的标准是什么,该如何测量"保障"的水平。本章包括以下内容:

- 通过考察一系列反映生活水平的指标以及社会基金提供的证据,评估工党的福利体系是否给不能工作的人提供了"保障";
- 探讨"保障"的含义;
- 考察指导福利提供的新说法,"你想要的工作,你需要的帮助",看看这句话在实践中意味着什么?
- 探讨现金待遇究竟给那些不能工作的人提供了多大程度的保障;
- 考察将政策重心放在"给能工作的人工作"这种做法,如何妨碍了给不能工作的人提供切实的保障?

100

导言：福利、工作与自食其力

工党承诺,要致力于使福利国家现代化,解决"福利依赖"的问题。它还承诺要解决贫困和社会排斥问题,让"人人"都有机会,推动社会融合。为此,它还提出了明确的目标和绩效指标(DSS,1999,2000；DWP,2001a)。

在工党执政的头两个任期内,工党通过"新政"、从福利到工作政策,通过引入税额抵扣和税收政策的调整,"使工作有其利",以及通过实施全国最低工资标准,

---

* 本章作者为萨乌尔·贝克,拉弗巴拉夫大学社会政策与社会照顾教授。详见 www. lboro. ac. uk/departments/ss/depstaff/staff/bio/becker. html。

以循序渐进的方式重新确定了待遇（"福利"）和就业的关系（Oppenheim, 1999；Lister, 2001a）。工党改革了一些福利项目（如针对单亲家庭和残障人士的福利项目），改造了待遇发放体系。它摈弃了过时的官僚机构，代之以现代化的部门和机构，设立了就业与养老金部、就业服务中心和养老金服务中心等。这些改革与工党的其他社会政策举措遥相呼应，力图使决策和福利提供"串起来"。

首相托尼·布莱尔一直把话说得很明白，"没有比改革福利国家更艰巨的挑战了"，不过，福利国家改革"必须小心谨慎，有怜悯之心"（Blair, 1998：iii）。在很大程度上，工党在第一个任期内就实现了撒切尔夫人和梅杰领导的保守党政府谈了十几年却迟迟未动的福利改革。

工党的绿皮书《新宏愿》及《新福利契约：从原则到实践》阐述了福利改革议程的原则（DSS, 1998b）。这也确立了政府和个人的责任——工党所说的"新福利契约"。本质上来说，政府的职责是使工作有其利，给人们提供找工作所需要的帮助；个人的责任是寻找培训或就业机会，在能够自立时抓住机会自立（参见本书第五章）。但对于那些由于年老、生病、残障、心理失常、体弱或需要照料家人的人来说（Marsh et al., 2001），又该怎么办呢？这些条件和状况，很多都与未就业有关系。许多人都有自己的难处，难以找到工作，维持就业。比如，对有孩子的家庭来说，最大的障碍就是生病、残疾、家人需要照料。许多在家里照料家人的人之所以难以找到工作，就是因为家里有人需要照料。对于专门在家里照料家人的人来说，他们每周需要照料家人 50 个小时以上，这就更成问题了（Becker and Silburn, 1999）。这些专门在家里照料家人的人，全都生活在靠领取社会保障待遇过日子的家庭中（Howard, 2001）。他们大多生活贫困，遭受社会排斥。那些靠家人照料的人中，超过 2/3 的人也生活在以领取社会保障待遇作为主要收入来源的家庭（Becker, 2000）。

这带来了两大难题。首先，如何才能把能工作的人和不能工作的人区分开来？其次，对那些不能工作的人，国家该怎么对待他们？本章聚焦于第二个问题[①]，并审视有关证据，看看各项社会保障待遇提供的保障水平究竟有多高。考察的重点是收入支持项目和社会基金，前者是英国社会保障体系的基本安全网，而后者旨在给享受收入支持的家庭等社会保障对象提供补充救助或临时救助。

101

---

① 第一个问题可参见 SSAC（2002）的一篇论文。本章结论部分也将回到第一个问题。

本章还考察了地方政府通过社会服务提供的支持,并探讨了这些支持与社会保障支持的关系。

"给不能工作的人保障"

传统上,英国社会保障体系提供的待遇水平不算太高。这主要是因为从《济贫法》时代就一直传下来的信念,认为过高的待遇水平会影响就业,特别是低薪人员的就业。今天,给失业人员提供的收入支持相当于平均收入的20%,比1983年的30%低了不少(Rahman et al.,2001)。不过,工党的政策口号"给能工作的人工作,给不能工作的人保障"(DSS,1998a),表明政府抛弃了"较差待遇"原则。至少从修辞上看,口号的意思是应当给不能工作的人提供"保障"。我们对"保障"一词还是有公认的理解的,即使这个概念在实践中的可操作性备受争议。保障指的是一种安全的状况,没有忧虑,没有不确定性,并且处于一种受保护的状态,不会有危险,不用焦虑或恐惧。它与信心、确定性和安全密切相关(见资料框6.1)。

资料框6.1 "保障"的含义

1.一种处于安定的状况。2.受到保护或免于危险的一种状况。3.不受怀疑。现在主要指有充足理由的信任、确定。4.安全感,没有焦虑、担忧或恐惧。
资料来源:*Oxford English Dictionary*,1973:1927。

在强调责任和义务的就业契约中,工党证实"不适宜就业的人士有权获得一份收入,过上体面的生活"(DSS,1998a:63)。工党还认为,政府有责任"给不能工作的人提供支持,使他们能过上一种有尊严、有保障的生活"(DSS,1998a:80)。这里,我们对"保障"可能包含的内容,特别是它在实践中可以怎么用,有了更深的理解。保障与"体面的生活"和"有尊严的生活"密切相关。《牛津英语词典》对"尊严"的定义是"一种有价值或荣耀的品质;价值,优越感"(*Oxford English Dictionary*,1973:548)。

因此,保障是人的一种状况,而尊严是人的一种品质。在政策话语中,把两个词连起来用,指的是无条件地尊重每个人,给他们提供一种生活水平,让他们获得保护,安安稳稳过日子,生活有质量。这些原则在工党的其他政策文件中得到了进一步的阐释。比如,工党承诺给残障人士"以他们需要的支持,使他们能过上有尊严、满意的生活"(DSS,1998a:51)。

我们需要注意的不只是这些话语都说了些什么,我们还要注意哪些东西没说。工党说的都是保障和尊严,不是一些保障和一些尊严。工党说,要给"所有人"提供保障和尊严,而不只是指某些残障人士或某些不能工作的人员。工党的意思似乎是说,有一种绝对的标准可以来界定"体面的生活"、"有尊严、有保障的生活"以及"有尊严、满意的生活"。而且,对于所有不能工作的人,都可以无条件地享受上述美好生活。

然而,在实践中,工党从来没有明确阐明"保障"和"尊严"的具体含义到底是什么。尽管工党提出了一些宏观的、衡量其福利原则的"成功标准"(DSS,1998a),但并没有提出具体的绩效指标或尺度,对给不能工作的人提供"保障"这一口号进行操作化。这种忽略真是不幸。如果考虑到工党在第一个任期中曾提出了各种有用无用的指标,就显得更加不幸了。由于"保障"缺乏具体的指标或目标,因此,就业与养老金部的各种研究项目中,从来就没有一个项目评估过"给不能工作的人保障"这一目标是否已经实现。这些研究项目针对的大多是口号中的"就业",而不是"保障"。

尽管缺乏官方的"保障"标准,我们还是有可能评估一下,那些不能工作的人是否过上了有尊严、有保障的生活。为此,我们需要看看保障的"替代"指标,或者更准确地说,"缺乏保障和尊严"的指标。

验证有关保障的证据

关于不能工作的人员以及享受社会保障待遇的人员的基本情况、生活方式和福利状况等,有大量的证据。证据的来源多种多样,包括压力团体、穷人和政府本身。利用不同渠道、不同形式的证据,这种做法有一个好处,就是我们可以对数据进行检验,从而有助于我们从不同的角度作出更充分的判断,看看"保障"是否已经实现了。同时,我们必须清醒地意识到,"研究者和研究机构往往有各种伪装,他们为政府和研究基金做研究,为压力团体和智库著书立说"(Walker,2000:141—142)。比如,过去30多年来,儿童贫困行动团体(CPAG)一直在搜集这种证据,他们利用学术界、官方和穷人本身的数据,为自己的立场呼吁。

压力团体提供的证据

儿童贫困行动团体的证据《贫困：事实》(Howard et al., 2001) 提供了大量从不同渠道获得的数据，反映了靠社会保障待遇为生的人的生活经历和生活水平。这些数据表明了低收入的长期后果、穷人的活法、穷人生活中的牺牲、穷人失去的机会，还有人穷志短的现实。靠领取社会救助为生的人，往往缺乏现代生活所必需的基本生活用品和家用器具；许多人吃不饱，吃不好；他们没有足够的钱购买燃料，没钱买衣服；他们生活艰辛，负债累累。"对有些人而言，身体不好、无家可归、夭折等严重后果会随之而来"(Howard et al., 2001:9)。

学术研究

学者的研究证实了上述情形。研究人员利用科学的数据分析了单亲家庭和双亲家庭等的标准预算。结果表明，现有的待遇水平不够维持一般生活水平，不足以支付因疾病、残障、年老等带来的开支，甚至连维持基本的生活水平都不够(Dobson and Middleton，1998；Parker, 1998，2000)。标准预算包括一揽子商品和服务。将这些商品和服务乘以其价格，就是家庭的生活水平。这种方法可以测算标准生活水平。低于此生活水平，就可能会影响健康，妨碍社会整合，无法维持令人满意的生活水准。

比如，家庭预算单位提供的有关有子女的家庭的数据表明，工党上台时，1998年收入支持给单亲家庭和双亲家庭提供的待遇水平就偏低。如果家里有两个不满11周岁的孩子，那么，要想日子还过得去，双亲家庭每周须再加32英镑，而单亲家庭则须再加24英镑(Parker, 1998)。换句话说，在工党执政之初，收入支持制度给失业家庭提供的收入支持太低，不足以让他们维持像样的生活水平。当时的其他证据显示，父母花在孩子身上的钱（包括食物在内）远远高于收入支持制度提供的子女补助金(Middleton et al., 1997)。有些人对低收入家庭如何过日子这一问题进行了深入的定性分析。这些分析表明，低收入家庭资源有限，举步维艰(参见 Kempson，1996)。

穷人的证据

来自其他渠道的证据和"知识"也验证了不能工作的人遭受的困苦。其中，就有穷人本身的话语和声音。在参与式研究和"使用者主导"组织的帮助下，穷人讲述了他们的经历。靠救济过活往往要面临惩罚，遭受排斥。待遇水平不高强化了贫困和社会排斥，而不是帮助领取待遇的人过上有保障、有尊严的生活。由于待遇水平低，使得领取待遇的人更难自食其力（Beresford et al.，1999；ATD Fourth World，2000；Turner，2000；UK Coalition Against Poverty，2000；Mumford and Power，2003）。然而，在政策制定过程中，很少有人会把穷人的声音和描述当做"证据"，尽管穷人的现身说法能让人们对政策的成败作出更全面的判断（Lister，2002）。

官方数据

另一个证据来源是政府本身的数据。1999 年，当时的社会保障部对约 5 000 户低收入家庭进行了详细的访谈。结果表明，许多靠领取收入支持维持生计的单亲家庭和双亲家庭，其生活水平不足以维持健康和家庭幸福（Marsh et al.，2001）。换句话说，他们的保障和尊严受到了严重的损害。访谈聚焦于生活水平的三个主要维度，包括物质福利（购买食物、衣服、娱乐休闲和耐用品的能力）、住房质量（住房的类型和状况、取暖情况、是否拥挤）以及理财（利用金融服务的状况、储蓄和债务、对家庭经济状况的看法）。研究人员问访谈对象的问题大概有 34 个，主要是问受访者家里是否有某些物品（或参加过某种活动）。如果没有，则进一步追问其原因，是因为不想要，还是因为买不起。

调查表明，许多未就业人员的生活水平尤为低下。有相当数量未就业的单亲父母和夫妻说，他们甚至连最基本的食品和衣服都买不起。他们很少有人使用银行账户等基本的金融服务，却有超过一半的人债务缠身。没人就业的家庭中，生活极其困难的有 40%。单亲家庭由于就业的人数少，生活极其困难的比例更高。总体而言，在所有未就业家庭中，十有八九的儿童都生活在贫困中（Marsh et al.，2001）。

贫困家庭和非贫困家庭的差异，并非都因为现金收入的差别（平均每周相差 34 英镑）。疾病、残障、家里有人需要照料以及家里人口多，这些因素都与家庭困难密切相关。疾病和残障是未就业家庭的普遍问题，也是他们就业的最大障碍。正是疾病、残障和家里有人需要照料，使未就业家庭极有可能生活困难。

提高保障和尊严？

自 1997 年以来,政府的政策到底在多大程度上兑现了"给不能工作的人保障"的承诺？从理论上说,提高发给未就业家庭的待遇水平,自然能提高他们的生活水平。工党第二次执政伊始,就连续几次提高收入支持及求职补助中儿童待遇的水平,从而显著缩小了收入支持提供的待遇水平与"低成本但还过得去"的生活水平之间的缺口。收入支持制度给有两个未成年子女的双亲家庭提供的待遇水平的缺口是每周 11 英镑;给有两个未成年子女的单亲家庭提供的收入支持水平的缺口是每周 6 英镑(Bradshaw,2001)。到 2001 年 10 月,情况发生了很大的变化。有两个未成年子女的夫妻,其缺口每周还不到 2 英镑,而有两个未成年子女的单亲家庭,每周还能有 2 英镑的盈余。因此,在多次提高待遇标准后,有些家庭看来更接近"有保障、有尊严"的生活水平,也就是工党所说的"低成本但还过得去"的生活水平。李斯特(Lister,2001b:436)注意到,工党在"提高"儿童待遇时"一直很低调",这不仅是因为工党担心某些媒体和民众会有负面反应,怕他们说政府是"软蛋",而且也是因为工党"再分配是有用意的"(Lister,2001a:107)——让有未成年子女的家庭承担起应有的责任,给他们提供机会,促进他们融入社会。

为了给不能工作的人提供更好的支持,政府还对一些机构进行了调整。2001—2002 年度,政府新推出了就业服务中心和养老金服务中心,取代了此前的社会保障福利署和就业服务。时任就业和养老金国务大臣的阿里斯泰尔·达尔林认为,这一举措"着眼于个人需要,是 20 多年来对福利提供体系进行的最大、最全面的改造"(DWP,2002b)。尽管"给能工作的人工作,给不能工作的人保障"仍然是福利改革的指导原则,然而,随着就业服务中心的出现,又推出了一句指导服务提供的新口号:"你想要的工作,你需要的帮助。"将来,"给不能工作的人保障"将加上一部分,即"你需要的帮助"。比如,人们可以首先求助于就业服务中心的个人顾问。如果求助者属于不能工作的人士,个人顾问就可以建议他们去申请别的帮助、救助和支持,比如,让他们去找社会服务部门和卫生人员。就业服务中心的个人顾问以及养老金服务中心的工作人员的工作将具有明显的"帮助取向";他们关注的不只是让服务对象获得合适的待遇,更要确保这些人都能获得他们可能需要的帮助(资料框6.2)。这种做法意义重大,因为它意识到了许多不能工作的人有多种需要。尽管给他们提供足够的收入是极为重要的,给他们特别是给患病、残障或家里有人要照料的人员提供卫生保健、社会照料支持,同样也很关键(Becker,1997)。

资料框6.2　就业服务中心和养老金服务中心提供的"帮助"

就业服务中心于2001—2006年间在全国推开,目标是"更好地支持申请社会保障待遇的工作年龄人士。根据给能工作的人工作、给不能工作的人保障的原则,给人们提供积极的支持,促使其自食其力"(DWP,2001b:3)。就业服务中心通过个人顾问系统及儿童照料协调员,提供与就业和社会保障待遇相关的建议以及必要的支持和帮助。它还给希望再就业的单亲父母提供辅导服务(DWP,2002c)。

养老金服务中心建立于2002年,通过各地的分支机构给全国1 100万退休人员提供服务。服务内容包括外展服务,如家庭访视,在退休人员认为合适的地方进行私下面谈,以及非正式的聚会服务。养老金服务中心还与地方当局和志愿服务机构联手,提供"合作服务",通过服务联动满足退休人员对现金及照料服务的需要。

由此,待遇水平提高了,服务体系也改革了,以便给人们提供更多的"联动"支持。然而,对某些特殊人群而言,贫困和社会排斥问题依然很严重。比如,新政策研究所和约瑟夫·朗特里基金会(Joseph Rowntree Foundation)对社会排斥的年度监测表明(Rahman et al.,2001),1998年以来,在政府出台一系列举措之后,社会排斥各项指标中,2000—2001年度状况好转的指标数量首次超过了状况恶化的指标数量(24:8)。1999—2000年度,家庭收入低于收入中位数的60%(欧盟及英国的贫困线标准)的人数,为1 330万人,只比上一年度的1 340万低了一点点(Rahman et al.,2001)。有1/5—1/4的人口生活在贫困中,这一结论得到了全国贫困与社会排斥调查等其他学术研究的证实。全国贫困与社会排斥调查根据人们缺乏基本必需品的状况来测量贫困(Gordon et al.,2000)。1999年末,有1 450万人(26%)生活在贫困中——缺乏两种或两种以上的基本必需品。政府自己的统计数据也证实了上述结论。根据低于平均收入的家庭系列统计数据,1997年以来,低收入家庭的实际收入出现了显著增长,低收入线(绝对贫困线)以下的人数少了400万。然而,如果使用相对指标,那么,进展就没那么显著了。1997年工党上台以来,生活在收入中位数的60%以下的相对贫困人口虽然减少了100万,但仍有1 290万,占英国总人口的23%。有些人群,如零就业家庭、有

未成年子女的家庭、退休人员、少数族群、残障人士、地方公房或住房协会的租户、没有学历的人士等,低收入的风险要高一些(DWP,2002a)。

这些数据表明,虽然儿童的待遇水平有了显著改善,全国整体的社会排斥状况也有某些改进,但仍有数以百万计的人的可支配收入很低,缺乏基本必需品,生活艰辛。不难想象,最有可能陷入这种境况的,就是因为这种或那种原因不能工作或找不到工作的人。

社会基金

在考察"给不能工作的人保障"这一问题时,我们不能忽视社会基金所起的作用。社会基金是一种酌情发放的待遇,它给数以百万计的低收入人员提供了"安全网",帮助他们解决靠固定收入无力承担的额外支出。1988年建立的社会基金包括两大块:一块是酌情发放的现金基金,用来给人们提供预算内贷款和危机贷款以及社区照顾补助金;另一块是"受规制的"社会基金,用来发放其他各种待遇。仅2001年一年,就有230万人获得了酌情发放的基金的现金救助。

有大量有关酌情发放的社会基金的研究文献。酌情发放的社会基金自推出以来,一直饱受争议,不仅因为它是酌情发放的基金,仅提供现金救助,救助方式以贷款为主,而且因为学术界、官方及许多穷人提供的大量证据都表明,这种社会基金不仅没有缓解贫困,反倒让许多低收入人口变穷了(Craig,1989;Becker and Silburn,1990;SSRC,1991;Beresford and Turner,1997)。

推出社会基金的初衷是通过一个"深思熟虑的决策"过程,把救助资源发放给最需要救助的人,进而控制支出(Becker and Silburn,1989)。这种想法孕育出来的体系迫使许多低收入家庭的生活水平低于收入支持提供的待遇水平。低收入家庭之所以贷款,是因为他们靠固定收入买不起必要的物品或无力承担某些开销,现在,为了偿还(无息)贷款不得不节衣缩食。比如,1998年8月,领取收入支持的人员中,就有60万人因为要偿还社会基金而被扣除了一部分保障金。平均扣除额度是每周8.58英镑。在保障金被扣除的人中,54%是单亲父母,30%是残障人士。很多人申请贷款被拒,因为基金管理人员认为他们还不起贷款(CPAG,2002)。这对于社会基金而言,真是莫大的讽刺,因为社会基金的目标是将钱发给"最需要救助"的人,然而,这些人又太穷,没法获得救助——第22条军规。1998

年的预算中,用于社区照顾的补助金为9 800万英镑,用于贷款的资金为4.027亿英镑。然而,总共5亿多的预算中,只有1.382亿是"新钱",其他资金全部靠贷款者的还款。

2002—2003年度,用于社区照顾的补助金为1.08亿英镑,用于贷款的资金为5.18亿英镑。相形之下,十几年前,用于原先的"一次性发放"项目(1988年被社会基金取代)的资金是3.34亿英镑,而且全是补助金(Becker and Silburn, 1989)。虽然1997—2002年间,工党增加了1 100万英镑的补助金预算,但用于社区照顾的补助金仍只相当于14年前的1/3。

社会基金加重了贫困,使许多人陷入了不安定的境况之中。申请社会基金的人得经历不确定性,由于没有明确的法律权益,他们不知道自己的申请是否能成功。他们得焦急地等待管理人员的决定以及给他们定的还款条件。当他们获得了贷款后,他们的可支配收入将进一步减少,尽管如我们已经看到的那样,这些人的可支配收入原本就不足以让他们过上"低成本但还过得去"的生活。对于申请者而言,这些结果恰恰都是"保障"的反面(参见资料框6.1)。

2001年,社会保障选择委员会(现在的就业与养老金委员会)呼吁立即对酌情发放的社会基金进行检查。现在,儿童贫困行动团体等机构也呼吁政府改革社会基金(SSSC, 2001; Howard, 2002)。工党已经表态,会对社会基金进行检查。虽然工党在野时也要求取消酌情发放的社会基金,然而现在看来,执政的工党可不太想这么做。

109

现金还是照顾:个人社会服务提供的帮助

对于许多不能工作的脆弱人士来说,他们对服务和支持的需要与他们对现金的需要一样强烈。工党已经意识到"服务,特别是教育、卫生和住房,在促进人们自食其力、提高保障水平、消除贫困及扩大机会等方面,其重要性不亚于现金待遇"(DSS, 1998a:4)。最近,社会保障顾问委员会还表达了他们特别的担忧,社会保障"与卫生服务部门的联动是如此之少。非经济活动人口涉及很多健康方面的问题,在解决这些问题上,就业与养老金部同卫生部明显缺乏合作"(SSAC, 2002:21)。

据估计,英国目前的总人口中,20%是领取退休金的退休人员,16%的成年人患有精神病,14%的成年人至少有一种残疾,还有 13%的人在家里照料家人。各地的社会服务部门给这些人及包括有未成年子女在内的其他弱势群体带来了安全,并通过提供与照料相关的服务等各种福利,促进这些人自食其力。依赖法定社会服务的人多达 150 万。

法定社会服务:

> 旨在给那些无法以公民身份充分参与竞争的人士提供保护……并促进被边缘化或遭受社会排斥的个体或社会群体的社会整合。更具体地说,就是促进身处逆境的个体的个人福祉(Evandrou and Falkingham, 1998:192)。

社会服务的照顾和控制功能,与"给能工作的人工作,给不能工作的人保障"这一福利原则是高度重合的。社会服务的主要使用者,同时也是占用社会保障支出最多的保障对象——老年人、病患或残障人士以及家庭(Evandrou and Falkingham, 1998:210; Evans, 1998:273)。研究表明,各地社会服务的使用者中,绝大多数都在领取社会保障待遇,且近一半靠生计调查型待遇过活。许多社会服务的使用者之所以引起了社会服务部门的注意,就是因为他们贫困的环境或难以自食其力(Becker and MacPherson, 1988; Becker and Silburn, 1990; Becker, 1997)。

大多数社会服务都是依法提供的。社会服务的法律框架是"给不能工作的人保障"这枚硬币的服务面(而不是现金面),尽管社会服务也有某些发放现金的权力(资料框 6.3)。在英国,之所以形成"现金"与"照料"之间的这种交互关系,主要是为了管理、规制贫困与"差别"(Becker, 1997)。1948 年以来,与绝大多数欧洲国家不同,在英国,现金和照料一直是由不同的机构提供的(Hill, 2000:119)。今天,两者的功能明显出现了重叠,社会服务承担了重要的收入维持作用,而社会保障则日益关注"整体的人",而不是仅限于现金待遇(资料框 6.3)。然而,与社会保障不同的是,社会服务的研究、评估方案要完善得多。该方案聚焦于给脆弱儿童、家庭和成年人提供的服务和支持的质量与充足程度。地方和全国的监督和评估程序由社会服务监察员、照料标准委员会以及社会照料理事会等机构负责,由优异社会照料研究所负责监督"管用的"社会照料。相比而言,就业与养老金部对于他们给不能工作的人提供的现金待遇是否足够的问题,就没那么重视了。

资料框6.3　社会保障与社会服务的重叠

- 两个组织都旨在提供"保障"，给脆弱成年人、儿童和家庭提供机会，促进他们自立和融入社会。社会保障实现此目标的方式是帮助人们就业，并提供现金待遇；社会服务则提供照料相关的服务，或者安排其他人员(来自志愿部门或私营部门，或卫生部门等其他机构)提供服务。

- 两家机构的服务对象高度重叠。大多数服务对象是老年人、残障人士和无法就业的家庭。几乎所有的社会服务对象都在领取社会保障待遇，特别是生计调查型待遇。许多人之所以需要社会服务，正是因为与贫困相关的一些问题使得他们无法自食其力。大多数社会服务对象及"不能工作的人"普遍收入低下，遭受着贫困和社会排斥。在很大程度上，社会保障给"社会经济及意识形态变迁的受害者"提供了急救服务(Evans, 1998：303)。社会服务也可以这样说。

- 由于服务对象及功能的重叠，现金体系的变化会波及照料体系。比如，1988年推出社会基金后，立马对社会服务产生了影响。当时，许多穷人求助于社会工作者和其他人(包括慈善机构)，想获得更多的经济支持和个人服务。就像社会基金的官员一样，社会服务部门不得不出台种种政策和程序来限制和管理这些额外的需求。社会保障政策和传递的很多方面都加重而不是减轻了社会服务部门的压力。

- 许多社会保障待遇都有照料费用。对于收容机构提供的照料服务以及居家养老服务，社会保障都有相应的安排。从1993年起，社会服务部门负责给居家养老的老年人提供照料补助。其他一些待遇，如社会基金的社区照顾基金、残障护理补助或照料者补助等，发给社会服务部门负责"照料"的人员，如残障人士、照料者等——依照法律，社会服务部门有义务给这些人提供服务和支持。

- 社会保障体系具有"照料"或福利功能，能增进福祉。比如，1948年的《国民救助法》要求提供收入支持的工作人员提升申请人的福利。这一直是社会保障传递过程的一大突出特征，直到20世纪70年代末80年代初，当时有很多负责特殊个案的工作人员仍继续给有特殊困难的申请人提供建议和帮助。今天，就业服务中心和养老金服务中心设置了个人顾问，这种个别化的服务得以恢复。现在，个人顾问是待遇发放或工作传递体系的基石，根据个体的需要提供个别化的服务。

- 社会服务部门具有发放现金和收入维持的功能；他们可以给某些照料人员和残障人士"直接发钱"；给有子女的困难家庭提供现金待遇；根据收入支持制度的规定，对寻求居家照料的老年人、残障人士和其他脆弱成年人进行生计调查；收取照料费用；雇用维权人员，以实现服务对象权益的最大化，并通过收费等方式增加部门收入。与社会基金贷款的情况类似，向弱势成年人(其中许多人是收入支持对象)收取费用，大大减少了后者的可支配收入。

实现保障?

1999 年,贝尼特和沃克(Bennett and Walker,1999:35)发现,"迄今为止,工党旨在为所有未就业人员提供保障和尊严的战略提纲混乱不清、自相矛盾、有欠完整"。不幸的是,从那时到现在,进展甚微。虽然工党口口声声要"给能工作的人工作,给不能工作的人保障",然而在第一个任期内,工党却从未认真考虑过"保障"在实践中到底意味着什么。工党没有任何"标准"或尺度来判断现有的待遇体系是否给不能工作的人员提供了保障,工党也没有组织研究团队对这一问题进行研究。我们只能希望,工党在第二个任期内会把这个问题当回事。不过,我们这里提到的证据却是毋庸置疑的。要给不能工作的人员提供"体面的生活"及"有尊严、有保障的生活",就必须提高他们的可支配收入,这将能让许多人摆脱贫困和艰辛。今天,还有数以百万计的靠领取福利待遇为生的人生活在贫困中。对于一个想把"管用"作为政策出发点的政府来说,毫无疑问,提高可支配收入将给更多的人带来更多更好的保障,促进更多的人自食其力。

然而,工党似乎更担心,提供"充足的"待遇水平以及取代社会基金的"安全网",会与它利用待遇体系促使个人通过就业而自食其力的主要目标相冲突。工党有一条根深蒂固的信念(战后,这一信念一直影响着政策制定者的判断,并助长了仇视社会保障待遇申请人的社会情绪),那就是给不能工作的人员发放"充足的"(更别提"慷慨的"了)待遇,给他们建立一个以权利为基础、以补助金为主的安全网,将强化人们对政府的"依赖",吸引更多的人申请社会保障待遇,从而损害工党的另一条指导原则——"给能工作的人工作"。这也是工党不愿公开讨论待遇水平的提高,不愿谈论社会保障的再分配功能,不愿讨论社会基金改革的原因。然而,打着打通税收和待遇之间的关联的名义,工党还是把待遇水平提高了一些,使一些人群特别是儿童受益了。2002 年的预算终于让人们看清了工党的意图,那就是通过增加税负来改进一些(普惠型的)公共服务,特别是国民健康服务,但不会改进那些多半被处境最为不利的人群利用的服务,如社会保障和社会照料等。

在某种程度上,工党很难回答不能工作的人员到底有哪些"实际"保障的问题。之所以如此,是因为它没有搞清楚"不能"工作的人到底是哪些人,也因为工党的信条，即每个人从理论上都能也都应该工作。工党将不能工作的人员等同于另一群没有工作的人——不想工作的人，也就是过去人们所说的"懒汉"、"骗子"（Golding and Middleton，1982；Becker，1997）。给拒绝履行新福利契约的人发放足够高的待遇，让他们获得实际的保障和尊严，这是工党所不能接受的。这些人不愿或拒绝工作，没有履行他们的义务，既然如此，政府也就没有支持他们的责任了。正是这个"不愿工作"的群体，给工党出了一个大难题。无人知晓这个群体的规模和特征，尽管在政策说教时，人们往往把他们等同于"底层阶级"——"一类穷人，他们之所以被当做底层阶级，不是因为他们的状况（如长期失业），而是因为他们为应对此种状况而作出的应受谴责的行为（如有业不就）"（Murray，1990：68）。这个群体带来的阴影以及与此相关的神话和恐惧，如它是"福利依赖文化"的缩影等，客观上推动了工党的福利改革工程和从福利到工作项目。它也使工党在思考给不能工作的人提供保障的问题时迷失了方向，使工党没能就社会保障待遇和社会基金的充足程度进行富有意义的讨论。

正如我们已经认识到的那样，工党声称，"不宜就业的人有权获得一份收入，过体面的生活"（DSS，1998a：63）。如果工党真想让不能工作的人有一份收入，过上"体面的生活"、"有尊严和有保障的生活"，那么它别无选择，只能硬着头皮，大胆抓住最低收入标准这根稻草，并像欧盟委员会所建议的那样，对最低收入标准作出如下定义，即一种"足以满足基本需要、尊重人的尊严"的水平（Becker，1997：166；Veit-Wilson，1998）。

工党还要对其他一些问题展开不留情面的辩论。它需要重新思考社会保险、私营保险和生计调查型待遇之间的关系，想想如何才能将他们与个人"保障"的议题联系起来。它同时也必须承认，"就业并非对每个人而言都是行得通的选择"（Howard et al.，2001：205）。就业与养老金部的服务对象中，有相当比例的人并没有接受就业服务。因此，给退休人员以及永远不可能就业的人提供保障和支持，将是重大的服务挑战（SSAC，2002：3）。工党还需就工作的性质和价值展开富有意义的辩论。工党把工作等同于有报酬的工作，潜在地贬低了在家庭和社区中从事的没有报酬的工作，如照料家人、抚养孩子、志愿服务等。这种做法只会看轻从事无报酬工作的人，贬低他们对社会和经济的贡献。据测算，英国没有报酬的家庭照顾约折合570亿英镑（Carers UK，2002）。英国600万照料人员中，只要有一小部分因为生病或因为缺乏支持而撒手不干了，就将造成极大的经济影响，更别提给个体、家庭和社区带来的社会和个人成本了。提供照料和儿童照料等没有报酬的工作的,多数是妇女,而且多数是本身就已经是(或即将成为)社会服务的对象了。这些人将成为支持服务的重点人群。

同样重要的是,工党要记住,给不能工作的人提供"保障"不仅是社会保障的一项功能(特别是提供足够的待遇水平),更重要的是明白,现金救助与服务相结合是确保人们获得保障和尊严的最佳方式。对于不能工作的人来说,给他们提供足够高的可支配收入以及优质可靠的照料和支持服务,不仅是实际保障的必要基础,也是增进其福祉、促进其自食其力、保障其尊严、使其免于贫困和社会排斥的威胁的必要基础(Becker, 1997)。在将来,工党还要考虑如何才能让现金和照料政策更好地"联动",如何才能实现现金和服务的无缝对接,以便给就业人员和未就业人员提供更多更好的保障。

总结

- 要给不能工作的人提供保障,工党须在第二个任期内,更多地关注"保障"和"尊严"在实践中的含义。
- 工党需要对"保障"和最低收入标准作出界定,还需加强就业与社会保障和社会服务的协调。
- 要过上"有尊严、有保障的生活",不能工作的人需要有足够高的可支配收入、足够好的社会服务。现金救助和照料两者相结合,是保障、自立和社会融入的基础。

思考题

1. 英国社会保障体系是否给不能工作的人提供了足够的保障?

2. 有何证据可以帮助我们判断不能工作的人是否过上了"有保障的体面生活"?

3. 在实践中,不能工作的人的实际"保障"可能包含哪些内容?

4. 哪些机构该为不能工作的人提供保障和帮助?

5. 你为什么认为,工党更重视"给能工作的人工作"而忽视了"给不能工作的人保障"?

114

参考文献

ATD Fourth World（2000）*Participation works：Involving people in poverty in policy making*，London：ATD Fourth World.

Becker, S. (1997) *Responding to poverty：The politics of cash and care*，Harlow：Longman.

Becker, S. (2000) "Carers and indicators of vulnerability to social exclusion"，*Benefits*，no. 28，pp. 1—4.

Becker, S. and MacPherson, S. (eds.)(1988) *Public issues private pain：Poverty, social work and social policy*，London：Carematters Books/Insight.

Becker, S. and Silburn, R. (1989) "Back to the future：the process of considered decision-making"，in G. Craig(ed.) *Your flexible friend：Voluntary organisations, claimants and the Social Fund*，London：Social Security Consortium/Association of Metropolitan Authorities，pp. 24—40.

Becker, S. and Silburn, R. (1990) *The new poor clients：Social work, poverty and the Social Fund*，Sutton：*Community Care*/Reed Business Publishing.

Becker, S. and Silburn, R. (1999) *We're in this together：Conversations with families in caring relationships*，London：Carers National Association.

Bennett, F. and Walker, R. (1999) "Working with work"，*Benefits*，no. 25，p. 35.

Beresford, P. and Turner, M. (1997) *It's our welfare：Report of the Citizen's Commission on the Future of the Welfare State*，London：National Institute for Social Work.

Beresford, P., Green, D., Lister, R. and Woodard, K. (1999) *Poverty first hand：Poor people speak for themselves*，London：CPAG.

Blair, T. (1998) "Foreword"，in DSS, *A new contract for welfare：Principles into practice*，Cm 4101，London：The Stationery Office，pp. iii—iv.

Bradshaw, J. (2001) "Child poverty under Labour"，in G. Fimister(ed.) *An end in sight? Tackling child poverty in the UK*，London：CPAG，pp. 9—27.

Carers UK(2002) *Without us . . . ? Calculating the value of carers' sup-*

115

port, London: Carers UK.

CPAG(Child Poverty Action Group)(2002) "Social Fund", www. cpag. org. uk/cro/Briefings/Briefings％201. htm, 30 April.

Craig, G. (ed.)(1989) *Your flexible friend: Voluntary organisations, claimants and the Social Fund*, London: Social Security Consortium/Association of Metropolitan Authorities.

Dobson, B. and Middleton, S. (1998) *Paying to care: The cost of childhood disability*, York: York Publishing Services for the Joseph Rowntree Foundation.

DSS(Department of Social Security)(1998a) *New ambitions for our country: A new contract for welfare*, Cm 3805, London: The Stationery Office.

DSS(1998b) *A new contract for welfare: Principles into practice*, London: The Stationery Office.

DSS(1999) *Opportunity for All: Tackling poverty and social exclusion*, Cm 4445, London: The Stationery Office.

DSS(2000) *Opportunity for All, one year on: Making a difference*, Cm 4865, London: The Stationery Office.

DWP(Department for Work and Pensions)(2001a) *Opportunity for All: Making progress*, Cm 5260, London: The Stationery Office.

DWP(2001b) "Jobcentre Plus—a new agency for people of working age", *Touchbase*, no. 24, pp. 3—4.

DWP(2002a) *Households Below Average Income 1994/95 to 2000/01*, Leeds: Corporate Document Services.

DWP(2002b) "Darling announces radical new jobs target", Press release EMP1903-Radical, 19 March, London: DWP press office.

DWP(2002c) "Budget help for lone parents", Press release EMP1704-BLP, 17 April, London: DWP press office.

Evandrou, M. and Falkingham, J. (1998) "The personal social services", in H. Glennerster and J. Hills(eds) *The state of welfare: The economics of social spending*, Oxford: Oxford University Press, pp. 189—256.

116

Evans, M. (1998) "Social security", in H. Glennerster and J. Hills (eds.) *The state of welfare: The economics of social spending*, Oxford: Oxford University Press, pp. 257—307.

Golding, P. and Middleton, S. (1982) *Images of welfare: Press and public attitudes to poverty*, London: Martin Robertson.

Gordon, D., Adelman, L., Ashworth, K., Bradshaw, J., Levitas, R., Middleton, S., Pantazis, C., Patsios, D., Payne, S., Townsend, P. and Williams, J. (2000) *Poverty and social exclusion in Britain*, York: Joseph Rowntree Foundation.

Hill, M. (2000) *Local authority social services: An introduction*, Oxford: Blackwell Publishers.

Howard, M. (2001) *Paying the price: Carers, poverty and social exclusion*, London: CPAG.

Howard, M. (2002) *Like it or lump it: A role for the Social Fund in ending child poverty*, London: One Parent Families/CPAG/Family Welfare Association.

Howard, M., Garnham, A., Fimister, G. and Veit-Wilson, J. (2001) *Poverty: The facts*(4th edn), London: CPAG.

Kempson, E. (1996) *Life on a low income*, York: York Publishing Services.

Lister, R. (2001a) "'Work for those who can, security for those who cannot': a third way in social security reform or fractured social citizenship?", in R. Edwards and J. Glover(eds) *Risk and citizenship: Key issues in welfare*, London: Routledge, pp. 96—110.

Lister, R. (2001b) "New Labour: a study in ambiguity from a position of ambivalence", *Critical Social Policy*, vol. 21, no. 4, issue 69, pp. 425—447.

Lister, R. (2002) "A politics of recognition and respect: involving people with experience of poverty in decision-making that affects their lives", *Social Policy and Society*, vol. 1, no. 1, pp. 1—10.

Marsh, A., McKay, S., Smith, A. and Stephenson, A. (2001) *Low-*

117

income families in Britain：Work，welfare and social security in 1999，DSS Research Report No. 138，Leeds：Corporate Document Services.

Middleton，S.，Ashworth，K. and Braithwaite，I.（1997）*Small fortunes：Spending on children. Childhood poverty and parental sacrifice*，York：Joseph Rowntree Foundation.

Mumford，K. and Power，A.（2003）*East Enders：Family and community in urban neighbourhoods*，Bristol：The Policy Press.

Murray，C.（ed.）（1990）*The emerging British underclass*，London：Institute of Economic Affairs.

Oppenheim，C.（1999）"Welfare reform and the labour market：a 'third way'?"，*Benefits*，no. 25，pp. 1—5.

Parker，H.（ed.）（1998）*Low Cost but Acceptable：A Minimum Income Standard for the UK：Families with young children*，Bristol：The Policy Press/Zacchaeus 2000 Trust.

Parker，H.（ed.）（2000）*Low Cost but Acceptable incomes for older people：A minimum income standard for households aged 65—74 years in the UK*，Bristol：The Policy Press.

Rahman，M.，Palmer，G. and Kenway，P.（2001）*Monitoring poverty and social exclusion 2001*，York：York Publishing Services.

SSAC（Social Security Advisory Committee）（2002）"Promoting social inclusion within the work-focused agenda"，Annex C，in SSAC，*Fifteenth report*，London：SSAC，pp. 19—25.

SSRC（Social Security Research Consortium）（1991）*Cash limited，limited cash：The impact of the Social Fund on social services and voluntary agencies，and their users*，London：Association of Metropolitan Authorities.

SSSC（Social Security Select Committee）（2001）*A lifeline for the poor—or the fund that likes to say no?*，London：SSSC.

Turner，M.（2000）*Our choice in our future：Benefits*，London：Shaping our Lives/National Institute for Social Work.

UK Coalition Against Poverty（2000）*Listen hear：The right to be heard*，

Report of the Commission on Poverty, Participation and Power，Bristol：The Policy Press.

Veit-Wilson，J.(1998) *Setting adequacy standards：How governments define minimum incomes*，Bristol：The Policy Press.

Walker，R.(2000)"Welfare policy：tendering for evidence"，in H. T. O. Davies，S. M. Nutley and P. C. Smith(eds) *What works? Evidence-based policy and practice in public services*，Bristol：The Policy Press，pp. 141—166.

网络资源

儿童贫困行动团体	www. cpag. org. uk
公民收入在线	www. citizensincome. org
就业与养老金部	www. dwp. gov. uk
卫生部	www. doh. gov. uk
收入低于平均水平户	www. dwp. gov. uk/asd/hbai. htm
就业服务中心	www. jobcentreplus. gov. uk
国家儿童署	www. ncb. org. uk
权益网	www. rightsnet. org. uk
社会基金	www. dwp. gov. uk/lifeevent/benefits/ the_social_fund. htm
社会保障顾问委员会	www. ssac. org. uk
就业与养老金委员会(英国)	www. parliament. uk/commons/selcom/ workpenhome. htm

119

第七章
从工资替代到工资补助：福利津贴与税额抵扣[*]

概要 直到最近，有收入的就业与社会保障待遇一直被视为两种可以互相替代的收入来源，然而，随着低薪就业的扩张，对有些人来说，单靠工资已无法养家糊口并过上体面的日子。

因此，就业人员逐渐进入了社会保障体系。起初，政府对有未成年子女的低收入家庭提供在业津贴。从 2003 年起，又将开始实施"税额抵扣"计划，覆盖大多数有未成年子女的家庭及所有年满 25 岁以上的低收入职工。本章的内容包括：

- 概述津贴作为补充工资这种做法的发展情况，并探讨其影响；
- 考察新推出的税额抵扣计划的目标与设计。

导言：从家庭收入补助到家庭救济金

贝弗里奇计划提出的社会保障体系包括三大块：国民保险（由工人、雇主和国家缴费，在丧失劳动收入时提供保障）、国民救助（财政出钱，给低收入人士提供救助）以及家庭津贴（财政出钱，不论收入水平，所有家庭均可享受相同水平的津贴）。因此，除了家庭津贴外，社会保障待遇的主要功能显然是在人们丧失劳动收入时提供替代保障，而不是给就业人员发放福利待遇。

在充分就业、家庭稳定的 20 世纪五六十年代（参见第二章），这种工资替代体系运行良好。那时的贫困研究表明，工作贫民很大程度上已经不复存在。然而，到 20 世纪 60 年代中期时，有些人"重新发现贫困"，对福利国家成功消除贫困这一点提出质疑。阿伯尔-史密斯和汤森（Abel-Smith and Townsend, 1965）的研究很有影响，他们发现，贫困要比人们想象的普遍得多，而且，职工家庭的贫困问题

---

[*] 本章作者为简·米勒。

也日渐严重，在有未成年子女的贫困家庭中，1/5 是职工家庭。

　　因此，到 20 世纪 70 年代初，贝弗里奇计划的缺陷与不足变得越来越明显了，如何弥补这些缺陷成为重要的政策议题。从 20 世纪 70 年代初到 70 年代中期，针对未就业人员，政府出台了一些新举措，包括给老人发放国民年金、提高遗孀的待遇以及给残障人士提供的各种待遇等（参见第八章和第十章）。至于贫困职工家庭，人们讨论了各种方案。一种办法是加强工资保护和工资调控，包括实施最低工资标准等。不过，政府当时并不支持这种做法。工会致力于就工资问题进行自由的集体谈判，也不支持这种做法（Brown, 1983；Millar et al., 1997）。政府还提出了"税额抵扣"的提案（HM Treasury, 1971），快进入立法阶段时，又因担心费用太高而放弃了。如果税额抵扣计划得以实施，它将用可退税的税收抵扣取代个人税收优惠（参见资料框 7.1 的界定），当收入低于起征点时，就可以获得现金补助。

资料框 7.1　在业待遇与税收的重要术语

　　1. 税收优惠：一部分毛收入免交所得税。对于不纳税的人或收入低于免征额的人来说，这种优惠没有意义。

　　2. 税额抵扣：税额抵扣从税费中减去一定的税额。抵扣额度由税收体系核定，可能不能退（能把应纳税额冲减至零，但不会返还多余部分），可能可以退（能将应纳税额冲减至零，并且返还多余部分）。

　　3. 国民保险费：从毛工资中扣除的费用，用来为国民保险待遇筹集资金（有一小部分缴纳给全民健康服务基金）。

　　4. 边际税率：收入每增加一镑的实际税率。包括所得税、国民保险缴费以及损失的生计调查待遇/税额抵扣。

　　5. 贫困陷阱：由于过高的边际税率，毛收入增加时，净收入没变，或增加很少。

　　6. 失业陷阱：失业后的收入不亚于工作时的收入。

　　7. 生计调查：为了核查申请者的待遇资格，考虑家庭收入和家庭情况。这可能是收入调查或资产调查，或两者兼而有之。

　　8. 核查期间：收入核查的期限，以确定申请者是否具备生计调查型待遇或税额抵扣的资格。

　　9. 待遇期：在一定时期内，待遇水平/税额抵扣保持不变，而不管收入或家庭情况的变动。

　　10. 核算单位：在核查申请人是否具备领取津贴或税额抵扣的资格时，考虑的个人、家庭或户的资产。

　　11. 不计入收入：资格审核时，一部分收入来源（往往是指定的收入来源）不计入收入。

　　12. 递减率：当其他收入增长时，津贴或抵扣税额减少的比例。

　　因此,在 20 世纪 70 年代初,不论是工资调控还是税收改革,都不被看好。人们认为,这两种办法都不能解决职工家庭的贫困问题。要解决职工家庭的贫困问题,必须靠社会保障体系。1971 年,出台了一项重大举措,引入家庭收入补助[①]。家庭收入补助面向家里有未成年子女、父母中有一人每周工作 30 小时以上且工资低于规定水平的家庭。起初,这项补助被视为权宜之计,因为政府计划对更多的家庭提供支持(Deacon and Bradshaw,1983)。事实上,尽管 1975 年推出了儿童津贴,取代了家庭津贴和儿童税收优惠,家庭收入补助依旧保留下来了。如表 7.1 所示,家庭收入补助几乎无足轻重,获益家庭少,待遇水平也不高。利用率也不高,符合申领条件的家庭领取补助的比例,1971 年仅为 35%,1979 年也就达到 50% 左右(Brown,1983)。

表 7.1　家庭收入补助:领取人数和支出

财政年度	领取人数	支　出 (百万英镑)	按 2002—2003 年英镑测算的支出 (百万英镑)
1971/1972	71 000	4	32
1972/1973	106 000	10	80
1974/1975	67 000	12	75
1976/1977	97 000	18	78
1978/1979	88 000	24	85

资料来源:Millar et al.(1997,表 1);DWP(2002b,表 8 和表 9)。

　　就此而言,1986 年的《社会保障法》意义非同一般。它从法律上确立了用生计调查型救助来补工资之不足这样一种做法的合法性,并将之作为社会保障体系的一大职能。该法引入了收入支持项目和家庭救济金,前者取代了补充津贴,而后者则取代了家庭收入补助。收入支持项目、家庭救济金和住房津贴实行统一的生计调查。由此,就业时的待遇与失业后的待遇的对接更紧密了。家庭救济金的用意很明显,就是鼓励就业。其主要目标是:

[①]　在 20 世纪 70 年代,除家庭收入补助以外,还有一些对就业人员提供支持的项目。实施了房租补贴,但该补贴后来被住房补助和公房税收优惠所取代。眼下,享受住房补助的家庭接近 400 万户,约占全国家庭总数的 1/6,每年的支出约 115 亿英镑。不过,这项制度问题丛生:不好管理、容易出错、拖拖拉拉、为骗保大开方便之门,还导致人们不愿工作。政府提议试行地区标准住房补助的办法,根据地区和家庭人口数,予以不同的补助(DWP,2002a)。

给家庭提供补充支持,满足家庭的需要;尽可能确保这些家庭就业时日子过得好一些,并确保努力工作的人收入有增长,而不是因为工作而失去各项福利待遇(DHSS,1985:29)。

家庭救济金的待遇结构和资格条件与家庭收入补助计划很相似,只不过它的待遇水平更高。它面向有未成年子女、收入低于规定水平且每周工作时数达到规定要求(每周至少24小时)的家庭。根据过去五周(或两月)的家庭收入,来看家庭是否有受助资格。一旦获得受助资格,那么,接下来半年的时间里,这家都可以按月领取一笔补助,待遇水平不变。补助发给孩子的主要照料人,发放的方式有两种:一种是使用订货簿,到邮局去领取现金;或者直接打入银行账户。这并非政府的初衷。根据政府最初的提案,补助将与工资一起发放,因此,这笔补助是发给家里去工作的人,而不是孩子的主要照料人。这一提案遭到了妇女团体(包括保守党里的女士)的强烈抵制。雇主也强烈抵制这种做法,因为他们不想承担管理责任。下文讨论围绕税额抵扣的管理展开的辩论时,这些问题还会谈到。

在接下来的10年里,许多规定都变了,覆盖范围也随之扩大了。1992年4月,每周最低工作时数从24小时改为16小时。此外还规定,抚养费和儿童照料费用可以不计入家庭收入。如表7.2所示,申领家庭救济金的家庭数刚开始时增长较慢,其后迅速上升。1989年至1996年间,申领人数增加了两倍多,从近30万上升到70万。单亲父母也可以申请家庭救济金,资格条件不变。由于许多就业的单亲父母工资水平低,因此,家庭救济金救助的家庭中,单亲家庭占了相当的比例。利用率也提高了。根据社会保障部的估计,20世纪90年代中期,从资助数量看,利用率为70%左右;从支出看,利用率为82%(DSS,1996)①。对于未申领家庭救济金的人员的研究表明,这些家庭之所以没有申领家庭救济金,多数是因为他们符合申领条件的时间短,能领取的金额也不多(McKay and Marsh,1995)。保守党政府把家庭救济金视为一大成就,并于1992年引入了另一项类似的计划,即对残障人士的在业津贴(参见本书第八章)。它还搞了一个相似的试点项目,给单身人士和没有未成年子女的夫妻提供"收入补差"(Finlayson et al.,2000)。

① 领取人数利用率衡量的是申领人数占可申领人数的比例,支出利用率估算的是实发款项与应发款项的比值。

表7.2 家庭救济金:领取人数和支出

年 度	领取人数	夫 妻	单亲父母	支 出 (百万英镑)	按 2002—2003 英镑测算 的支出（百万英镑）
1988/1989	285 000	177 000	108 000	394	638
1989/1990	299 000	180 000	119 000	425	642
1991/1992	350 000	213 000	136 000	626	827
1993/1994	520 000	293 000	228 000	1 208	1 508
1995/1996	693 000	388 000	305 000	1 740	2 084

资料来源:Millar et al.（1997,表6）; DWP(2002b, 表1,表2,表8,表9)。

"使工作有其利"

工作家庭税额抵扣

当1997年工党赢得大选时,通过社会保障体系来补工资之不足这一原则已经确立了。工党的福利改革绿皮书《新宏愿:新福利契约》提出,英国当前面临的三大问题中,第二大问题就是"人们面临各种就业障碍,比如,就业的经济动机不足"(DSS, 1998:1)[1]。绿皮书强调了就业的重要性:"就业是我们福利改革项目的核心。对于有劳动能力的人来说,就业是摆脱贫困的最有效途径"(1998:3)。因此,就像帮助人们找工作的新政项目一样,政府承诺"确保使工作有其利",提高就业的经济回报,从而鼓励人们就业[2]。这些措施包括,在英国破天荒地引入最低工资制度,降低低收入员工的税负和社会保险费,实施工作家庭税额抵扣计划及残障人士税额抵扣计划。

推动这些措施出台的,主要是财政部。运用税额抵扣这种想法,可以追溯到财政部发布的《英国税收和待遇体系的现代化》系列文件(HM Treasury, 1997, 1998a, 1998b, 1999, 2000, 2002)。其中第二份文件——马丁·泰勒的报告《论就业动机》,是一份极为重要的文件(HM Treasury, 1998a)。马丁·泰勒是巴克

---

① 其他问题如不平等的上升、骗保问题。
② 参见本书第三、第五、第十一章对其政策范围的讨论。这些政策包括新政、对申领社会保障待遇的人士实施更加严格的工作要求、将社会保障福利署与就业服务中心合并等。其目标是为了支持就业。

利银行的总裁。1997年5月,大选刚结束,他就受命主持一个研究团队,负责"考察税收与福利待遇体系之间的相互作用,以便使其现代化,使两者的关系更加流畅,实现我们提出的提升工作动机、消除贫困和福利依赖、增强社区和家庭生活等目标"(HM Treasury, 1998a:5)①。泰勒一开始就反对将税收体系与福利待遇体系进行彻底整合,理由是两者有不同的目标,覆盖的人群不同,且计发的单位也不一样(纳税以个人为单位,而福利待遇是以家庭为单位)。他认为,给就业人员发放工资补助是必要的,因为"有很多人的劳动没有获得足够的报酬,无力养家糊口。在我看来,让他们就业,并领取在业津贴以提高他们的净收入,这比让他们游手好闲好得多"(HM Treasury, 1998a:8)。他主张推行税额抵扣,而不是发放津贴,因为:

> 在申领人心中,税额抵扣计划会将抵扣税额与他工作的事实联系起来,这是一种宝贵的心理变化。我相信,通过税收体系发放与领取者的工作相挂钩的抵扣税额,这种做法更易被社会所接受。建立一个税额抵扣体系,好处良多。它可以作为一种更广泛的福利待遇发放机制,最终实现福利津贴体系与一般所得税两者的紧密整合(HM Treasury, 1998a:8)。

财政部接下来的一份报告重申了这些观点(HM Treasury, 1998b:3)。该报告明确提出了税额抵扣计划的细节:

> 作为税额抵扣而不是一项福利津贴,它有助于减少领取在业补助相关的耻辱烙印,鼓励更多符合条件的人去申领。它与就业直接挂钩,有助于向人们展示工作的回报要高于吃福利,因此有助于鼓励人们就业,不再依赖福利(HM Treasury, 1998b:3)。

与津贴相比,税额抵扣的主要理论基础是:税收与就业积极相关,而津贴与依赖消极相关。主张税额抵扣的人认为,这使得税额抵扣更易被领取人和公众所接受。这里的用语也耐人寻味——这些语汇显然体现了美国的影响,在美国,"福利"是一个负面术语,它跟依赖和失败是联系在一起的(Walker, 1998; Deacon, 1998, 2002; Hirsch, 2000)。事实上,在税额抵扣的制度规定和价值倾向方面,各国之间相互学习、互相借鉴之处比较多。资料框7.2描述了美国的体系(澳大利

125

---
① 报告还涉及申领税额抵扣的失业人员配偶的国民保险缴费和待遇问题,但我们这里只谈税额抵扣问题。

亚的做法见资料框 7.4)。

尽管政府把税额抵扣说成一种新事物,然而事实上,税额抵扣的结构与家庭救济金是非常相似的。如麦克拉夫林等人(McLaughlin et al.,2001:164)所说的那样:"工作家庭税额抵扣也是一个很好的例子,它说明,工党试图对老工党和保守党的政策安排进行重新包装,把它们说成是'现代化'的新事物,尽管没有什么实质性的变化。"与家庭救济金一样,工作家庭税额抵扣只面向有未成年子女的家庭,条件是收入低于规定的水平,每周工作不低于 16 小时。资格审核半年一次,一旦通过资格审核,又可以接着领半年,不论家庭收入或家庭状况是否有变化。所有这些,都照搬了家庭救济金的规定,只不过是待遇水平更高而已。不过,有两点不同。工作家庭税额抵扣项目增加了一项,即儿童照料税额抵扣,取代了以前不把儿童照料费用计入家庭收入的做法。抵扣的目的是给家庭提供更有力的、看得见的支持,满足儿童照料的需要。抵扣额度相当于机构照料费用的 70%,有封顶线,但只对双职工家庭发放。

不过,工作家庭税额抵扣计划与家庭救济金最大的不同,是发放机制。这里,我们又看见了 20 世纪 80 年代中期围绕"钱夹子/钱包"展开的争论。同样,政府提出,税额抵扣应与工资一起发。政府认为,既然税额抵扣不是福利津贴,那么这种做法就是必需的。为了强化税额抵扣和就业回报之间的关联,这种发放方式实属必要(HM Treasury,1998b:7)。同样,反对意见也很大。反对者根据的主要是最近的一项研究(Goode et al.,1998)。该研究验证了以前的研究,它表明,以福利津贴的方式把钱发给妇女,这笔钱更有可能用于家庭的各种花销;如果以工资的形式将钱发给男人,他们更可能把钱花在别的地方。不过,政府并不甘心,它的做法是:单亲父母,工作家庭抵扣税额将与工资一起发,夫妻也一样,除非他们选择通过订货簿或银行转账的方式将钱发给未就业的配偶。

工作家庭税额抵扣计划的影响

工作家庭税额抵扣和残障人士税额抵扣从 1999 年 10 月开始实施。这意味着,这些项目刚问世,财政部就开始筹划着取消这些项目,实施"下一代"税额抵扣计划(HM Treasury,2000)[1]。具体情形下一部分将谈到,这里先考察工作家庭税额抵扣的影响,看看它是不是一种有效的工资补助。表 7.3 给我们提供了有关领取情况的基本数据[2]。1999 年 11 月工作家庭税额抵扣计划开始实施时,覆盖了 96.6 万户家庭。其中,单亲父母的人数超过了夫妻的人数(1998 年实施家庭救济金时,情形也如此),平均抵扣税额为每周 66 英镑。此后,领取人数稳步上升,2002 年 5 月,共覆盖 130 万户家庭、262 万名儿童,平均抵扣税额为每周 86 英镑。超过 3/4 的夫妻都是根据丈夫的收入来申领税额抵扣,不过,有 2/3 的夫妻选择了将抵扣税额发给孩子的主要照料人,而不是同工资一起发(Bennett,2002)。领取儿童照料税额抵扣的人数也上升了,从 5.5 万人上升到 16.7 万人(领取人数占税额抵扣领取总人数的比例,从 6% 上升到 12%)。单亲父母领取儿童照料税额抵扣的比例要远高于夫妻,因为如果是夫妻的话,双方都必须就业才能领取儿童照料税额抵扣。即使如此,领取就业税额抵扣的单亲父母中,同时领取儿童照料税额抵扣的也仅有 1/5。

---

[1] 尽管这些计划的制度寿命比子女税额抵扣长。事实上,子女税额抵扣是一项税收优惠,它是 2001 年 4 月实施的,当时是为了取代已婚夫妻税收优惠,2003 年 4 月,它被并入了儿童税额抵扣计划。

[2] 残障人士税额抵扣的领取人数要少得多。2002 年,大概有 3.4 万人,其中有 2.2 万人是单身成年人(包括单亲父母),1.2 万人是夫妻。平均抵扣额度是每周 76.55 英镑(Inland Revenue,2002a)。参见第八章。

表7.3 工作家庭税额抵扣领取人数(单位:千人/户)

工作家庭税额抵扣				
年 份	总 计	夫 妻	单亲父母	每周平均抵扣额(英镑)
1999	966	468	498	66.20
2000	1 061	513	548	73.28
2001	1 259	617	642	79.69
2002	1 320	635	706	83.74
儿童照料税额抵扣				
年 份	总 计	夫 妻	单亲父母	每周平均抵扣额(英镑)
1999	55	6	49	30.98
2000	108	10	98	32.15
2001	145	15	127	36.27
2002	162	17	145	39.46

注:每年5月的数据,但1999年为11月的数据。
资料来源:Inland Revenue(2002b)。

　　总体而言,领取人数不少,待遇水平对于多数领取者而言也不低。结果,税额抵扣的费用从1999—2000年度的10.97亿英镑上升到2001—2002年度的55.25亿英镑(DWP,2002b),成为政府的一大支出项目[1]。工作家庭税额抵扣的目标,是增强经济刺激,以此鼓励人们就业,提高利用率("确保所有符合资格条件的家庭都能领取税额抵扣,是政府的重要责任",HM Treasury,1998b:6),并保障就业人员有最起码的收入水平,从而消除贫困。

　　财政部对工作家庭税额抵扣计划很乐观,这或许并不奇怪(HM Treasury,2000:9—10)。他们认为,工作家庭税额抵扣使就业家庭的境况"普遍"好于没有就业时的境况,从而消除了失业陷阱;它使边际税率在70%以上的家庭总数减少了2/3,从而消除了贫困陷阱。它给16万正在找工作的人提供了帮助,提高了家庭特别是最贫困的家庭的收入,从而减少了儿童贫困。

[1] 英国有关税额抵扣的会计体系不同于社会保障待遇的会计体系,因为社会保障待遇被当做支出,而税额抵扣被当做应纳税额的减少("税收支出")。这意味着,税额抵扣跟社会保障待遇不同,它不是一项公共支出,成本也不那么明显——这也是政府更喜欢税额抵扣而不是社会保障待遇的一个因素。

一些独立的研究也部分证实了工作家庭税额抵扣的成效,不过,这些研究表明,就业税额抵扣的影响并不能一概而论(Blundell and Walker,2001;Brewer and Gregg,2001;McLaughlin et al.,2001)。就业的经济收益确实普遍提高了,但这主要发生在全职人员身上,对于领取住房补助的那些人(住房补助在领取工作家庭税额抵扣时会相应减少),还有就业成本高(儿童照料税额抵扣只补偿一部分儿童照料费用)的人来说,就业后收入提高的要少得多。领取住房补助等其他生计调查待遇的家庭要承受的边际税率依旧居高不下。据估计,工作家庭税额抵扣有助于提高单亲父母的就业率,有助于推动夫妻中的一方就业。不过,当夫妻中已经有一人就业时,另一半的就业动机就大大减弱了[①]。这影响的主要是已婚妇女,正是由于这个原因——以及政府决定工作家庭税额抵扣将以工资形式发放——导致有些人认为,工作家庭税额抵扣"与其说帮了低收入妇女,还不如说是跟她们作对"(McLaughlin et al.,2001:168)。

税务局估计,2000—2001年度工作家庭税额抵扣的利用率,从领取人数看介于62%—65%之间,从支出看介于73%—78%之间(Inland Revenue,2002c)。单亲父母的利用率(77%—83%)高于夫妻(49%—53%),他们平均享受的税额抵扣水平(每周79英镑)也要高于夫妻(每周53英镑)。调查表明(McKay,2002),享受工作家庭税额抵扣的人对该项制度普遍持正面评价。他们认为,与家庭救济金相比,工作家庭税额抵扣项目给他们提供了更大的就业帮助,申领程序也更简便一些。不过,抵扣税额要经过雇主的手,连同工资一起发放的做法,并不受人欢迎。在领取过抵扣税额的人中,只有11%的人说他们偏向于这种发放方式。不论是单亲父母还是夫妻,都不喜欢经过雇主的手发放抵扣税额,主要原因是想保护自己的隐私,便于合理安排家庭支出(抵扣税额和工资分开发而不是同时发,有利于低收入家庭精打细算)。对于没有领取工作家庭税额抵扣的人而言,他们对该项目的了解甚少。有1/3的人说他们从来没有听说过什么工作家庭税额抵扣,而且,虽然不少人知道该项目对每周工作时数有要求(每周至少工作16小时),但他们知道的也就这么多,对别的情况知之甚少。

129

---

① 家庭救济金当然也存在类似问题,尽管由于待遇水平较低,这种消极动机没有那么强烈。这一问题的根源在于以家庭为基础的生计调查——当另一半也去工作时,家庭能领取的福利待遇就开始减少了。有人据此主张建立一种更加个别化的待遇体系(Millar,1998;McLauglin et al.,2002)。

1998—1999 年间,家庭救济金的利用率,从领取人数(不包括自雇人员)看介于 66%—70% 之间,从支出看介于 73%—79% 之间(Inland Revenue,2002c)。因此,利用率看来并没有像政府所预期的那样大幅提升。这无疑削弱了工作家庭税额抵扣对于家庭贫困率的影响。据估计,包括工作家庭税额抵扣在内的税收和福利津贴的变化,将使贫困儿童数量减少 100 多万。然而,2000—2001 年的数据表明,贫困儿童只减少了 50 万左右(DWP,2002c)。布鲁尔等人(Brewer et al.,2002)认为,导致儿童贫困率没有出现大幅下降的原因主要有三个:相对贫困线提高了;提高福利津贴和税额抵扣的作用尚没有完全发挥出来;有些家庭并没有去领取他们可以领取的各项待遇。即使我们改头换面,把生计调查型待遇称为"税额抵扣",然而,待遇发放却并没有政府想象的那么简单。

不同的目标,不同的工具:新一代税额抵扣

2003 年 3 月,又出台了两个新的税额抵扣项目:儿童税额抵扣和就业税额抵扣。儿童税额抵扣将儿童津贴之外的所有跟儿童相关的福利待遇合而为一。它将取代收入支持、求职补助、工作家庭税额抵扣以及未成年子女税额抵扣中的儿童津贴部分。儿童税额抵扣项目的主要目标是给家庭提供收入保障,消除儿童贫困。不过,由于就业家庭和未就业家庭都适用统一的制度,因此,它也有助于失业人员再就业(参见第九章)。

就业税额抵扣将取代工作家庭税额抵扣和残障人士税额抵扣中的成年人待遇部分,以及 50 岁以上的再就业人员享受的小额就业补助①。它将面向所有 25 岁以上、每周工作至少 30 小时的人(残障人士每周至少 16 小时)。就业税额抵扣含有儿童照料内容,抵扣额度相当于儿童照料费用的 70%。抵扣税额将以工资形式发放,尽管其中支付儿童照料费用的部分将和儿童税额抵扣一并发给儿童的主要照料人。就业税额抵扣的目标是鼓励人们就业,并消除单身人士和无子女的夫妻工作后仍然贫困的问题。

在推行这些变革的过程中,财政部(HM Treasury,2000)强调,政策目标必须与政策工具相配套:

---

① 起初,这是"新政 50 条"的一部分,在就业的头 12 个月里按月等额发放。

靠一个体系去实现两个目标,比如,工作家庭税额抵扣既要促进就业,又要给家庭提供更多支持,难免会出问题。同时,为了实现同一个目标而使用几种不同的政策工具,如收入支持、工作家庭税额抵扣及未成年子女税额抵扣,都是为了给家庭提供更多的支持,这种做法意味着重复劳动(HM Treasury,2000:12)。

此外,税额抵扣还被当做一次将待遇发放机制"现代化"的机会。政府希望借助税额抵扣的东风,创建一种更简便、更有效的生计调查形式,生计调查由税务局负责,收入核定将更多基于"个人所得税制度对收入的认定"(Inland Revenue,2001:10)。新的税额抵扣计划将简单易懂、便于管理,且更有针对性:

> 所得税制度提供了一种轻触式的、不伤人面子的收入核定方法。新出台的税额抵扣项目提供了一次宝贵的机遇,去建立一个基于累进式普惠原则的新体制。这意味着,给所有有未成年子女的家庭提供支持,并借助轻触式收入调查,给最需要帮助的人提供最大的帮助(HM Treasury,2002:4)。

税额抵扣将成为英国收入转移支付体系的一个重要部分。据测算,2005—2006 年度,用于税额抵扣的支出将达到 146 亿英镑(DWP,2002b)。其中 40 亿英镑原本是执行收入支持或求职补助项目时就该用在儿童身上的,其他大部分支出都是新增的。这说明,税额抵扣的覆盖范围更广、待遇水平更高。据预测,用于工作人口的税额抵扣的支出于 2005—2006 年度将达到 155 亿英镑,与失业救济支出持平。由此,税额抵扣将成为支出大户。对于享受税额抵扣的家庭来说,税额抵扣也有重要意义。比如,年收入不足 13 000 英镑、有一个未成年子女的家庭,每周就能领取 54 英镑的儿童津贴和儿童税额抵扣(HM Treasury,2002:3)。

税额抵扣:设计与发放

据预测,税额抵扣计划和就业税额抵扣计划将覆盖近 600 万人,如何让新体系有效运行是管理上的一大挑战。尽管设计者在描述这些税额抵扣项目时,把它们说成是两种独立的工具,然而,它们都将由同一个体系、用同样的办法进行核定,当家庭收入上升时,损失的抵扣税额也一样。资料框 7.3 列举了"轻触式"生计调查的主要特征。它与现行体系很不相同——根据年收入来核定申请人的需要,抵扣标准每年调整一次,申报收入变动情况的要求也简化了,在享受税额抵扣时,该年度收入增幅不超过 2 500 英镑的,不计入家庭收入,这些都是新做法。

资料框 7.3　儿童税额抵扣与就业税额抵扣的主要特征

　　儿童税额抵扣包括两部分:家庭部分和儿童部分。就业税额抵扣包括几个部分:成年人部分,每周工作 30 小时以上的人员部分;夫妻/单亲父母部分。就业税额抵扣还包括儿童照料费用。将所有这些部分加总,计算出一个"最高额度"。如果收入低于起征点(2003—2004 年是 5 060 英镑),就可以按最高额度,全额领取抵扣税额。有未成年子女的家庭,如果正在享受收入支持或与收入挂钩的就业补助,可以自动全额领取最高额的抵扣税额。如果年收入超过起征点,就以最高额为基准,毛收入每超过一镑,抵扣税额就减少 37 便士。减少的抵扣税额首先适用于就业税额抵扣,其次是儿童照料税额抵扣,最后是儿童税额抵扣。这意味着,高收入家庭(2003—2004 年能到 58 000 英镑)也可以获得某些儿童税额抵扣,如果家里有未满 1 岁的子女,能享受的儿童税额抵扣也更多。

　　这里说的收入都是毛收入,抵扣税额将根据上一年的总收入(若为夫妻,则两人收入相加)核定。抵扣税额核定后,将连续发 12 个月,除非家庭申报家庭情况有变动。抵扣税额每年调整一次,以便使抵扣税额与实际收入持平。有些情况的变动必须申报,比如,家庭成年人口的变动,孩子不再利用儿童照料服务或儿童照料费用显著减少,孩子出生。其他一些变化,特别是收入变化,不必申报,除非申请人自己主动申报。

　　如果一年内的收入增幅不超过 2 500 英镑,那么,申请人享受的税额抵扣不变。收入发生变动的情况下,不论是当时申报还是到年底申报,都不影响当年能享受的税额抵扣。年底结算时,如果已领取的抵扣税额低于应享受的抵扣税额,则会给申请人发一笔钱,将抵扣税额补足。如果已领取的抵扣税额高于应享受的抵扣税额,则需要通过以下方式返还:调整下一年的抵扣税额,或者,如果申请人已不具备领取税额抵扣的条件,则连同个人所得税一并缴纳。

　　儿童税额抵扣以及就业税额抵扣中有关儿童照料费用的抵扣税额,将发给儿童的"主要照料人",就业税额抵扣将通过雇主、连同工资一并发放。

　　表7.4 列举了三个例子,用 2003—2004 年度的标准,说明税额抵扣是如何计算出来的。计算时,先将就业税额抵扣和儿童税额抵扣的各项税款相加,然后与就业税额抵扣的起征点(2003—2004 年度,每周工作不低于 16 小时的人,起征点为 5 060 英镑)比较。单身人士只能享受就业税额抵扣。假设他每年的劳动收入 9 000 英镑,那么,他每年能享受的税额抵扣就接近 690 英镑,相当于每周 13 英镑。如果是单亲父母,每年的劳动收入 6 500 英镑,他可以享受儿童税额抵扣,就业税额抵扣和儿童照料税额抵扣。如果把儿童津贴加进来,他的年收入就达到了 7 500 英镑,比毛收入还高。如果是夫妻,每年的劳动收入 18 000 英镑,他们可以享受儿童税额抵扣以及一部分儿童照料税额抵扣,但不能享受就业税额抵扣(该

项抵扣首先就被扣除了)。因此,各项抵扣税额相加得出一个总数,像儿童津贴的做法一样,发给孩子的主要照料人。

表 7.4 抵扣税额的计算(2003—2004 年)

	每周工作 30 小时以上的 25 岁单身人士(英镑)	有一个学龄孩童、每周工作 25 小时以上的单亲母亲,孩子照料费用每周 60 英镑(英镑)	有两个学龄孩童的双职工夫妻,其中一方每周工作 30 小时以上,孩子照料费用每周 50 英镑(英镑)
就业税额抵扣			
基本待遇	1 525	1 525	1 525
夫妻/单亲待遇	—	1 500	1 500
30 小时工时补助	620	—	620
儿童照料费用(每周照料费用的 70%)	—	2 184	1 820
儿童税额抵扣			
家庭待遇	—	545	545
儿童待遇	—	1 445	2 890
最高抵扣额度	2 145	7 199	8 900
毛收入	9 000	6 500	18 000
减去起征点	−5 060 =	−5 060 =	−5 060 =
	3 940	1 440	12 940
×37%	1 457.80	532.80	4 787.80
总抵扣税额[a]	687.20(每周 13.22 英镑)	6 666.20(每周 128.20 英镑)	4 112.20(每周 79.08 英镑)
其中包括			
儿童税额抵扣	—	1 990	3 435
儿童照料税额抵扣	—	2 184	677.20
就业税额抵扣	687.20	2 492.20	0
儿童津贴		834	1 393.60

注:a 最高待遇额—37% 超出起征点部分。

因此,税额抵扣的这些新花样似乎给人们提供了一条对就业人员提供经济支持的新路子。它们不只是改头换面的社会保障待遇。出台这些举措的目的之一,就是创建一个"简单易懂、申请简便、易于发放"的体系,一个"瞄准机制健全的体系,家家户户都拿该拿的钱,不多不少"(HM Treasury,2000:21)。由于享受税额抵扣的人员的收入水平差别很大,因此,税额抵扣必须及时对收入和家庭情况的变化作出反应。儿童税额抵扣的用意,是"既能给家庭情况和收入状况没有显著变化的人员提供持续的支持,同时又能根据家庭情况的变动快速作出调整"(HM Treasury,2002:19)。

生计调查型待遇一直试图实现简便易行与瞄准效率之间的平衡。同样,简便易行和及时回应两者也必须兼顾。儿童税额抵扣和就业税额抵扣意味着,资格审查的某些做法被简化了(用纳税收入来界定收入),但另一些做法却变得更为复杂、更不透明了。虽然在刚开始享受税额抵扣的 12 个月内,每月按核定的抵扣税额发放给申请人,但是,如果申请人的家庭情况发生变动,抵扣税额就会发生变化,因此,享受抵扣税额的期限不再是固定的了(工作家庭税额抵扣规定为 6 个月)。对于享受税额抵扣的家庭来说,他们可能搞不明白自己到底可以享受多少税额抵扣,抵扣税额为什么会有变化。抵扣税额缺乏透明性和稳定性,对低收入家庭影响尤其大,因为中等收入家庭只能申请儿童税额抵扣,而低收入家庭则可以申请儿童税额抵扣、就业税额抵扣、儿童照料税额抵扣,可能的话,还可以申请住房津贴。税额抵扣体系的反应能力取决于享受税额抵扣的人是否按规定办事:他们得了解都有哪些规定并懂得这些规定的意思,他们要注意观察家庭收入的变动情况,留心子女照料费用的变化,算算自己每周的工作时数,并向税务局如实申报。就业税额抵扣对工作时数要求很严,因此,享受就业税额抵扣的夫妻双方,都应当清楚工作时数变化可能产生的影响。儿童照料费用的规定显得尤其复杂,可能会令享受税额抵扣的家庭无所适从。

税务局要应付这么多申请税额抵扣的人,并非易事。2003 年 4 月,在刚实施税额抵扣时,就出了一些问题。有关申报家庭情况变动的规定变复杂了。生计调查型待遇的实践经验表明,家庭未必会对家庭收入和家庭情况的变动作出反应,往往是过了好一段时间才申报收入变动情况(Corden, 1995)。因此,年底需要调整抵扣税额的人数、抵扣税额调整带来的影响,可能都会远远高于财政部的估计。在澳大利亚,如资料框 7.4 所讨论的那样,"家庭税额"优惠每年一调的做法,惹了不小的麻烦,因为许多家庭低估了自家的收入,享受的待遇过高,直到调整时才发现,发现后又得将超标部分返还。英国的体系虽然跟澳大利亚的不太一样,但也有可能出现类似的问题,因为许多家庭的情况在一年中难免有变化,然而却没几个人去申报。

这些税额抵扣项目的影响也引起了不少人的关注(Bennett and Hirsch, 2001;Brewer et al.,2001;SSSC,2001;Bennett,2002)。虽然出台了最低工资标准,可将工资补助项目扩展到所有 25 岁以上的低薪员工,但还是可能会对低薪劳动力市场产生重大影响。以家庭收入作为核定收入的标准,仍然有可能导致夫妻中的另一方不想去工作,尽管这种消极影响要比工作家庭税额抵扣时小多了。因此,劳动力供给可能并不会增加很多。有人认为,夫妻收入一起核定的做法,削弱了税收体系按个人收入计税的做法。将对成年人的支持与对儿童的支持分离开来,这可能会在给成年人发放税额抵扣时,施加更严格的条件和更严厉的惩罚。虽然生计调查是由税务局而不是福利部门负责进行的,可是,将生计调查扩展到

资料框 7.4　澳大利亚家庭税额抵扣超额享受的问题

在澳大利亚,通过税收体系给儿童提供的福利待遇主要有两项:家庭税收优惠 A 部分和 B 部分。家庭税收优惠 A 部分是一种生计调查型的待遇,类似于儿童税额抵扣。家庭税收优惠 B 部分给包括单亲家庭在内的只有一人就业的家庭提供补充保障,如果家里有 5 岁以下儿童,待遇水平要高一些。2000 年 7 月,该制度有两大变化。首先,以申请人自己估算的下一年应纳税收入作为收入核定的基准,而不再根据申请人上一年的收入来核定。其次,引入了年末调整机制,拿已发金额与实际收入进行比较。如果实际收入低于预期收入,则会给申请人发一笔钱,补齐差额。如果实际收入高于预期收入,申请人必须偿还超额享受的税收优惠额度。

2000—2001 财政年度,当调整机制开始实施时,事实上有很多家庭都出现了超额享受的问题,欠了政府的钱。由此引发了一场争论,政府随后宣布,以每人 1 000 澳元为封顶线,免除这些人欠政府的部分或全部税款。此举给政府带来的损失达 3.6 亿澳元。尽管如此,问题依旧,还欠政府钱的家庭意见很大。

与以前的制度相比,现行体系导致的超额享受问题明显增多了。部分原因在于,以前的制度并不想去比照已发待遇与实际收入的差额并据此进行调整,对很多人超额享受的问题是睁一只眼闭一只眼。还有一个原因,那就是家庭往往会低估而不是高估自己的收入,可能是因为他们比较谨慎,或者是因为他们喜欢现在拿钱,又怕以后要还。

在设计英国的制度时,显然吸取了澳大利亚的教训,尤其是有关 2 500 英镑豁免额度的规定(HM Treasury, 2002:22)。有了这项规定,将减少过度给付的问题,而且,即使果真超标了,也可以用降低以后的抵扣税额的方式来还,而不是一次性返还。不过,澳大利亚的经验也表明,家庭收入及家庭情况的变动要远比我们想象的频繁,因此很难根据眼前的收入来精确地核算一年的收入。英国也很可能出现这种情况。

资料来源:Whiteford et al.(2003)。

人数更多、收入更高的人群,无疑与普惠型福利渐行渐远(参见第一章)。税额抵扣大幅提高了某些个人和家庭的收入,但愿它能比以前的生计调查型待遇更有效地将这些税额抵扣发给真正需要它的人们。

总结

- 过去30年来,用津贴来补充工资是英国的一贯做法。不过,用税收抵扣的方式来补工资之不足,已成为英国收入转移体系的重要组成部分。据预测,若干年内,用于工薪阶层的税额抵扣支出将接近用于失业保障的支出。许多家庭和个人将从中获益。
- 税务局将负责税额抵扣的资格审查。生计调查每年一次,力争简便易行,不伤人,同时也能及时反映家庭情况和需要的变化。
- 对于政府,尤其是税务局来说,给符合条件的人发放抵扣税额是一大挑战。生计调查的方法有不少新花样,但仍有人质疑,这些做法是否能提高利用率,并给家庭提供稳定可靠的收入来源。
- 工资补助政策对工作贫困、工资水平以及总就业水平的影响,尚待观察。

思考题

1. 追溯英国工资补助政策的发展。工资补助为什么已成为社会保障体系中一个如此重要的部分?

2. 税额抵扣是否不同于社会保障待遇?

3. 在儿童税额抵扣和工作税额抵扣项目设计中,政府是否找到了简便、瞄准和反应能力三者之间的恰当平衡?

4. 税额抵扣是否会增强就业的经济动力?

参考文献

Abel-Smith, B. and Townsend, P. (1965) *The poor and the poorest*, London: Bell and Sons.

Bennett, F. (2002) "Gender implications of current social security reforms", *Fiscal Studies*, vol. 23, no. 4, pp. 559—584.

Bennett, F. and Hirsch, D. (2001) *The Employment Tax Credit and issues for the future of in-work support*, York: York Publishing Services for the Joseph Rowntree Foundation.

Blundell, R. and Walker, I. (2001) *Working Families' Tax Credit: A review of the evidence, issues and prospects for further research*, London: Inland Revenue.

Brewer, M. and Gregg, P. (2001) "Lone parents, the Working Families' Tax Credit and employment in households with children", in R. Dickens, J. Wadsworth and P. Gregg(eds.) *The state of working Britain: Update 2001*, London: Centre for Economic Policy.

Brewer, M., Clark, T. and Goodman, A. (2002) *The government's child poverty target: How much progress has been made?*, London: Institute for Fiscal Studies.

Brewer, M., Myck, M. and Reed, H. (2001) *Financial support for families with children: Options for the new integrated child credit*, Commentary No. 92, London: Institute for Fiscal Studies.

Brown, J. C. (1983) *Family income supplement: Family income support*, London: Policy Studies Institute.

Corden, A. (1995) *Changing perspectives on benefit take up*, York: Social Policy Research Unit, University of York.

Deacon, A. (1998) "Learning from the USA? The influence of American ideas on 'new' Labour thinking on welfare reform", *Policy & Politics*, vol. 28, no. 1, pp. 5—18.

Deacon, A. (2002) *Perspectives on welfare: Ideas, ideologies and policy debates*, Buckingham: Open University Press.

Deacon, A. and Bradshaw, J. (1983) *Reserved for the poor: The means-test in British social policy*, Oxford: Martin Robertson.

Dean, H. and Shah, A. (2002) "Insecure families and low-paying labour markets: comments on the British experience", *Journal of Social Policy*,

137

vol. 31, no. 1, pp. 64—80.

DHSS(Department for Health and Social Security) (1985) *The reform of social security*, London: HMSO.

DSS(Department for Social Security) (1996) *Income-related benefits: Estimates of take-up in 1994/1995*, London: The Stationery Office.

DSS(1998) *New ambitions for our country: A new contract for welfare*, Cm 3805, London: The Stationery Office.

DWP(Department for Work and Pensions) (2002a) *Building choice and responsibility: A radical agenda for Housing Benefit*, London: The Stationery Office.

DWP(2002b) "Benefit expenditure tables 2002", www. dwp. gov. uk.

DWP(2002c) *Households Below Average Income 1994/1995 to 2000/ 2001*, Leeds: Corporate Document Services.

Finlayson, L., Ford, R., Marsh, A., Smith, A. and White, M. (2000) *The first effects of earnings top-up*, DSS Research Report No. 112, Leeds: Corporate Document Services.

Goode, J., Callender, C. and Lister, R. (1998) *Purse or wallet: Gender inequalities and income distribution within families on benefits*, London: Policy Studies Institute.

Guardian, The(2003) "300,000 face wait for tax credit cash", 28 April.

Hirsch, D. (2000) *A credit to children: The UK's radical reform of children's benefits in international perspective*, York: York Publishing Services for the Joseph Rowntree Foundation.

HM Treasury(1971) *Reform of personal direct taxation*, Cmnd 4653, London: HMSO.

HM Treasury (1997) *The modernisation of Britain's tax and benefit system number 1: Employment opportunity in a changing labour market*, London: HM Treasury.

HM Treasury(1998a) *The modernisation of Britain's tax and benefit system number 2: Work incentives: A report by Martin Taylor*, London: HM

Treasury.

HM Treasury(1998b) *The modernisation of Britain's tax and Benefit system number 3： The Working Families' Tax Credit and work incentives*, London： HM Treasury.

HM Treasury(1999) *The modernisation of Britain's tax and benefit system number 5： Supporting children through the tax and benefit system*, London： HM Treasury.

HM Treasury(2000) *The modernisation of Britain's tax and benefit system number 6： Tackling poverty and making work pay—Tax credits for the 21st century*, London： HM Treasury.

HM Treasury(2002) *The modernisation of Britain's tax and benefit system： The Child and Working Tax Credits*, HM Treasury No. 10, London： The Public Enquiry Unit, HM Treasury.

Hotz, V. J. and Scholz, J. K. (2002) "The Earned Income Tax Credit", in R. Moffitt(ed) *Means-tested transfer programs in the US*, National Bureau for Economic Research, Cambridge, MA(www. nber. org/books/means-tested/index. html).

Inland Revenue(2001) *New tax credits： Supporting families, making work pay and tackling poverty： A consultative document*, London： Inland Revenue.

Inland Revenue(2002a) *Disabled Person's Tax Credit Statistics Quarterly Enquiry： United Kingdom October 2001*, London： Inland Revenue.

Inland Revenue(2002b) *Working Families' Tax Credit Statistics Quarterly Enquiry*, London： Inland Revenue.

Inland Revenue (2002c) *Working Families' Tax Credit： Estimate of take-up rates in 2000-1*, London： Inland Revenue.

McKay, S. (2002) *Low/moderate income families in Britain： Work, Working Families' Tax Credit and childcare in 2000*, DWP Research Report No. 161, Leeds： Corporate Document Services.

McKay, S. and Marsh, A. (1995) *Why didn't they claim? A follow-up study of eligible non-claimants of Family Credit*, London: Policy Studies Institute.

McLaughlin, E., Trewsdale, J. and McCay, N. (2001) "The rise and fall of theUK's first tax credit", *Social Policy and Administration*, vol. 35, no. 2, pp. 163—180.

McLaughlin, E., Yeates, N. and Kelly, G. (2002) *Social protection and units of assessment: Issues and reforms: A comparative study*, TUC Welfare Reform Series No. 44, London: TUC.

Meyer, B. D. and Holtz-Eakin, D. (eds.)(2000) *Making work pay: The Earned Income Tax Credit and its impact on America's families*, New York, NY: Russell Sage Foundation.

Millar, J. (1998) "Reforming welfare: the Australian experience", *Benefits*, no. 23, pp. 32—34.

Millar, J., Webb, S. and Kemp, M. (1997) *Combining work and welfare*, York: Joseph Rowntree Foundation.

SSSC(Social Security Select Committee)(2001) *Integrated child credit*, Second Report, Session 2000—2001, HC 72, London: The Stationery Office.

Walker, R. (1998) "The Americanisation of British welfare: a case study of policy transfer", *Focus*, vol. 19, no. 3, pp. 32—40.

Whiteford, P., Mendelson, M. and Millar, J. (2003) *Timing it right? Responding to income changes, a comparison of Australia, Canada and the UK*, York: York Publishing Services for the Joseph Rowntree Foundation.

网络资源

财政部	www.hm-treasury.gov.uk
税务局	www.inlandrevenue.gov.uk
财政研究所养老金与储蓄部	www.ifs.org.uk/pensionsindex.shtml
低薪问题委员会	www.lowpay.gov.uk

140

第八章
残障、能力与社会排斥*

概要 工党1997年上台时,残障人士的贫困率高,就业率低,社会排斥很普遍。几十年建立起来的福利体系和社会服务给残障人士提供的支持体系很复杂。政府承诺要满足残障人士的需要,提供一个"部门联动"的支持体系。本章内容包括:

- 审视1997年至今,针对残疾儿童、残疾中青年和残疾老人的主要政策发展;

- 考察"从福利到工作"政策是否足以改善残障人士的就业状况;

- 对未就业的残障人士而言,政策几乎没有给他们提供什么保障;

- 结尾部分考察了现有残障人士保障在以下方面的不足:从儿童到成年的过渡,从工作到退休的过渡;介于有工作能力和无工作能力之间的边缘领域;在健康保健,社会照料和社会保障之间的边界。

导言:面向残障人士的福利政策

工党第一届任期内的福利政策,很清楚地分成两大块:给能工作的人工作和给不能工作的人保障。两边都涉及残障人士,而大多数残障人士则处于既能工作又不能工作之间的中间状态。有些残障人士已经就业了,政府推出的全国最低工资标准和在业津贴等"使工作有其利"的努力,使他们获益了。其他残障人士也在积极找工作,他们还可以享受残障人士新政提供的额外援助。另一方面,有些重度残障的人士和儿童也从政府提供的保障中获益了。处于夹缝中间的是大多数残疾人,他们的残障程度和个人情况各种各样,既不能获得工作,也无法享受保障。如果劳动力市场的结构不是现在这个样子,如果雇主对残障人士能少一些歧视,如果交通能更为便利,残障人士也许能工作。然而,在现实世界里,他们却只

141

---

* 本章作者为唐尼尔·布查特,政策研究所研究员。详见 http://sticerd.lse.ac.uk/case/。

能靠生计调查型待遇艰难度日。

　　工党的第二个任期发出了信号，要对福利政策的组织进行改革。就业与养老金部按年龄段把人群划分为三类。儿童待遇并入税额抵扣计划，由税务局进行管理。设立养老金服务中心，负责办理国家养老金事宜，给退休人员发放生计调查型待遇，并就具有普遍性的养老金问题提出政策建议。对于工作年龄人口，建立了就业服务中心，负责管理待遇的发放，提供就业建议，并给申请人提供引导，帮助他们获得最适合的经济援助等帮助。对于处于工作年龄的残障人士而言，工作和保障由同一个部门负责这种做法不无益处，特别是就业服务中心致力于对每个个体的需要进行评估，而不是按照申请者的类型评估申请者的需要。将残障与主流的项目整合起来，从最理想的角度说，有利于打破残障人士的就业障碍，并突破工作能力与失能之间的人为分割。从最坏的情况看，它可能导致残障人士不得不面对万金油式的工作人员，费尽口舌向这些对残障议题几乎一无所知的工作人员说明自己的要求，被迫参加不适合他们的从福利到工作计划。这种做法到底是好还是坏，是本章要回答的一个问题。

　　工党上台时，政府对残障人士的支持体系是条块分割的。除了第六章提到的社会服务和社会保障之间的复杂关系外，在社会保障体系内部，还有各种各样的待遇。资料框8.1根据不同待遇的目标，对这些待遇进行了分类。

资料框8.1　残障人士享受的社会保障待遇

　　1. 特别津贴：旨在帮助残障人士解决因为残障而带来的额外的生活费用。比如，护理补助、残障生活补助。

　　2. 收入替代津贴：旨在为因为长期患病或残障而不能工作或在家里做家务的人士提供收入。比如，失能津贴、重度残障津贴。

　　3. 生计调查型待遇：旨在使残障人士的收入能达到最起码的水平。通常情况下，对残障人士会有额外的"补贴"。比如，收入支持、残障人士税额抵扣。

　　4. 补偿性的待遇：旨在补偿因服役或工伤致残的人士。比如，工伤伤残补助金、因战致残养老金。

　　享受待遇的资格条件不尽相同。有些待遇，如失能津贴，必须先缴纳足够的国民保险费；其他一些待遇必须家庭收入或劳动收入低于规定的水平才能享受；还有一些待遇以就业为条件。这些待遇是20世纪不断修修补补而成的，就像资料框8.1所表明的那样，待遇的目标多种多样。正因如此，当工党宣称要将福利供给"现代化"时，还是有不少人对此目标深表认同的。如果把现代化理解成简化待遇条件,取消一些不合时代要求的资格条件,至少是一件好事。当然,这个目标到底在多大程度上实现了,是本章要回答的另一个问题。

1997 年工党上台时,残障人士普遍遭受贫困和社会排斥。处于工作年龄的残障人士中,每五个人中就有两个人收入还不到全国平均收入的一半;有子女的残障人士中,超过一半的人收入低于全国平均收入的一半(Burchardt,2000)[1]。如果把一些残障人士因为残疾而产生的额外支出也考虑进去,情况会更糟。重度残疾的人士中,有 3/5 的人收入低于全国平均水平[2]。残障人士的就业率不到31%,而非残障人士的就业率高达 77%(*Labour Force Survey*,1997 年春)。更广泛地说,残障人士获得服务的渠道和社会交往的机会都受到了限制:每月去看一次电影、看一场戏或听一场音乐会的残障人士不到 1/5,而非残障人士为 1/3;残障人士认为自己缺乏社会支持的比例,是非残障人士的两倍(Burchardt,2000)。如果政府想实现"人人有机会"的目标,那么,会有很多事要做。

资料框 8.2 概括了 1997 年以来的主要政策进展。本章的核心问题是,新政策的出台及福利提供方式的重组是否解决了不同年龄段的残障人士支持体系的条块分割问题,是否消除了残障人士的贫困问题。本章的组织体现了眼下福利提供的现状,将残障人士分为儿童、工作年龄人口和退休人员三个年龄组。在结论部分,

资料框 8.2 残障政策的主要发展(1997—2002 年)

- 1997 年,残障人士新政,启动个人顾问服务和创新计划试点。
- 1999 年,通过《福利改革法》,规定儿童可享受残障生活补助,取消重度残障补助,修改失能津贴资格条件。
- 2000 年,残障权益委员会开始运行,负责监督 1996 年《残障歧视法》的实施,并就残障议题给政府建言献策。
- 2001 年,残障人士新政中的就业中介服务(与个人顾问类似)在全国推开。
- 2001 年,通过《特殊教育需要和残障法》,强化了残障儿童进入普通学校的权利,并规定《残障歧视法》适用于教育领域。
- 2001 年,发表《学习残障》白皮书。
- 2002 年,启动就业服务中心和养老金服务中心。
- 2002 年,实施就业税额抵扣计划和儿童税额抵扣计划,两者均含残障待遇。

143

① 这里的收入指扣除住房费用后的家庭等价净收入。根据 1996—1997 年度家庭资源调查和残障追踪调查的数据测算得出。
② 基于伯绍德等人(Berthoud et al.,1993)的计算得出,并根据 1996—1997 年的价格水平更新了。

本章考察政策制定联动与改善残障人士的机会这两个孪生目标是否实现了。

儿童

儿童残障往往被当成一场悲剧或者是孩子命不好,但是,不同阶层的儿童残障率存在明显的差异,表明事实并非如此(图 8.1)。社会经济地位最高的三个阶层,残障儿童占全体残障儿童的比例都低于该阶层所有儿童占全体儿童的比例,而在缺乏技能的社会经济阶层中,残障儿童占全体残障儿童的比例却几乎是该阶层所有儿童占全体儿童的比例的两倍。母亲身体不好、营养不良、出生时体重偏低、住房条件糟糕以及较高的事故风险,凡此种种,导致了这种差别的出现。

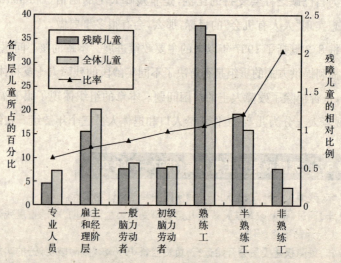

资料来源:根据 Gordon et al(2000)改编。残障儿童数据来自 1985 年 OPCS 的残障儿童调查;全体儿童数据来自 1985 年普通家庭调查。

图 8.1 各阶层的儿童残障情况

相应地,低收入家庭中残障儿童的比例也偏高。生活在有残障儿童(本人或兄弟姐妹)的家庭中的儿童,有 1/3 收入低于收入中位数的 60%(DWP,2002,表 4.5)。20 世纪 80 年代中期的调查表明,只有 6%的成年人说他们买不起新衣服,而有残障子女的成年人中,该比例高达 33%。同样,只有 5%的成年人说他们没钱给朋友和家人一年买一次礼品,而有残障子女的成年人中,该比例为 14%(Gordon et al.,2000)。其中的部分原因,毫无疑问是残障儿童生活的家庭收入低下。但另外一个原因,却是子女残障给家庭带来的负担。父母为了满足残障子女的需要,往往节衣缩食,减少人情往来。对普通家庭的父母和有重度残障子女的父母的访谈结果表明,抚养一名重度残障儿童最起码的费用是抚养一名普通儿童的三倍左右(Dobson and Middleton, 1998)。父母在访谈中说,由于找不到合适的机构照料孩子,他们没办法就业,影响了家庭收入;由于他们要优先满足残障子女的健康、交通、衣服和社会适应等需要,全家的活动都受限制。

因此,残障儿童尤其有可能从第九章讨论的各种反儿童贫困的政策举措中获益。提高儿童津贴的水平,增加收入支持制度中给儿童的补助金额,将提高许多有残障子女的家庭的收入。然而,对于因为抚养残障子女而产生的特殊费用,却几乎没出台什么政策。2001 年,残障生活补助费扩大到 3—4 岁不会走路的儿童,表明政府意识到了这一事实,即给行走不便的儿童尽早提供帮助极为关键。这一举措受到了一直为此奔走的残障组织的欢迎。新推出的儿童税额抵扣计划也规定了残障儿童待遇,但待遇水平同普通儿童没什么差别。因此,残障儿童和普通儿童的差距并没有缩小。

就广泛的社会融入议题而言,1997 年以来推出的主要举措,是 2001 年颁布的《特殊教育需要和残障法》。政府强调,高质量的教育是社会融入的必要条件,让残障儿童和青少年接受优质教育也是顺理成章的事。近一半的残障儿童离开学校时没有拿到毕业证,而所有儿童中没拿到毕业证的比例只有 1/8[1]。许多人谴责将残障儿童和普通儿童分开的教育制度,指责这种做法未能给残障青少年努力学习提供鼓励和支持,加深了社会排斥。普通学校资源不足,能否给残障儿童提供有利于其成长的学习环境和社会环境,也一直有争议(比如,Davis and Watson, 2001)。《特殊教育需要和残障法》规定,有特殊教育需要的儿童有权去普通学校上学,只要儿童的父母想让孩子去这所学校上学,其他儿童的利益也能得到保护。地方教育当局有责任遵守特殊教育需要法庭的建议。也许更为重要的是,《特殊教育需要和残障法》规定,1995 年的《残障歧视法》适用于一切教育机构;此前,公立和私立学校、继续教育机构及高等学府都不适用该法。这意味着,中小学和大学如果仅仅因为残障而无故歧视残障学生,不给他们平等待遇,或者未能作

145

---

[1] 1996—1997 年度,16—29 岁先天残障或童年时致残的人士中,45% 没有学历。1998—1999 年度,16—29 岁人口中,13% 没有学历。根据家庭资源调查和残障追踪调查计算得出。

出合理的调整来接收残障儿童就学,都是违法的。虽然"无故"和"合理的安排"的限制条款措辞含糊,容易导致混乱和滥用,但至少在其他服务领域,判例法对这些措辞的解释变得越来越严格(Meager et al.,1999)。从 2004 年开始,"合理的调整"将包括改造相关设施,提供帮助和辅助服务。

总体而言,政府针对残障儿童的战略已经朝主流方向迈进。在待遇提供方面,将儿童残障津贴纳入新出台的税额抵扣计划;在教育领域,有特殊教育需要的儿童去普通学校就读。不过,这一过程还远未完结:儿童残障生活费补助没有与其他的儿童待遇整合起来,而是由新设立的残障和照料者服务中心负责管理①。其他形式的支持仍由学校、卫生部门和社会服务机构负责管理。再者,残障儿童融入的权利依然受制于教育机构、服务机构以及法庭怎么去理解"合理的"内涵。政府提出要让残障儿童享有同等机会,要将这一愿望变成现实,需要提高对残障儿童所生活的家庭的经济支持,并消除"合理的歧视"的悖论。

工作年龄人口

给能工作的人工作

政府为改善残障人士的就业机会而作出的努力,可分为三类:帮助找工作、确保就业和失业时的收入差距大到足以让残障人士想就业,以及帮助他们在工作岗位上干下去。

残障人士新政的第一阶段是 1997 年发起的残障人士新政(NDDP)。为帮助残障人士找工作,政府搞了许多个人顾问服务试点,推出了种种"创新计划"。试点项目的做法是,在全国各地,分别由不同的部门牵头,公共部门、私营部门和志愿部门合作。试点工作的重点是看哪种形式的支持最有利于帮助残障人士找到工作。残障人士可自愿参加残障人士新政。评估结果可想而知:利用率相当低,在受邀参加就业面谈的人中,去的只有 3%(Arthur et al.,1999)。定性证据表明,担心因此失去待遇资格、健康状况不好是导致这种状况的主要原因。各种创新计划(Blackburn et al.,1999)和个人顾问服务的经验是,与雇主密切接触是成

146

---

① 在写作本章时,残障和照料者服务的准确形式尚未确定。有可能是成立一家全国组织,负责管理残障生活补助、护理步骤及残障照料补助。

功的关键。因此,2001 年残障人士新政在全国推开时,个人顾问改称"就业经纪人",其职责是"与各种雇主密切合作,找到空缺岗位,向雇主宣传雇用残障人士的好处,并让雇主了解《残障歧视法》规定的雇主责任"(DWP,2000:7)。从措辞上看,这与此前的"从福利到工作"计划有很大的不同。以前强调的是残障人士为了就业必须如何做,而现在则强调雇主要雇用残障人士需要做些什么。当然,实践中做得怎么样,还有待观察。

对于绝大多数申请社会保障待遇的残障人士而言,就业服务中心(2002 年对就业服务中心和社会保障福利署的部分职能进行重组后成立)将成为他们享受残障人士新政等其他服务的门户。就业服务中心与以前的做法相比,最大的不同是,所有申请疾病待遇和残障津贴的人都必须接受就业面试。此外,就业服务中心还有助于实现失业待遇和失能津贴的进一步整合。如阿什沃斯等人(Ashworth et al.,2001)及海吉斯和赛克斯(Hedges and Sykes,2001)所揭示的那样,当求职补助、收入支持和失能津贴是由不同机构管理的时候,原先享受这种待遇的人去申请另一种待遇时,往往要费一番周折。有时候,同一个人,健康状况也没什么变化,只是因为这家或那家机构认为他的状况有变化,而只能去申请别的待遇。相反,当残障人士的健康状况真的发生变化时,工作人员又半信半疑,导致申请人往往要多等些时日,然后匆匆忙忙去申请他们该获得的待遇。

政府为保障残障人士能从就业中获得足够的收入而出台的举措,可分为一般性的措施和具体措施两种。一般性的措施就是 1999 年 4 月出台的全国最低工资标准。多数残障人士从事的都是低技能、低薪的行业(Burchardt,2000)。因此,最低工资标准的出台对残障人士是有益的。不过,有些残障组织,特别是那些代表有学习障碍和精神健康问题的残障人士的组织还是担心,如果雇主认为"边缘工人"的生产率不配加工资,就会把他们解雇或减少他们的工作时数(LPC,2000)。然而,有证据表明,全国最低工资标准实施后,残障员工被解雇的比率与普通员工并没有显著的差别,而低薪残障员工的平均工资水平也提高了。

为了让残障人士"使工作有其利"而出台的具体措施,是 1999 年用残障人士税额抵扣取代残障工作补助。残障工作补助是保守党政府于 1992 年推出的,它是给残障人士提供的最早的在业待遇。由于规定模糊、管理复杂、资格条件严格,再加上待遇水平相对较低,残障工作补助的效果大打折扣(Rowlingson and Berthoud,1996)。残障人士税额抵扣计划消除了残障工作补助的一些弊端,领取

147

税额抵扣的人数也从 1999 年 10 月的 19 445 人上升到 2001 年的 32 070 人（Inland Revenue，2002）。此外，工作税额抵扣计划将把现有的面向低薪残障人士的支持整合进来，因此将进一步提高利用率。

最后，政府还出台了一系列举措，帮助已经就业的残障人士继续干下去。残障人士新政的一个副产品就是就业维持和康复试点。该试点的目的是检验各种工作场所和卫生保健干预的效果，看看哪种干预有助于帮助在业的患病或残障员工不丢工作。不过，以随机方式作为评估方法的做法却让试点陷入了争论之中，到写作本书时为止，评估结果还没出来。

政府对受政府支持的就业进行了全面检查，以确保尽可能多的人能进入劳动市场就业。这体现在项目名称上，"工作台阶"，用来统称所有受政府支持的就业项目。批评者认为，政府想让这些人从事不受政府支持的就业是不现实的，这种做法会导致人们在仍然需要政府帮助的时候被政府抛弃。不过，改革的总体方向是对的，因为从长期趋势看，残障人士和普通人员分开就业的做法是行不通的。

了解工作通道项目的人不多。这个项目以前由教育和就业部管理，现在改由就业服务中心负责管理。它面向个人和雇主，减少雇主雇用残障人士的成本，给个人提供各种帮助，如提供上下班交通费、个人援助，帮助个人适应工作等。雇主及利用过这个项目的服务对象对这个项目评价都很好，尽管有时因待遇未及时发放导致个人陷入困境。这个项目的最大问题是，了解这个项目的人太少（RNIB/RADAR，1995）。从理论上说，工作通道既应帮助残障人士找到工作，也应帮助他们保住自己的工作，但实际上，大部分待遇都发放给了在业人员。工党当政后，工作通道的项目资金显著上升了，从 1996—1997 年度的 1 380 万英镑上升到 2000—2001 年度的 3 240 万英镑。不过，政府似乎仍然不想让这个项目广为人知。将这个项目放在就业服务中心的旗下将有助于这个项目的推广，不过，这要看工作人员是否知道有这么一个项目。

《残障歧视法》规定的就业条款依然在实施。理论上说，《残障歧视法》涵盖了招聘行为。但在实践中，人们更多地运用这些条款来挑战雇主的解雇行为或雇主给自己的不公平待遇（Meager et al.，1999）。与此前的《平等机会法》相比，《残障歧视法》刚实施就有很多人援引其中的条款主张自己的权益，而残障人士权益委员会的存在，也使越来越多的人知道了这部法律。

2002 年 11 月的绿皮书（DWP，2002a）系统阐释了政府促进残障人士就业的想法。绿皮书很好地总结了残障人士就业面临的种种障碍,如缺乏学历、失业时间太长等。不过,对于如何消除这些障碍却语焉不详。绿皮书提出的新举措包括让工作经纪人和申请者在初次面谈后持续接触,给个人顾问提供资助用来支付找工作或再就业的费用,以及设立"回归工作"税额抵扣,发放给那些不再领取失能津贴而去工作的人,连续发放 12 个月。绿皮书还宣布,政府将推行试点项目,实现从福利到工作的措施与背痛、精神健康问题及心血管疾病的康复措施的"联动"。

自 1997 年以来,残障人士的总体就业率一直在上升,且上升速度要比非残障人口快(图 8.2 和图 8.3)。1997 年秋季到 2001 年秋季,残障男士和残障女士的就业率分别上升了 32% 和 23%,而同期非残障男士和女士的就业率分别上升 3% 和 4%。不过,在解读这些数据时需要谨慎,因为在此期间,工作年龄人口中申报残障的比例也上升了,有可能出现复合效应①。同样不清楚的是,就业率的增长到底在多大程度上可以归功于上述政策举措,在多大程度上可以归功于这一事实,即残障人士就业率的回升往往比非残障人士慢(Burchardt,2000),因此,当总就业率稳定下来后,残障人士的就业率仍会继续上升。不论是哪些原因导致的,残障人士的就业率出现了大幅上升,而且从历史的角度看,这种增长是有重大意义的,因为从 20 世纪 80 年代到 90 年代前期,残障人士的就业率几乎没什么变化。

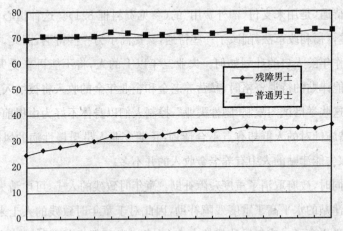

资料来源:作者根据《劳动力调查》的数据计算得出。

图 8.2　残障男士就业率变动趋势(1997 年春—2001 年秋)

① 比如,残障程度较轻的人员,如果以前没有申报残障而现在申报,残障人士的平均就业率就将上升,因为轻度残障人员更有可能就业。不过,没有多少证据可以表明,现在申报残障的人士比以前申报残障的人士残障程度轻。

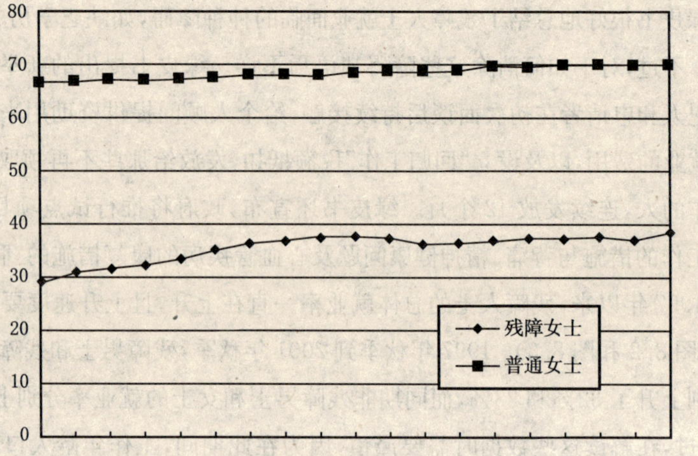

资料来源:作者根据《劳动力调查》的数据计算得出。

图 8.3 残障女士就业率变动趋势(1997 年春—2001 年秋)

给不能工作的人保障

1999 年的《福利改革法》出台之前,对各种残障待遇的未来有很多揣测,有些论者担心,残障生活补助会成为生计调查型待遇,因为残障生活补助是给工作年龄人口的待遇,是用来支付"额外费用"的(参见资料框 8.1)。这种担心没有成为现实,不过,《福利改革法》削减了一些待遇,又提高了另一些待遇,因此,很难说某个针对工作年龄人口的计划如何。失业三年以上的人,将不能再享受失能津贴。在核定失能津贴的待遇资格时,私营养老金和企业年金的收入将被纳入生计调查的范围。这些举措试图限制"隐性失业",控制人们以身体不好为由提前退休。不过,这些措施针对的人群却有点不合情理:长期失业人员患慢性病的风险显著偏高,而领取失能津贴的人中有养老金收入的并不多。

与此同时,政府取消了重度残障补助。童年时致残的人士,可申请失能津贴。由于失能津贴的水平高于重度残障补助,因此对于童年时致残的人士来说,享受的待遇水平更高了。成年后致残的人士、单身或者配偶未就业的残障人士,可以申请收入支持。他们能享受的收入支持水平通常也高于重度残障补助。利益受损的主要是残障夫妻,多数是妇女,因为妇女不在外头就业,国民保险缴费额或抵扣税额不够享受失能津贴的条件。对这一群体,现在没有任何待遇。

很难说,20 世纪 90 年代的改革兑现了"给不能工作的人保障"的承诺。长期失业人员、提前退休人员，还有"家庭主妇"，都遭受了惩罚；而童年时致残的人士（他们本应获得就业支持）却受益了。

2001 年，卫生部发表了一份白皮书，提出了一个新战略来帮助有学习障碍的人士（DoH，2001）。虽然有人可能会质疑，怎么是卫生部来提出这种战略（为什么不是教育与就业部，不是社会保障部，不是社会排斥署）？不过，该战略却标志着人们对学习障碍人士的态度发生了巨大变化，从"医疗"模式转变为"社会"模式（参见资料框 8.3），从强调把问题压下来变为强调提升"权利、自立、选择和融入"（DoH，2001）。新战略提出了 11 个目标，其中包括要帮助有学习障碍的人士尽可能选择、控制自己的生活，让他们过上有意义的生活，能有自己的朋友，能参加各种活动，找到工作，住上好房子，享有不错的医疗保健。这种激进的转向绝非偶然。在此之前，政府咨询了有学习障碍的残障人士及其组织、照料他们的人和他们的父母。而且，它说的都是理想的结果，作为一项政策声明也无懈可击。然而，三年来，实施这项战略的资金中，每年仅有 230 万英镑的"新"资金用来扩张残障人士维权服务、设立求助热线、建立信息中心，还有 5 000 万英镑来自原有的社区照顾和卫生预算，用来使照料中心现代化，关闭允许长期住院的医院，以及帮助残障人士独立生活。

资料框 8.3　残障的医疗模式和社会模式

	医疗模式	社会模式
残障的原因	个人悲剧	歧视
解决办法	治疗与康复（改变个人）；慈善	改变物质环境及社会经济环境
个人的性质	消极被动的受害者；靠别人养活；感激或英雄气概	能动的主体；只要有适当支持，就能自立；要求有平等权利
权威	专家	残障人士

资料来源：根据 Barnes et al.(1999)编制。

总之，工党当政以来，残障人士的就业机会增多了，虽然并不清楚这是政府行动所致，还是更广泛的趋势的结果。然而，还有很长的路要走：根据最新的劳动力调查，英国有 39 万残障人士想工作却没有工作（DRC，2002，表 7）。对于不能工作或没有工作的残障人士,改善不多,甚至压根就没有什么改善。部分由于残障人士权益委员会对《残障歧视法》的鼎力推广,政府部门和服务机构的态度朝着可喜的方向发展。不过,由于缺乏可及性导致的社会排斥以及老式的贫困问题,却依旧存在(Knight and Heaven,2002)。最新的低收入数据表明,生活在有残障成年人的家庭的工作年龄人口中,即使不考虑残障带来的额外成本,也有29%的人收入不到全国平均收入水平的一半,而在所有工作年龄人口中,该比例为19%(DWP,2002b,表5.5)①。因此,残障与贫困之间的联系还是没有被打破。

退休人员

残障老人占了残障成年人的一半,不过,人们谈到残障人士时,往往把他们给遗忘了(Grundy et al.,1999)。"都这把年纪了还能有什么期望?"人们经常听到这种说法。然而,即使在70—79岁的老年人中,也只有一半的人说他们日常生活有一些障碍。随着年龄的增长,出现机能障碍的风险会加大,但这并不等于必然会遭受社会排斥。许多年龄相同的人面临越来越多的活动障碍,并不意味着他们对生理、情感和经济支持的需要就少了。

政府对老年人所采取的反贫困政策让残障老人受益匪浅,就像反儿童贫困政策让残障儿童受益匪浅一样。1996—1997年度,有1/3的残障单身老人领取收入支持,而单身老人领取收入支持的比例为1/4:在低收入人群中,残障老人的比例偏高(Grundy et al.,1999)。因此,政府通过最低收入保障计划提升老年人领取生计调查型待遇的比率以及提高待遇水平的办法,增加了许多残障老人的收入。

像工作年龄人口一样,一些残障老人会因为残障而产生额外的费用,如怕冷需要取暖、穿衣和洗衣服,或行动不便时需要照料等。从世界范围内看,英国的做法很少见。政府规定,75—80岁的老年人领取生计调查型待遇时,待遇水平自动提高;如果年满80岁,国家基础养老金的水平也将提高(Zaidi and de Vos,2002)。之所以这样规定的原因,政府并没有明说。一种解释是,提高待遇是因为随着年

---

① 扣除住房费用后的家庭等价净收入。

纪的增长,身体健康状况会恶化,身体机能会退化,各项费用也会相应上升。残障老人除享受这些待遇外,还可领取残障人士才能享受的待遇,即发给有照料需要的人士的护理补助,以及领取生计调查型待遇时附加的残障津贴等。至于因行动不便而产生的额外支出,政府并没有提供特别的帮助,这与儿童和低于退休年龄的成年人的情形不太一样。同样,政府也没有说明为什么会有这种差别。不过,这可能与下列假设有关,即行动不便是年老的一部分,因此,应该由养老金来支付由此产生的费用。自 1997 年以来,不论是生计调查型待遇还是残障津贴,其提高速度都没有超过通货膨胀率。

在帮助残障老人生活更便利方面,社会服务的作用极为关键。社会服务提供者早上可以帮他们起床穿衣,让他们吃饭,或者照料他们的家人,让这些人能休息一会儿。社会服务则是社区照顾的支柱,大量没有报酬的照料人员也为此作出了巨大贡献。尽管社会服务的作用如此关键,然而,虽然 1999 年以来工党大幅增加了公共服务资金,可社会服务的资金没怎么增长。1996—1997 年间,国民健康服务的预算增长了 43%,而个人社会服务的预算只增加了 13%(DoH,2000)。政府已经意识到,随着人口的老龄化,需要更多的养老金支出、更多的卫生支出,然而,却没能充分意识到人口老龄化对社会照顾的影响。

一方面是不断增长的社会服务需求,另一方面却是没怎么增加的预算,为了应对此种压力,社会服务部门采取了两种办法:服务向重度残障人士倾斜,以及通过收取服务费的方式来增加收入。向重度残障人士倾斜可以理解,但其结果却是加大了没有报酬的照料人员和志愿服务的压力,而残障程度较轻的人则可能仅仅因为失去了此前享受的支持而出不了门,与世隔绝。就收费而言,审计委员会的一份报告称,收取家庭照料服务费的地方当局所占的比例从 1992—1993 年度的 74% 上升至 1998—1999 年度的 94%,收费占服务费用的比例也提高了,有近 1/3 的地方当局甚至向领取收入支持的人收取服务费(Audit Commission,2000)。这份报告发布以后,政府颁布了新的指导方针,试图确保每一个人都不会因为缴纳社会服务费而使自己的收入低于收入支持保障的水平。在苏格兰,新获得立法权的议会采取了更激进的步骤,所有人均可免费享受个人照料。权力下放促成积极变化,不知道英格兰的社会服务领域是否也会出现类似的积极变化。

在工党当政期间,虽然与残障相关的费用上升了,但与年龄和残障相关的补

153

助和津贴却没有随着基本待遇水平的提高而提高。再加上不堪重负的社会服务，可能的结果是残障老人越来越难以满足基本需要，参与社会活动和休闲的机会越来越少：恰恰是让每个人都能融入社会这一目标的反面。

政策联动？

这一部分是本章的结尾，将考察工党政策"联动"的目标到底在多大程度上实现了。政策联动涉及多个不同的分界线：残障人士和其他服务人群之间、不同年龄段人口之间、政府不同部门或者"工作"与"保障"之间。下面将依次考察这些分界线。

残障人士和其他服务人群的联动

有证据表明，政府在设法让残障儿童和处于工作年龄的残障人士"融入主流"。新出台的税额抵扣计划含有残障待遇的内容作为补充待遇，而不是另外搞一个独立的残障津贴。处于工作年龄的残障人士像其他人群一样，都要走就业服务中心那套程序。从突破残障人士和非残障人士之间的障碍而言，这固然可喜。不过，服务的质量却取决于一般工作人员在多大程度上了解残障人士所面临的各种复杂议题。来自就业服务中心的试点项目（ONE）的证据表明，与对照组相比，残障人士更有可能被当做个体看待，他们在找工作时也能获得更多的支持。然而，很少有人被转介给特殊项目或专门化的服务，处理待遇申请的时间也很长（Green et al.，2001）。

不同年龄段人口的联动

根据年龄段来提供福利，乍一看挺合理的：任何人在任意时间点上，只能属于一个年龄段，因此，只需一家机构就能满足所有人的需要。然而，这种做法有两大问题。首先，同一个家庭的成员可能分别处于两个甚至更多的年龄段，而他们的情况和需要却是彼此关联的。要消除儿童贫困，就要求消除父母的贫困；要消除父母的贫困，又得对非正式照料提供足够的支持，而这些非正式照料或是由祖父母提供的，或是提供给祖父母的。

当个人从某个年龄段向另一个年龄段过渡时，第二个问题便出来了。从过去的经验看,残障青年要从儿童时期过渡到工作生活阶段,尤为不易(Hirst and Baldwin,1994)。政府口口声声说必须给有特殊教育需要的学生制定"过渡计划",但制定计划的过程及计划的实施,却不尽如人意(Polat et al.,2001)。直到最近,政府才把残障人士和有特殊教育需要的儿童所接受的教育的质量问题摆上议事日程,虽然在今天的经济环境中,教育质量是极为重要的。没有学历和技能,许多残障人士是不可能融入社会的。

从工作生活到退休的转换,对于有健康问题的人而言,也并非易事。因为健康原因而提前退休,都快成为一种趋势了。绩效与创新中心的报告(Performance and Innovation Unit,2000)估计,提前退休的人员中,非自愿离职的有 2/3,没有企业年金的超过半数。他们陷入贫困的可能性是 50—64 岁的普通人的两倍。由于退休前的那段时光正是很多人为养老而储蓄的时间,如果提前离开工作岗位,可以用来养老的储蓄就少了,退休后贫困的可能性就大了。特别是对低技能行业的男性职工而言,更是如此(Bardasi and Jenkins,2002)。1999 年之前,失能津贴提供了某些保护,因为失能津贴一直可以领下去,直到申请人达到领取国家养老金的年龄为止,然而,这条路被《福利改革法》堵死了。除了给 50 岁以上的人士提供激励,以工作税额抵扣的方式鼓励他们回到工作岗位上外,政府没有采取任何措施去解决有健康问题的人士提前离职后面临的问题。看来只能希望这个问题自行消失了——由于制造业的衰落而深受打击的一代人,在他们五六十岁的时候,靠着失能津贴和失业保障待遇为生。等熬过了这段日子,老了,就可以享受生计调查型待遇了。

部门联动

2002 年,社会保障、税收与就业支持之间的整合程度无疑要比五年前好多了。事实上,人们很快就创造了一个新词用来指税额抵扣、社会保障待遇和福利项目的结合体。这些待遇和福利项目包括由税务局、就业与养老金部及其附属机构提供的财政支持和实物支持。然而,对于残障人士而言,依然存在一种潜在的冲突:一方面要向有关部门表明自己丧失了劳动能力或是劳动能力大不如前了——劳动能力越弱,领取的社会保障待遇越高;另一方面,有关部门又要求他们参加"就业面谈",参加从福利到工作项目。

残障人士面临的另一大部门界线,是在经济支持与卫生和社会照料服务之间

155

（本书第六章对此有详细的讨论）。从理论上说，这种部门界线依旧，但在实践中，这种部门界线正变得越发模糊。社会服务部门已经对残障人士的需要作出了回应，他们给残障人士直接发放"现金"而不是提供服务。用这笔钱，残障人士可以去购买他们想要的服务。这种做法正变得日益普遍。与残障人士获得的其他现金支持不同，服务对象有责任说明他们是如何花这笔钱的。由于有些待遇是专门用来帮助残障人士支付照料费用的，因此很难将两者区分开来，是改变这种状况的时候了。

"工作"与"保障"联动

为了让领取福利的残障人士顺利就业，政府付出了巨大的努力。在领取失能津贴期间，可以从事哪些工作？工作时间多长？对这些规定，政府都作出了调整，以便让残障人士能安心就业（主要的问题是知道或了解这些规定的人太少，导致这些做法并没有达到预期的效果，参见 Corden and Sainsbury, 2001）。在业津贴的水平提高了，申请也没那么复杂了，享受在业津贴的人数由此多起来了。

相反，如果是逆流而动，从就业转向申请社会保障待遇的话，收入将大幅下降。以前，像失能津贴等国民保险待遇可以提供缓冲。但是现在，国民保险中一些与收入挂钩的待遇取消了，而领取国民保险待遇的资格条件又变严格了，这种缓冲作用也就消失了。失业人员越来越依靠生计调查型待遇过日子，还会给夫妻俩制造一个失业陷阱：如果夫妻中的一方因为身体欠佳或残障而不得不停止工作，那么，另一方为了使全家能符合申请收入支持的条件，也将不得不放弃自己的工作。

最后，有些人可能会发现自己两头落空，既无"工作"也无"保障"。被政府视为能够工作的人而又未找到工作的人（因为消除妨碍残障人士就业的结构或态度障碍需要时间），既无法获得重度残障人士能享受的保障，也无法享受在业的残障人士享有的待遇。失业人员、提前退休人员以及在家干家务活的残障人士，都有可能陷入此种困境。通过就业服务中心把给残障人士提供的待遇和就业支持结合起来，有可能使这一问题凸显出来，但单纯靠组织机构的重组是不可能解决问题的。

总结

- 应优先解决辍学的残障学生文化水平低的问题。
- 应出台新的政策,支持因为健康和身体原因无法继续工作的人享受退休待遇。
- 从残障人士的角度看,有必要认真监督就业服务中心的运行,以确保残障人士能获得他们需要的专门救助。
- 对于想就业却需面对竞争和歧视的残障人士而言,单纯的机构重组并不足以满足他们的需要。

思考题

1. 政府致力于消除儿童贫困,为什么偏偏是残障儿童从中受益匪浅?

2. 给残障儿童设立专门学校,让他们接受教育,这种做法有何优缺点?

3. 处于工作年龄的残障人士是否必须工作?

4. 对于找工作的残障人士而言,就业服务中心该如何改进,方能助这些人一臂之力?这种做法会带来哪些新问题?

5. 是否可以将领取养老金的人视为残障人士?残障是不是年老的一部分?

参考文献

Arthur, S. , Corden, A. , Green, A. , Lewis, J. , Loumidis, J. , Sainsbury, R. , Stafford, B. , Thornton, P. and Walker, R. (1999) *New Deal for Disabled People: Early implementation*, DSS Research Report No. 106, Leeds: Corporate Document Services.

Ashworth, K. , Hartfree, Y. and Stephenson, A. (2001) *Well enough to work?*, DSS Research Report No. 145, Leeds: Corporate Document Services.

Audit Commission(2000) *Charging with care: How councils charge for home care*, London: Audit Commission.

Bardasi, E. and Jenkins, S. (2002) *Income in later life: Work history matters*, Bristol/York: The Policy Press/Joseph Rowntree Foundation.

Barnes, C. , Mercer, G. and Shakespeare, T. (1999) *Exploring disa-*

bility：*A sociological introduction*，Cambridge：Polity Press.

Berthoud, R. , Lakey, J. and McKay, S. (1993) *The economic problems of disabled people*, London：Policy Studies Institute.

Blackburn, V. , Child, C. and Hills, D. (1999) *New deal for disabled people*：*Early findings from the innovative schemes*, In-house report No. 61, London：DSS.

Burchardt, T. (2000) *Enduring economic exclusion*：*Disabled people*, *income and work*, York：York Publishing Services for the Joseph Rowntree Foundation.

Burchardt, T. and McKnight, A. (forthcoming) *The impact of the national minimum wage on disabled workers*, CASE paper, London：Centre for Analysis of Social Exclusion, London School of Economics and Political Science.

Corden, A. and Sainsbury, R. (2001) *Incapacity Benefits and work incentives*, DSS Research Report No. 141, Leeds：Corporate Document Services.

Davis, J. and Watson, N. (2001) "Where are the children's experiences? Analysing social and cultural exclusion in 'special' and 'mainstream' schools", *Disability and Society*, vol. 16, no. 5, pp. 671—687.

Dobson, B. and Middleton, S. (1998) *Paying to care*：*The cost of childhood disability*, York：York Publishing Services for the Joseph Rowntree Foundation.

DoH (Department of Health) (2000) *Departmental Report*：*The government's expenditure plans 2000—2001*, Cm 4603, London：The Stationery Office.

DoH(2001) *Valuing People*：*A new strategy for learning disability for the 21st century*, Cm 5086, London：The Stationery Office.

DRC(Disability Rights Commission) (2002) *Disability Briefing*：*May 2002*, London：DRC.

DWP(Department for Work and Pensions) (2000) *New Deal for Disabled People*：*Prospectus*, London：DWP.

158

DWP(2002a) *Pathways to work: Helping people into employment*, Cm 5690, London: The Stationery Office.

DWP(2002b) *Households Below Average Income 1994/95—2000/01*, Leeds: Corporate Document Services.

Gordon, D., Parker, R., Loughran, F. with Heslop, P. (2000) *Disabled children in Britain: A re-analysis of the OPCS Disability Surveys*, London: The Stationery Office.

Green, H., Marsh, A. and Connolly, H. (2001) *The short-term effects of compulsory participation in ONE*, DWP Research Report No. 156, Leeds: Corporate Document Services.

Grundy, E., Ahlburg, D., Ali, M., Breeze, E. and Slogett, A. (1999) *Disability in Great Britain: Results from the 1996/97 disability follow-up to the Family Resources Survey*, DSS Research Report No. 94, Leeds: Corporate Document Services.

Hedges, A. and Sykes, W. (2001) *Moving between sickness and work*, DWP Research Report No. 151, Leeds: Corporate Document Services.

Hirst, M. and Baldwin, S. (1994) *Unequal opportunities: Growing up disabled*, London: HMSO.

Inland Revenue(2002) *Disabled Person's Tax Credit Statistics Quarterly Enquiry: United Kingdom October 2001*, London: Inland Revenue.

Knight, J. and Heaven, C. with Christie, I. (2002) *Inclusive citizenship: The Leonard Cheshire Social Exclusion Report 2002*, London: Leonard Cheshire.

LPC(Low Pay Commission) (2000) *The National Minimum Wage: The story so far*, Second Report of the LPC, Cm 4571, London: The Stationery Office.

Meager, N., Doyle, B., Evans, C., Kersley, B., Williams, M., O'Regan, S. and Tackey, N. (1999) *Monitoring the Disability Discrimination Act(DDA) 1995*, DfEE Research Report No. 119, London: DfEE.

PIU(Performance and Innovation Unit) (2000) *Winning the generation*

159

game: *Improving opportunities for people aged 50—65 in work and community activity*, London: The Stationery Office.

Polat, F., Kalambouka, A., Boyle, W., and Nelson, N. (2001) *Post-16 transitions of pupils with special educational needs*, DfES Research Report No. 315, Nottingham: DfES.

Rowlingson, K. and Berthoud, R. (1996) *Disability, benefits and employment*, DSS Research Report No. 54, London: The Stationery Office.

RNIB(Royal National Institute for the Blind)/RADAR(Royal Association for Disability and Rehabilitation) (1995) *Access to equality: An analysis of the effectiveness of the Access to Work scheme*, London: RNIB/RADAR.

Zaidi, A. and de Vos, K. (2002) "Income mobility of the elderly in Britain and the Netherlands", Paper to Welfare Policy and Analysis seminar, London School of Economics and Political Science, June.

网络资源

就业与养老金部　　　　　　　　www. dwp. gov. uk

残障权益委员会　　　　　　　　www. drc. org/drc/default. asp

税务局　　　　　　　　　　　　www. inlandrevenue. gov. uk

残障人士新政　　　　　　　　　www. newdeal. gov. uk

第九章
造福儿童？儿童社会保障面临的挑战[*]

概要 工党政府承诺到 2020 年消除儿童贫困。这一承诺导致了重大的福利改革,这些改革的核心是通过税收和福利待遇体系改变对儿童及其家庭的支持。本章内容包括:

- 探讨国家为什么要给儿童提供社会保障支持,如何给儿童提供社会保障支持,反思通过家庭给儿童提供支持这种做法所面临的挑战;
- 考察工党的福利改革对儿童生活及福祉的影响;
- 考察给儿童提供福利的新方式,比如试图给儿童创建一个"无缝支持体系"的儿童税额抵扣计划,以及直接以儿童为目标人群的教育维持津贴。

导言:国家对儿童的支持

在 21 世纪初,如何才能给儿童提供最好的国家保护和支持,这一问题在政策议程中的讨论非常热烈。工党承诺要在 2020 年终结儿童贫困,这让辩论继续升温:政府应给儿童及其家庭提供什么样的经济支持,这种支持的水平多高为宜。那场辩论的核心是,如何才能实现政府对儿童的支持与政府介入家庭私人生活领域两者之间的平衡。政府的支持过多,可能会鼓励人们多生小孩(在有些国家,因为孩子多而利用社会保障体系被认为是合情合理的),或者加大家庭解体的风险。政府的支持太少,儿童听任各家各户变幻莫测的家庭条件的摆布,其社会权利和社会价值无从谈起。因此,给儿童及其家庭提供经济支持,"与自由、依赖、照料和相互责任等根深蒂固的道义和意识形态问题是密不可分的"(Smith, 1998:16)。

161

---

[*] 本章作者为苔丝·李奇,巴斯大学研究员。详见 http://staff.bath.ac.uk/ssstmr/。

社会保障影响着儿童生活的许多方面，而给儿童提供的待遇类型和支持水平都存在显著的差异。儿童的社会保障待遇可划分为几种不同的类型，不同类型的待遇有着不同的规则、目标与政策意图，有不同的待遇水平，对公平的影响也不同。资料框 9.1 表明，国家给儿童提供的支持可以多种多样，可以提供儿童津贴，儿童津贴表明公众同意由全社会来分担养育子女的成本。国家也可以提供儿童支持，要求家庭承担起抚养子女的经济责任。儿童还可以通过子女补助获得支持，这些补助与其父母能领取的某些待遇挂钩，父母要领取这些待遇，前提是其婚姻、就业状况和行为符合领取条件。如像工作家庭税额抵扣这样的在业津贴面向的是每周就业 16 小时以上的低薪父母。如果儿童的父母靠最低水平的生计调查型救助（如收入支持）过活，儿童还可以获得像免费校园餐之类的非现金待遇。

资料框 9.1　国家给儿童提供的待遇

- 儿童津贴：每个儿童均可享受，以承认养育子女的成本。
- 社会支持与社会救助：给未就业的低收入家庭提供的支持（如收入支持和求职者补助）中，包括了一些生计调查型的儿童补助。
- 在业津贴：给工资收入低的家庭提供的生计调查型儿童补助，如工作家庭税额抵扣、残障人士税额抵扣。
- 实物福利：给低收入儿童提供的生计调查型非现金福利，如给享受收入支持的儿童提供的免费校园餐。
- 直接发钱：一种相对较新的生计调查型待遇，直接把津贴或补助发给 16—18 岁儿童，鼓励他们继续上学。比如，上学补助。
- 儿童支持：政府不发放现金，但直接介入到家庭关系的"私人"领域。其目标是确保不与子女生活在一起的父母承担子女的抚养费用。该项政策影响领取社会救助的单亲家庭的儿童。

面向儿童的社会保障待遇：受益人数与支出水平

社会保障在大多数儿童的生活中都发挥着重要作用，而收入调查的增多，则让越来越多的儿童及其家庭靠领取生计调查型救助生活（Walker with Howard, 2000）。有未满 16 周岁子女的父母都有权领取儿童津贴。不过，许多儿童的经济保障福祉还取决于其他社会保障项目。表 9.1 列举了 2001 年社会保障给儿童提供的主要项目类型及领取人数。该表表明：

- 700 多万家庭的 125 万儿童领取每周发放的儿童津贴；
- 超过 500 万的儿童(占 16 岁以下儿童总数的 40％)生活在领取生计调查型待遇的家庭；
- 250 万儿童生活在领取工作家庭税额抵扣的家庭，另有 250 万儿童生活在领取生计调查型待遇的家庭；
- 生活在享受工作家庭税额抵扣的家庭的儿童中，140 万生活在双亲家庭，110 万生活在单亲家庭；
- 生活在领取社会救助(包括收入支持、求职者补助和残障津贴)的家庭中的儿童，多数(180 多万)生活在单亲家庭。约有 65 万儿童生活在领取社会救助的双亲家庭，主要是领取疾病待遇和残障待遇的家庭(40.8 万)。

表 9.1　2001 年社会保障给儿童的支持

	儿童数[a]	夫　妻	单亲父母	16 岁以下儿童数	16 岁以下儿童占的百分比
儿童津贴	12 520	—	—	11 308	100
工作家庭税额抵扣	2 528	1 415	1 113	2 352	20
享受主要待遇的儿童数[b]	2 512 653	1 809	2 343	20	
失业保障	200	184	16	178	2
疾病/残障待遇	659	408	199	588	5
单亲家庭	1 593	—	1 593	1 523	13
其他	61	60	1	55	—

注：[a] 包括未满 16 岁儿童及领取待遇的 16—18 岁的全日制学生。
　[b] 主要待遇包括：求职补助、失能津贴、重度残障补助、残障生活补助和收入支持(DWP，2001a)。
资料来源：Inland Revenue(2001)；DWP(2001a)。

　　2001—2002 年度，儿童的待遇支出为 1 370 万英镑(不包括工作家庭税额抵扣以及由税务局主管的残障人士税额抵扣项目给儿童的支出)。1991—1992 年度至 2001—2002 年度，儿童的待遇支出增加了 66％(DWP，2002a)。鉴于政府为兑现消除儿童贫困的承诺，增加的待遇支出越来越多地向低收入家庭的儿童倾斜，儿童待遇支出还将继续增长。在各项开支中，儿童津贴的支出占了大头，2001—2002 年度达到了 82 亿英镑(DSS，2000a)。

国家为什么给儿童提供支持？

儿童是主要面向儿童父母的社会保障待遇的受益人，因此，给儿童提供的社会保障支持的性质与水平主要取决于与成年人相关的议题，这些议题包括劳动力市场考虑（比如，维持工作动机、降低工资要求）、家庭和性别议题（如给母亲提供收入或强化父母的责任）等。同样，财力、道义及政治上的考虑也主导着给儿童提供的待遇与支持。比如，零就业家庭领取的社会救助的水平向来就很低，以维持工作动机。这种"较差待遇"原则①对于生活在失业家庭中的儿童有严重影响，因为失业家庭一直就是特别穷的群体（Gregg et al.，1999）。

因此，一般而言，儿童本身很少成为社会保障待遇的主要焦点。而且，即使儿童成为社会保障的主要焦点，其潜在的目标也可能是多种多样的，这些目标受到了人们有关儿童及童年的不同观念的影响。资料框 9.2 列举了针对儿童的社会保障政策的可能目标与政策意图。我们将依次进行讨论。

资料框 9.2　给儿童提供社会保障支持的可能目标

- 缓解贫困；
- 投资于儿童；
- 承认养育子女的成本；
- 资源再分配；
- 取代或让父母承担抚养责任；
- 公民权与儿童权利；
- 奖励。

缓解贫困

面向儿童的社会保障待遇始于 20 世纪初，当时，儿童贫困的范围和严重程度开始引起人们的密切关注，儿童福利成了一项重要政策议题（有关家庭津贴的发展变化及儿童福利待遇的早期规定，参见 MacNicol，1980；Brown，1984）。当儿

---

① "较差待遇"原则源自 1834 年的《济贫法》改革，其目标是确保领取贫困救助的人的生活状况应比拿底薪的从业人员差（Hill，1994）。

童及其家庭由于工资低、失业、疾病、残障和失去亲人等原因而可能陷入贫困时，社会保障可以在支持儿童方面发挥重要作用。不同的社会、经济和人口因素影响着贫困儿童的机会。这些因素包括：生活在单亲家庭，生活在少数民族家庭，生活在人口多的大家庭，生活在家人中有人长期患病或残障的家庭，或者生活在零就业家庭或靠可怜的工资维持生计的家庭（Gordon et al.，2000；Howard et al.，2001，Millar and Ridge，2001）。这些因素不是孤立的，而是彼此交叉、相互强化的（Ridge，2002）。不过，虽然这些特征都很重要，但儿童贫困的程度还取决于各国劳动力的供给及工资水平，以及各国政府为减轻父母养育子女的经济压力而提供的税收安排和待遇计划（Bradshaw and Barnes，1999）。所有经济发达国家都通过税收和待遇体系给儿童提供了支持，并且如布雷德肖（Bradshaw，1999）所说的那样，"儿童贫困并非不可避免。各国或多或少都要作出选择，即他们想在多大程度上运用社会政策和财政政策，以缓和转移支付之前的各种力量的影响"（p.396）。

投资于儿童

政府给儿童提供财政支持的另一个理由是：投资于儿童，也就是投资于未来。财政大臣戈登·布朗突出强调了投资于儿童的重要意义。他说，现代经济纷繁复杂，未来的劳动力必须掌握更多的知识和更好的技能；因此，今天在儿童身上的投资，将确保英国经济未来的活力。在这个意义上，儿童不是家庭专有的一件私人物品，而是大家共同的利益，关系到全社会未来的福祉（Brown，2000）。

在英国社会政策中，将儿童视为"投资"的观念可谓司空见惯。在国家重建的时候，在人们为国家的前景忧心忡忡的时候，这种观念就应运而生了（Daniel and Ivatts，1998）。人们呼吁"投资"于儿童，与其说是为了儿童好，莫如说是为了未来的经济繁荣和社会稳定。不过，将今天的儿童视为未来的成年人，这会促使政府出台相关的政策，更加关注儿童长大成人后的结果，而不是应对童年时的需要和体验（Ridge，2002）。

承认养育子女的成本

意识到生儿育女的成本以及生儿育女的社会意义，社会保障也可以给有儿童的家庭提供支持。然而，问题又来了，现在的待遇水平是否足够？如何平衡父母的责任与国家的支持之间的关系？抚育子女的花销是很可观的：1997 年，一个小孩年满 17 岁时，可能已花了 5 万英镑（Middleton et al.，1997）。尽管政府用于儿童的财政支出在上升，然而，抚育子女的主要费用还是由父母承担的（Smith，1998）。根据公认的基本必需品清单（参见 Middleton et al.，1994，1997；Gordon et al.，2000）或者根据"预算标准法"评估不同类型的家庭养育子女的合理费用，由此评估儿童的需要（Oldfield and Yu，1993；Parker，1998）。全国贫困与社会排斥调查列举了各种各样的需要，从食物、衣服到社会参与、发展刺激和良好的成长环境等（Gordon et al.，2000）。

人们用"公认的"必需品清单来建构儿童剥夺指数。如果儿童缺乏其中的一种或多种必需品，就被视为贫困儿童。据此定义，2000 年，英国有 34％的儿童生活在贫困中，有 18％的儿童缺乏两种或两种以上的基本必需品（Gordon et al.，2000）。历史上，给儿童提供的社会保障支持向来就远远低于养育子女的成本（参见 Middleton et al.，1997；Dobson and Middleton，1998；Parker，1998）。

资源再分配

社会保障也可以用于在不同人群间进行资源再分配。资源从高收入人群流向低收入人群的"垂直再分配"在支持低收入家庭的儿童方面发挥了重要作用。不过，资源从没有子女的家庭流向有子女的家庭的"水平再分配"，同样有利于儿童（参见 Sainsbury，1999）。为了确保儿童的利益，关键是找到垂直再分配和水平再分配之间的恰当组合，以及其他维度的资源再分配的恰当平衡。

取代或让父母承担抚养责任

当父母离异时，社会保障可以给儿童提供支持。这是社会保障在家庭福利方面起的另一个重要作用。随着单亲家庭的增多（参见本书第二章），社会保障所起的作用越来越大，这种作用有时会引起争议。直到 20 世纪 90 年代后期，子女的抚养责任问题一直由法院来裁定和执行。单亲母亲或父亲申领收入支持时，经办机构会要求当事人向"有抚养义务的亲属"（通常是离婚的丈夫或未婚的孩子父亲）寻求支持。

1991 年的儿童支持法引入了一项制度。根据这项制度，儿童支持的水平将根据标准公式计算。新设立的儿童支持署附属于社会保障部，负责该制度的日常管理。申领社会保障的单亲父母必须与儿童支持署合作(有关该法的总体情况,参见 Garnham and Knights, 1994 and Barnes et al., 1998)。引入这项政策的理由是,孩子的父亲虽然没有跟子女住在一起,却有责任承担子女的抚养费用(Ford and Millar, 1998)。然而,除了这些伦理道德的理由外,还有一个财政上的原因,那就是用于单亲家庭的社会保障支出居高不下(Garnham and Knights, 1994)。

事实证明,这种颇有争议的做法并不成功。既未能让孩子的父亲承担起抚养子女的责任,也未能提高单亲家庭儿童的收入。对单亲家庭的研究表明,只有 1/3 的单亲父母能够获得另一方定期给的子女抚养费,而《儿童支持法》并没有改变这种状况(Millar and Ridge, 2001)。就收入而言,领取收入支持的家庭的收入并没有增加,因为政府在发放收入保障金时,会直接扣除子女的抚养费。再者,孩子的父亲因为政府强制自己抚养孩子而郁闷,在这种情况下,孩子有时候会跟自己的父亲失去联系(Clarke et al., 1994)。除此而外,还有就是"待遇惩罚"的问题,孩子的母亲如果没有充分配合儿童支持署的工作,可能会遭受惩罚。这会导致生活在这些家庭的孩子过一段时间的苦日子。因此,虽然出台《儿童支持法》的初衷是保护单亲家庭儿童的福祉和利益,但最终的结果却是儿童的需要和权益并没有摆在政策议程的优先位置。

工党政府计划对此进行改革,包括简化计算抚养责任的公式,降低离异父母的抚养费,允许靠收入救助过活的单亲父母从儿童的抚养费中扣除 10 英镑(DSS, 1999a)。有多种发放儿童抚养费的方式。对儿童最有利的方式是由政府先保证抚养费的发放,然后再向不住在一起的父亲或母亲追偿。政府还可以承担儿童的全部抚养费用,不再让儿童的生父母出钱,由此来确保当家庭生活出现问题时,孩子的利益能得到保护。

公民权与儿童权利

更激进的方案提出,儿童的支持应该基于公正原则、公民权和儿童权益的理念。这意味着承认社会有责任分担抚养儿童的成本,并给儿童提供属于他们自己的支持。从儿童权益的角度看社会保障待遇,难免又要提到待遇水平是否够用的问题,因为儿童和青少年有权获得社会保护,有权获得足够高的生活水平,不论他们父母的收入水平如何,其他条件怎样(Daniel and Ivatts, 1998)。李斯特认为,应当把儿童津贴视为儿童"公民权的象征"(Lister, 1990:59)。然而,儿童津贴及

167

其前身——家庭津贴,问世以来一直有起落(参见 MacNicol,1980;Brown,1984)。尽管如此,对于许多低收入家庭来说,儿童津贴起了极为关键的作用。当家庭经济困难时,儿童津贴提供了急需的支持,给家庭带来了稳定(Bradshaw and Stimson,1997)。然而,很少有人把儿童津贴视为给儿童的待遇;人们总是把儿童津贴与其他问题搅在一起:性别和就业议题、围绕母亲责任的争论,以及家庭内部资源分配的"钱包和钱夹子"问题(Daniel and Ivatts,1998)。即使把儿童津贴视为一种对儿童的福利待遇,谈的也都是将此作为对未来的投资,而不是将其作为儿童权益和儿童公民权的重要元素(Daniel and Ivatts,1998)。

奖励

最后,社会保障给儿童的待遇,应用于鼓励人们养成某些行为,或是对这些行为进行表彰。对于申领社会保障待遇的成年人而言,这种做法并不新鲜;然而,将社会保障待遇用于对儿童和青少年的激励,确是一种新的政策举措。像上学补助(下文会细说)以及拟议的儿童信托基金①(Treasury,2001b)等政策,目的就是为了鼓励儿童和青少年养成某些行为,并对此予以表彰。儿童信托基金可能要与国民教育课程中的理财教育相挂钩,用以培养儿童的理财能力,鼓励儿童养成定期储蓄的习惯。颇有争议的做法是,根据现在的提案,当儿童逃学时,就会对父母进行经济惩罚,扣除儿童津贴。美国试过这种做法(美国人称之为"学费"),孩子逃学的话,就罚父母的钱,但并没取得预期的效果。对于正在想方设法应对贫困和逆境的低收入家庭来说,取消他们领取儿童津贴的资格,是不可能改善亲子关系的(CPAG,2002)。

工党与对儿童的支持

1997 年工党上台时,英国的儿童贫困率高居发达国家之首(Bradbury and Jäntti,2001;Bradshaw,2001)。保守党长达 20 年的自由市场经济政策使得儿童

---

① 政府提议设立儿童信托基金,以鼓励儿童(及其父母)进行储蓄和投资。儿童出生后,政府将给儿童一笔钱,存入一个储蓄账户,等儿童年满 18 岁后方可动用。政府鼓励儿童及其父母将钱存入这个账户,养成定期储蓄的习惯。对于低收入家庭,国家将在儿童生命的关键阶段(比如,5 岁、11 岁和 16 岁)提供额外的支持(HM Treasury,2001a)。

贫困率翻了三倍，因为经济条件和人口结构的变迁，受害的主要是儿童（Oppen-heim and Harker，1996；Walker and Walker，1997；Millar，2001）。1998—1999年，约有 450 万儿童（超过儿童总数的 1/4）生活在贫困家庭中（扣除住房费用后，收入不到英国家庭平均收入的一半）（DSS，2000a）。

起初，工党对儿童的福利并没有表现出明显的兴趣。事实上，在他们出台的第一批法案中，就有一项法案是废止给单亲父母发放单亲津贴和单亲补助，这削弱了单亲家庭能够获得的经济支持（Millar and Ridge，2002）。然而，1998 年，意识到儿童贫困率的急剧上升，布莱尔首相宣布，政府将在 20 年内根除儿童贫困（Blair，1999）。接着，签署了一项公共服务协议，承诺在 2004 年前至少将儿童贫困减少 1/4（DSS，2000b）。为了监测反贫困政策的效果，工党每年都发布一份贫困监督报告——《机会人人有》，提出了测量儿童福利状况的具体指标（DSS，1999b）。

工党根除儿童贫困的承诺，将儿童及其家庭置于政策过程的中心，并对福利体系进行了重大改革。政府改革议程的核心是出台一系列促进就业的政策举措（比如，全国最低工资标准、新政的各个项目），并对税收和待遇体系进行了大刀阔斧的改革，以确保就业有其酬。政府还给最需要帮助的人提供了额外的救助（HM Treasury，1999，2000）。这些改革彻底改变了政府支持儿童的方式。资料框 9.3 简要列举了 1997 年以来有关儿童社会保障和财政支持的主要变化①。

工党的从福利到工作政策与儿童

工党政策议程的核心是促进就业，以帮助"零就业"家庭的儿童摆脱贫困（参见本书第五章）。为了给就业的父母，特别是单亲母亲提供支持，政府发起了儿童照料国家战略，政府投入巨资，为 0—14 岁的儿童提供照料服务。然而，对工党而言，提供高质量、人们承受得起的儿童照料，却是有争议的。而且，尽管儿童照料服务总体上增加了，可还是有相当大的缺口。比如，1997 年工党上台时，8 岁以下的儿童中，1/9 能获得儿童照料服务；而到 2001 年，能获得儿童照料服务的也只有 1/7（Daycare Trust，2001a；Land，2002）。儿童照料税额抵扣计划旨在减轻享

---

① 除此之外，在国家给儿童提供支持的其他领域（这里不做展开）也有显著的变化。这些领域主要包括：良好的开端项目、教育行动区、健康行动区、儿童照料国家战略以及国立家庭与教养研究所（DSS，1999b；Millar and Ridge，2002）。

资料框 9.3　1997 年以来给儿童的社会保障与财政支持的变化

- 取消给领取收入支持的单亲父母提供的单亲补助;取消发放给有工作的单亲父母的单亲津贴。

- 提高儿童津贴(所有儿童均可享受的现金待遇)。1997 年,最大的孩子可以享受的待遇水平为 11.05 英镑,2002 年为 15.75 英镑,其他孩子每人 10.55 英镑。由就业与养老金部负责管理。

- 提高给儿童的收入支持水平,不再区分 11 岁以下儿童与 16 岁以下儿童。1997 年,11 岁以下儿童的待遇标准是每周 16.9 英镑,16 岁以下儿童为 24.75 英镑。2002 年,所有 16 岁以下儿童均为每周 33.5 英镑。由就业与养老金部负责管理。

- 将生育补助从 100 英镑提高到 500 英镑。现在称其为"良好开端生育补助",是生计调查型待遇。要享受补助的话,儿童的母亲或其配偶须了解医生、接生员或健康访员介绍的儿童保健信息。由就业与养老金部负责管理。

- 子女税额抵扣。该政策取代了夫妻补助,面向有孩子的纳税家庭。待遇标准为每周 20 英镑,每年 1 000 英镑。如果有哺乳期儿童,每周加 10 英镑(HM Treasury, 2001a)。由税务局负责管理。

- 用工作家庭税额抵扣取代了家庭救济金。提高了待遇水平,包括儿童照料税额抵扣,以支付儿童照料费用。由税务局负责管理。

- 儿童税额抵扣。将子女税额抵扣、收入支持、求职补助、残障人士税额抵扣、工作家庭税额抵扣等项目中的儿童待遇合而为一。由税务局负责管理。

- 儿童基金。财政部发起的计划,面向 5—13 岁儿童的预防干预,头三年的预算达 4.5 亿英镑。由儿童和青年中心负责管理。

- 上学补助。起初在 15 个地区试点,2004 年在全国铺开,属生计调查型待遇,给上高中或大学的 16—18 岁儿童发放现金。由各地教育部门负责管理。

- 改革儿童支持系统。简化了计发办法,规定领取收入支持的家庭可以享受 10 英镑的收入豁免,以支付儿童抚养费用。

受工作家庭税额抵扣项目的家庭的儿童照料费用,2002 年,儿童照料税额抵扣相当于儿童照料费用的 70%,如果只有一个孩子,每月最高 135 英镑封顶,如果孩子有两个以上,每月 200 英镑封顶。不过,这笔钱只用于支付正规的儿童照料服务,问题是许多家庭并不找正规机构照料孩子(参见 Millar and Ridge,2001)。再有,正规的儿童照料的费用节节攀升。这意味着,即使有儿童照料税额抵扣计划来补贴一部分费用,但对于多数家庭来说,还是负担不起的(Daycare Trust,2001b)。工党以就业为反贫困议程的核心,对专门在家照看孩子的父母一点支持也没有,这种做法也不乏反对意见(Hirsch,1999;Lister et al.,1999;Piachaud and Sutherland,2000)。再者,就业并不能保证儿童及其家庭摆脱贫困;2000—2001 年,生活在有人就业的家庭的儿童中，有44%的收入低于收入中位数的60%（扣除住房费用后）（DWP，2002b）。父母就业率高，对孩子也未必有利；越来越多的儿童在机构中接受照料又引发了人们的担忧，担心低收入儿童获得的照料服务质量不好，怕有些儿童"工作周"过长，比如，要参加早餐俱乐部、课后俱乐部，以及往返儿童照料中心的时间成本太高等（Ridge，2002）。眼下，新政对单亲父母还没有什么强制措施；然而，任何强制性的做法都可能导致单亲父母因为未遵从政府的规定而遭受"待遇惩罚"，悖论在于，贫困儿童将发现，家庭收入又少了。

对"零就业"家庭儿童的支持

许多父母，特别是单亲母亲及有残疾人的家庭，面临许多就业障碍（Millar and Ridge，2001）。因此，对于零就业家庭的儿童，也应给其提供更好的保障和支持。生活在"零就业"家庭中的儿童，领取的各种补助显著增多了。研究表明，对儿童，特别是低龄儿童，政府提供的收入支持并不足以满足儿童的需要（Middleton et al.，1997）。因此，工党提高了儿童津贴的水平，取消了待遇水平与年龄挂钩的做法，所有16岁以下的儿童都领取一样的津贴（HM Treasury，2001a）。1997年至2001年间，政府给低龄儿童提供的收入支持水平提高了80%（Lister，2001）。

显然，1997年以来税收和待遇体系的变化，导致了再分配向有儿童的家庭倾斜（Millar，2001），提高了儿童的待遇水平。新出台的儿童税额抵扣计划，标志着资源分配进一步向儿童倾斜；工党还计划在计算申领收入支持和求职补助的家庭的收入时，儿童津贴不计入家庭收入。这对低收入家庭的帮助极大，并纠正了待遇体系的一大不公（HM Treasury，2002a）①。

然而，尽管给儿童提供的资源增加了，还是有不少人担心收入支持或求职补助给成年人的待遇水平太低（Veit-Wilson，1998；Land，1999；Holman，2000）。成年人享受的收入支持的水平并没有提高，依旧远低于政府的贫困线，即收入中位数的60%（Piachaud and Sutherland，2001）。这必然会削弱儿童津贴水平提高的影响，因为无法将儿童津贴与家庭总收入分开来。再有，许多低收入家庭债台

171

---

① 儿童津贴是普惠型的免税待遇，所有有儿童的家庭都可享受。不过，领取收入支持和求职者补助的家庭领取救济金时，会被扣除儿童津贴。儿童税额抵扣计划生效后，就不是这样了。

高筑，发给他们的津贴还要扣除各种设施的使用费和社会基金贷款，由此导致家庭收入的减少；这意味着，他们并不能充分享受这些变化带来的好处（参见 Mannion et al.，1994；Millar and Ridge，2001）。当然，要说这些变化对生计调查型待遇水平有何影响，还为时尚早。不过，用来衡量待遇水平高低的基准，即"可接受的低成本"预算，未必就是社会希望的儿童保障水平。从儿童权益和公民权的角度说，我们希望继续前进，提高逆境儿童的保障水平，使其接近其他儿童的平均水平。

给儿童及青年的新型经济支持

为了给儿童和年轻人提供保障，工党进行了大刀阔斧的改革，其中两项措施特别显眼：一是儿童税额抵扣计划，二是上学补助。这两项措施与工党的从福利到工作的改革及儿童减贫的措施是同步推进的。接下来将探讨这两项政策的具体内容及其对儿童和青少年的影响。

儿童税额抵扣计划：给儿童一个无缝支持体系

工党 1997 年上台时，英国的社会保障体系是错综复杂的。福利改革彻底改变了社会保障待遇的计发方式，使英国社会保障体系发生了重大变化，工党新推出的儿童税额抵扣计划（2003 年 4 月开始实施）又将福利改革推进了一步。财政部认为，"新的体系如行云流水般完美，它将给儿童提供一个稳定的收入来源，不论儿童的父母是否就业。它将促进就业，使人们不会再因为生儿育女而抬不起头"（Primarolo，2001）。

儿童税额抵扣计划的主要特征如下：

- 儿童津贴仍将是有未成年子女的家庭都能享受的"普惠型待遇"。其他儿童福利待遇将合而为一；求职者补助、收入支持以及工作家庭税额抵扣项目或者 DPTC 中的儿童待遇部分将累加起来，构建一个"无缝统一支持体系"。该项待遇由税务局负责发放。

- 儿童税额抵扣将发给所有低收入家庭，不论父母的就业状况如何。这对许多靠收入支持或求职补助过日子的家庭很有利，因为此前，由于没有就业，他们领取的儿童津贴要比有人就业的低收入家庭少。比如，一个有两名未满 16 岁的孩子、靠收入支持项目过日子的家庭，每周可以多领 9 英镑（HM

Treasury，2002a）。

● 取消工作家庭税额抵扣项目，实施新的工作税额抵扣项目。税额抵扣将面向就业的低收入成年人，没有子女的人士也可以享受（与工作家庭税额抵扣计划不同）。"未就业的"低收入成年人将领取成年人的收入支持待遇或求职补助。两者都可以领取儿童税额抵扣和儿童津贴。

● 受助资格将根据"轻触式"收入调查来确定，税收返还的信息将用于每年一度的资格审核。在接下来的一年里，待遇水平将保持不变，除非情况发生了显著变化（比如，家庭收入的显著上升或下降）。

与此前的儿童社会保障安排相比，儿童税额抵扣项目可谓独树一帜。它在消除儿童贫困方面发挥着重要作用，待遇水平也要比此前的各种待遇高。它的发放方式（税额抵扣）也着眼于消除耻辱烙印，提高利用率。它将有助于促进低收入父母就业，并且有助于增进社会融合，因为它对所有家庭都一视同仁（Millar，2001）。抵税金额将发放给孩子的主要照料人（通常是妇女），这就解决了"钱包和钱夹子"的问题，因为直接发给孩子的主要照料人使钱更有可能花在孩子身上（Goode et al.，1998）。它同时也承认，社会有责任抚养下一代。不论父母是否就业，儿童都应获得稳定的支持（有关儿童税额抵扣的深入讨论，参见 Hirsch，2000；Brewer et al.，2001；Millar，2001）。

不过，儿童税额抵扣计划不是一种"普惠型"的待遇，而是要经过收入调查的。与生计调查相比，收入调查是"轻触式"的。它引入了一种新的做法，即工党所说的"累进式普惠"（HM Treasury，2002a）[1]。与生计调查相比，收入调查能让更多的儿童受益，但不是让每个儿童都有权受益。宽松的收入调查意味着，即使年收入高达 5.8 万英镑的家庭，也可以领取儿童税额抵扣（HM Treasury，2002a）。儿童津贴是继续发放，还是在资源竞争中败下阵来，尚待观察。如果任由儿童津贴自生自灭，那么，把儿童津贴视为儿童的一种公民权、给所有儿童（不论儿童父母的身份）提供"普惠型"支持的原则，将不复存在。

同样，儿童税额抵扣的管理、待遇的计发也可能出问题。有人担心，税务局是否有足够的能力对一年间家庭收入和家庭状况的变化作出反应（Whiteford et

173

---

[1] 这意味着政府会给所有有儿童的家庭提供支持，但会通过有些严格的收入调查的办法，给最需要帮助的家庭提供最大的帮助（HM Treasury，2002a：4）。

al.，2003；本书第七章）。这样，收入调查和待遇计算方面的不确定性会使社会保障体系更加错综复杂，而不是人们所希望的透明、简便。

上学补助

上学补助是新出台的一个项目，旨在鼓励低收入家庭的孩子继续上学，提高技能水平，增强就业能力。上学补助直接发放给儿童，每周补助不超过 40 英镑。因此，它的做法与政府给儿童提供的其他支持很不一样，其他支持都要经过父母的手。上学补助的对象是低收入家庭中正在上中学或大学的 16—19 岁青年。上学补助项目尚处于试点阶段，目前正在 56 个地方试点。各地的试点方案各有侧重。在有些地方，每周直接把补助金发给青年学生；另一些地方则把补助金发给孩子的父母。补助金额因父母的收入水平而异。年收入低于 1.3 万英镑的家庭可享受全额补助。年收入介于 1.3—3 万（伦敦试点是 2 万）英镑之间的家庭，补助金额逐渐减少，最少每周补助 5 英镑。最高补助额介于 20—40 英镑之间。有些试点地区还发放"持之以恒"奖金以鼓励学生去上课，如果成绩好，还有奖学金。有些试点地区会补助交通费。为了鼓励青年学生遵规守纪，制定了惩罚措施。学生必须签署"学习协议"，内容包括学习目标、项目截止期限、出勤要求。如果违反协议（如不去上课），就会减少甚至停发补助金。多种多样的试点方案有助于人们弄清楚，用发放津贴、补助的方法来鼓励、控制特定群体的行为到底有多大的作用。

对项目的评估表明，项目对年轻人继续上学有积极的作用。不过，要评估项目对青年人学业的影响，还为时尚早（参见 Ashworth et al.，2001；Legard et al.，2001；Maguire et al.，2002）。2004 年 9 月，该项目将在全国铺开，起步资金达 6 亿英镑（HM Treasury，2002b）。不过，上学补助项目的资金来源，可能会通过下述办法来筹集：对于低收入家庭以外的其他家庭，取消这些家庭 16 岁以上尚在上学的子女的儿童津贴（HM Treasury，1998）。舆论认为，这是对中等收入家庭偷偷征税，因此是不公正的，而且会加剧社会分化（Elliott，2002）。对上学补助的评估已经表明，确实有迹象表明，上学补助导致了拿补助的学生和没拿到补助的学生群体之间的分化（Maguire et al.，2002）。

上学补助项目凸显了一份独立的收入对于青年人长大成人而言的特殊价值。对项目的定性评估表明，把补助金发给青年人有助于增强他们的自立能力和理财能力。相反,如果把补助金发给父母,青年人的自立能力会受影响(Legard et al.,2001)。然而,如果把补助金发给父母,而父母又能用于家庭花销的话,上学补助对家庭经济状况的影响甚大,虽然把补助金发给青年学生时,父母也可以因此少给孩子钱,从而间接影响家庭的经济状况(Legard et al.,2001)。对于有些家庭来说,显然得靠上学补助来维持"温饱"。在这种情况下,如果青年学生违反了学习协议,上学补助少了的话,全家都要跟着受罪(Legard et al.,2001)。

就目前而言,2004年铺开的上学补助项目到底会采取何种形式还不得而知。不过,上学补助却凸显了政府在给年轻人提供福利待遇时遭遇的冲突和困境。谁应当是首要受益人,是成天精打细算的父母,还是正在长大成人、经济上开始自立的年轻人? 再者,针对青年人的培训补助是不需要生计调查的,而上学补助虽然也是面向年轻人,但却需要对家庭进行经济状况调查,这又让人摸不着头脑,到底是鼓励自立还是鼓励依赖(Jones and Bell,2000:14)?

造福儿童? 儿童社会保障所面临的挑战

工党政府致力于增强对家庭及其未成年子女的支持,这意味着,在政策过程中,儿童的利益变得更加重要了(Millar and Ridge,2002)。工党对儿童贫困的关注提高了税收和待遇水平,资源再分配也向儿童及其家庭倾斜。然而,还是有人担心以就业为中心的政策议程对儿童不利,担心给儿童及其父母,特别是生活在"零就业"家庭的儿童及其父母提供的待遇水平不足以满足儿童的需要。给儿童的津贴水平提高了,但给父母的津贴水平却没有提高。

工党支持儿童的最宏大的工程——税额抵扣,表明政府致力于增进儿童福利,并试图去解决现行体制中的利用率低和耻辱烙印的问题。然而,复杂的待遇计发办法却很可能决定它是否能成功地兑现工党所承诺的待遇。眼下,儿童津贴的普惠原则给保存下来了,然而,普惠原则却受到了需要收入调查的儿童税额抵扣的挑战。儿童津贴可能会将受益范围局限于低收入家庭中领取上学补助的16岁以上的年轻人,这也会对普惠原则构成挑战。"累进式普惠"正在逐渐取代"普惠原则"。这降低了社会对儿童的集体责任——儿童是独立的个体,不论他们有什么样的父母,社会都有责任善待他们——的象征意义。

上学补助是对低收入家庭的年轻人提供支持的一种标志,它表明政府已经明

175

白,必须鼓励这些年轻人继续接受教育。然而,虽然将补助金直接发给青年学生天经地义,且有助于青年人长大成人、经济自立,却不能忽视给年轻人所在的家庭提供足够收入支持的重要性,因为正是家庭帮助青年人度过这个过渡期。

对于工党而言,儿童社会保障支持面临的挑战是,如何确保儿童作为个体的权益,让他们有足够的生活水平以满足他们的生理需要、社会需要和发展需要。为了确保社会保障真正有利于儿童,工党必须妥善处理如何给儿童的父母提供支持的问题,尽管这一议题并不那么受欢迎。儿童的需要虽然不同于其父母,但也不能将儿童的需要与家庭整体的福祉和保障分开。

总结

- 儿童社会保障有各种理论,这些理论与家庭和童年相关,理论取向大不相同,有时还互不相容。出于不同的目标和意图,可以给儿童提供待遇。
- 在儿童的福祉方面,父母的责任与社会、政府的利益和责任之间一直有冲突。
- 工党承诺要消除儿童贫困,这导致了政府支持儿童方式的根本变革以及资源向儿童及其家庭的再分配。
- 工作家庭税额抵扣计划以及提高儿童津贴和增加生计调查型儿童救助的方式,提高了对儿童的支持。然而,并没有解决给父母的待遇不足的问题,因此削弱了这些措施的影响。
- 儿童税额抵扣项目和上学补助是给儿童和青年提供待遇的新方式。
- 儿童税额抵扣等待遇从"普惠型"的支持模式向"累进的普惠"转变。
- 儿童社会保障需要对儿童的需要和权利作出回应。然而,虽然儿童对成年人可能有不同的需要,但他们仍应在家庭的环境中予以考虑。

思考题

1. 国家为什么给儿童提供社会保障?国家如何给儿童提供保障?
2. 社会是否有责任保障儿童的福祉?
3. 与此前给儿童提供的支持相比,儿童税额抵扣有何不同?

4. 是否可以将教育维持补助作为对年轻人的激励？将教育维持补助用来鼓励或控制某些行为的做法是否合适？

参考文献

Ashworth, A., Hardman, J., Woon-Chia, L., Maguire, S., Middleton, S., Dearden, L., Emmerson, C., Frayne, C., Goodman, A., Ichimura, H. and Meghir, C. (2001) *Education maintenance allowance: The first year. A quantitative evaluation*, DfEE Research Report 257, London: DfEE.

Barnes, H., Day, P. and Cronin, N. (1998) *Trial and error: A review of UK child support policy*, London: Family Policy Studies Centre.

Blair, T. (1999) "Beveridge revisited: a welfare state for the 21st century", reproduced in R. Walker(ed.) *Ending child poverty: Popular welfare for the 21st century*, Bristol: The Policy Press, pp. 7—20.

Bradbury, B. and Jäntti, M. (2001) "Child poverty across the industrialised world: evidence from the Luxembourg Income Study", in K. Vleminckx and T. M. Smeeding(eds.) *Child wellbeing, child poverty and child policy in modern nations: What do we know?*, Bristol: The Policy Press, pp. 11—32.

Bradshaw, J. (1999) "Child poverty in comparative perspective", *European Journal of Social Security*, vol. 1, no. 4, pp. 383—406.

Bradshaw, J. (2001) "Child poverty under Labour", in G. Fimister(ed.) *An end in sight?: Tackling child poverty in the UK*, London: CPAG, pp. 9—27.

Bradshaw, J. and Barnes, H. (1999) "How do nations monitor the wellbeing of their children?", Paper to the LIS Child Poverty Conference, York: Social Policy Research Unit, University of York.

Bradshaw, J. and Stimson, C. (1997) *Using Child Benefit in the family budget*, Social Policy Research Centre, London: The Stationery Office.

Brewer, M., Myck, M. and Reed, H. (2001) *Financial support for families with children: Options for the new integrated child credit*, Commentary No. 92, London: Institute for Fiscal Studies.

Brown, G. (2000) "Our children are our future", Speech by the Chancellor of the Exchequer, Gordon Brown MP, to CPAG Conference, London: HM Treasury.

Brown, J. C. (1984) *Children in social security*, London: Policy Studies Institute.

Clarke, K., Glendinning, C. and Craig, G. (1994) *Losing support: Children and the Child Support Act*, London: The Children's Society.

CPAG(Child Poverty Action Group) (June 2002) "Benefit sanctions for parents: truants' parents to get benefit cut?", *Campaign Newsletter Issue No. 22*, London: CPAG.

Daniel, P. and Ivatts, J. (1998) *Children and social policy*, Basingstoke: Macmillan.

Daycare Trust(2001a) "Making children's places real for all", *Childcare Now*, Issue 15, p. 4.

Daycare Trust(2001b) *The price parents pay*, London: Daycare Trust.

Dobson, B. and Middleton, S. (1998) *Paying to care: The cost of childhood disability*, York: York Publishing Services for the Joseph Rowntree Foundation.

DSS(Department of Social Security) (1999a) *Children first: A new approach to child support*, Cm 3992, London: The Stationery Office.

DSS(1999b) *Opportunity for All: Tackling poverty and social exclusion*, Cm 4445, London: The Stationery Office.

DSS(2000a) *Households below Average Income: A statistical analysis 1994/5—1998/9*, Leeds: Corporate Document Services.

DSS(2000b) *Public Service Agreement*, London: The Stationery Office.

DWP(Department for Work and Pensions) (2001) *Client group analysis, Quarterly Bulletin on families with children on key benefits November 2001*, Newcastle upon Tyne: Analytical Services Division.

DWP(2002a) "Benefit expenditure tables 2002", www. dwp. gov. uk.

DWP(2002b) *Households Below Average Income 1994/95 to 2000/01* , Leeds: Corporate Document Services.

Elliott, F. (2002) "Brown squeezes parents with new £1bn stealth tax", *Sunday Telegraph* , 7 July.

Ford, R. and Millar, J. (1998) *Private lives and public responses: Lone parenthood and future policy in the UK* , London: Policy Studies Institute.

Garnham, A. and Knights, E. (1994) *Putting the Treasury first: The truth about child support* , London: CPAG.

Goode, J. , Callender, C. and Lister, R. (1998) *Purse or wallet: Gender inequalities and income distribution within families on benefits* , London: Policy Studies Institute.

Gordon, D. , Adelman, L. , Ashworth, K. , Bradshaw, J. , Levitas, J. , Middleton, S. , Pantazis, C. , Patsios, D. , Payne, S. , Townsend, P. and Williams, J. (2000) *Poverty and social exclusion in Britain* , York: Joseph Rowntree Foundation.

Gregg, P. , Harkness, S. and Machin, S. (1999) *Child development and family income* , York: Joseph Rowntree Foundation.

Hill, M. (1994) *Social security policy in Britain* , London: Edward Elgar.

Hirsch, D. (1999) *Welfare beyond work* , York: Joseph Rowntree Foundation.

Hirsch, D. (2000) *A credit to children: The UK's radical reform of children's benefits in international perspective* , York: York Publishing Services for the Joseph Rowntree Foundation.

HM Treasury(1998) *Modern public services for Britain: Investing in reform* , *Comprehensive Spending Review: New public spending plans 1999—2002* , Cm 4011, London: The Stationery Office.

HM Treasury(1999) *Supporting families through the tax and benefit system* , London: HM Treasury.

HM Treasury(2000) *Budget, March 2000* , London: The Public Enquiry Unit.

179

HM Treasury(2001a) *Tackling child poverty: Giving every child the best possible start in life*, London: HM Treasury.

HM Treasury(2001b) *The modernisation of Britain's tax and benefit system: Savings and assets for all*, HM Treasury No. 8, London: The Public Enquiry Unit, HM Treasury.

HM Treasury(2002a) *The modernisation of Britain's tax and benefit system: The Child and Working Tax Credit*, HM Treasury, No. 10, London: The Public Enquiry Unit, HM Treasury.

HM Treasury(2002b) *Opportunity and security for all: Investing in an enterprising, fairer Britain, Spending Review 2002: New public spending plans 2003—2006*, London: The Public Enquiry Unit, HM Treasury.

Holman, B. (2000) "At the hard end, poverty lives", *New Statesman*, 15 May, pp. 23—24.

Howard, M., Garnham, A., Fimister, G. and Veit-Wilson, J. (2001) *Poverty: The facts* (4th edn), London: CPAG.

Inland Revenue(2001) *Working Families' Tax Credit statistics*, Quarterly Enquiry, November, London: ONS.

Jones, G. and Bell, R. (2000) *Balancing acts: Youth parenting and public policy*, York: Joseph Rowntree Foundation.

Land, H. (1999) "New Labour, new families?", in H. Dean and R. Woods(eds.) *Social Policy Review 11*, Luton: University of Luton for the Social Policy Association.

Land, H. (2002) *Meeting the childcare challenge: Why universal childcare is key to ending child poverty*, London: Daycare Trust.

Legard, R., Woodfield, K. and White, C. (2001) "*Staying away or staying on?*": *A qualitative evaluation of the Education Maintenance Allowance*, DfEE, Research Report 256, London: DfEE.

Lister, R. (1990) *The exclusive society: Citizenship and the poor*, London: CPAG.

Lister, R. (2001) "'Doing good by stealth': the politics of poverty and inequality under New Labour", *New Economy*, July, pp. 65—70.

Lister, R., Goode, J. and Callender, C. (1999) "Income distribution within families and the reform of social security", *Journal of Social Welfare and Family Law*, vol. 21, no. 3, pp. 203—220.

MacNicol, J. (1980) *The movement for family allowances, 1918—1945: A study in social policy development*, London: Heinemann.

Maguire, S., Maguire, M. and Heaver, C. (2002) *Implementation of the Education Maintenance Allowance pilots: The second year*, DfEE, Research Report 333, London: DfEE.

Mannion, R., Hutton, S. and Sainsbury, R. (1994) *Direct payments from Income Support*, DSS Research Report No. 33, London: HMSO.

Middleton, S., Ashworth, K. and Walker, R. (1994) *Family fortunes*, London: CPAG.

Middleton, S., Ashworth, K. and Braithwaite, I. (1997) *Small fortunes: Spending on children. Childhood poverty and parental sacrifice*, York: Joseph Rowntree Foundation.

Millar, J. (2001) "Benefits for children in the UK", in K. Battle and M. Mendelson(eds.) *Benefits for children—A four country study*, Ottawa, Canada: The Caledon Institute, pp. 187—225.

Millar, J. and Ridge, T. (2001) *Families, poverty, work and care: A review of the literature on lone parents and low-income couple families with children*, DWP Research Report No. 153, Leeds: Corporate Document Services.

Millar, J. and Ridge, T. (2002) "Parents, children, families and New Labour: developing family policy?", in M. Powell *Evaluating New Labour's welfare reforms*, Bristol: The Policy Press, pp. 85—106.

Oldfield, N. and Yu, A. C. S. (1993) *The cost of a child: Living standards for the 1990s*, London: CPAG.

Oppenheim, C. and Harker, L. (1996) *Poverty: The facts*, London: CPAG.

Parker, H. (ed.) (1998) *Low Cost but Acceptable: A Minimum Income Standard for the UK: Families with young children*, Bristol: The Policy

Press/Zacchaeus 2000 Trust.

Piachaud, D. and Sutherland, H. (2000) *How effective is the British government's attempt to reduce child poverty?*, CASE Paper 38, London: Centre for Analysis of Social Exclusion, London School of Economics and Political Science.

Piachaud, D. and Sutherland, H. (2001) "Child poverty: aims, achievements and prospects for the future", *New Economy* June, pp. 71—76.

Primarolo, D. (November 2001) "Details announced of new tax credits to make work pay, support children and tackle poverty", 29 November, www.hm-treasury. gov. uk/newsroom_and_speeches/press/2001/press_132_01. cfm.

Ridge, T. (2002) *Childhood poverty and social exclusion: From a child's perspective*, Bristol: The Policy Press.

Sainsbury, R. (1999) "The aims of social security", in J. Ditch(ed.) *Introduction to social security: Policies, benefits and poverty*, London: Routledge, pp. 34—47.

Smith, R. (1998) "Who pays for children", *Benefits*, no. 21.

Veit-Wilson, J. (1998) *Setting adequacy standards: How governments define minimum incomes*, Bristol: The Policy Press.

Walker, R. with Howard, M. (2000) *The making of a welfare class?: Benefit receipt in Britain*, Bristol: The Policy Press.

Walker, A. and Walker, C. (1997) *Britain divided: The growth of social exclusion in the 1980s and 1990s*, London: CPAG.

Whiteford, P. , Mandelson, M. and Millar, J. (2003) *Timing it right? Responding to income changes, a comparison of Australia, Canada and the UK*, York: York Publishing Services for the Joseph Rowntree Foundation.

网络资源

儿童津贴　　　www. dwp. gov. uk/lifeevent/benefits/child_benefit. htm

上学补助　　　www. dfes. gov. uk/ema

终结儿童贫困　www. ecpc. org. uk

第十章
改革养老金：投资于未来*

概要 这一章描述与近期的养老金政策变化相关的议题，以及在制定养老金政策时所考虑的种种因素。本章考察以下内容：

- 各种养老金项目的一般规定及其主要特征；
- 领取养老金的人的收入状况；
- 与养老金政策高度相关的人口年龄结构的变化；
- 可能影响养老金的劳动力市场行为的变化，以及人们储蓄养老的能力；
- 工党的政策方案及其主要特征。

导言：提供退休后的保障

很多英国人都想在工作了很多年之后能有一段时间可以不用再从事有酬工作，过一种"退休"生活。不过，这样的工作生涯只是最近的事。要是放在 20 世纪之前，这样的事看起来是很奇怪的。一直以来，人们都是一生在工作，直到死亡或残疾而被迫停止。那些不能工作的人要依靠其家人或有限的地方性社会支持措施而生存。在人的一生中，有很多年可以过一种真正的退休生活，这种理念更是最近才出现的。

这样看来，退休就是不再从事有酬工作。对于那些长期失业或残疾而不能参加有酬工作的人，还缺乏一种与此对等的概念甚至期望，即将来有一天，他们可以不用再从事无酬工作（尤其对那些承担家务的母亲们来说）。从某种程度上来说，退休可以被看做一种男性化的概念。作为一个女性，你可以从有酬工作中退休，

183

---

* 本章作者为斯蒂芬·麦卡伊，布里斯托大学个人理财研究所副所长。详见 www.ggy.bris.ac.uk/research/pfrc/。

但你应继续承担家庭中的无酬工作(Walker，1992)。因而，退休对男性和女性的影响是不同的，虽然将来这也可能会改变，因为在现在的年轻人群中，女性已拥有较高的就业率。

此外，退休也可能被认为具有消极的一面，因为它也是一种将老年人排除于劳动力市场之外的有效手段。从1931年到1971年，65岁以上退休男性的比例由低于1/2变成了高于3/4。阿兰·沃克(Alan Walker)指出，老年人已经成为劳动力的后备军，当劳动力供不应求时，他们会被雇用，但当对劳动力的需求降低时，他们就会被解雇："20世纪30年代出现的大规模失业对于退休的制度化具有关键性意义，而这种现象在20世纪80年代再次出现则导致了提前退休制度的发展。"(Walker，1986：210)

以此作为出发点，我们可以说，退休保障依赖于对工作收入之外的其他经济资源的可及性。这些经济资源包括任何由国家提供的津贴(如安全网待遇、缴费型待遇)以及个人以现金、各种财产或特定的养老金产品等形式储存的私人资源。

由于各种各样的原因，在大部分国家，政府在决定人们退休后的收入水平方面发挥着主要作用。因为这种收入水平不仅取决于政府本身提供什么样的资源，还取决于它怎样管理私有的养老金市场——实际上经常以经济激励的方式鼓励私营养老金供给的发展。

在以下部分，我们首先概述养老金领取者可利用的各种收入来源，然后讨论养老金需求的影响因素，最后特别对当前这一领域的政府政策进行了分析。

184

老年人的收入来源：概览

英国65岁以上的男性老人目前约有390万，60岁(目前的退休年龄)以上的女性老人约690万[1]。老年人约占英国男性的13%和女性的23%(GAD，2000)。根据就业与养老金部的统计数据，这些人几乎全都有社会保障(或生活在享受社会保障的家庭中，这些家庭领取的社会保障待遇包括老人赡养费用)。在1 040万领取社会保障待遇的老年人中，约有250万领取残障津贴，70万享受最低收入保障但不享受

---

[1] 1993年，男女退休年龄都被定为了65岁(相关讨论参照Hutton et al.，1995)。与原来将男性退休年龄定为65岁，女性定为60岁相比，这不仅满足了法定的性别平等的要求，还有助于降低政府的养老金开支。

残障津贴。总共有730万老年人领取退休金，但不享受残障津贴或最低收入保障。

养老金的总费用包括给尚处在工作年龄的养老金缴费人群提供的各种税收减免，也包括给退休人员直接发放的养老金支出。一般而言，人们更容易看到的是各种定期发布的养老金支出数据，而不是政府的各项间接支出。不过，1998年，政府提供了下列数据，反映了政府的养老开支（DSS，1998a：21）。

- 122亿英镑用于养老金供款的税收减免（面向工作年龄人口）；
- 70亿用于国家收入关联养老金计划（SERPS）外包人员的国民保险折扣（面向工作年龄人口）；
- 300亿用于国家基础养老金（面向当前的养老金领取者）；
- 170亿用于其他社会保障支出——国家收入关联养老金计划、收入关联和残疾津贴（面向当前的养老金领取者）；
- 300亿用于法定养老金领取年龄人群的私营养老金。

收入来源：养老金"支柱"

人们退休后，有多种收入来源。这些收入来源可以分为几种不同的"支柱"或"层级"。世界银行曾发布一项很有影响力的报告（World Bank，1994），该报告鼓励各国改革公共养老金制度，建立三支柱的养老金体系（参见资料框10.1）。这三支柱代表了公共和私营养老金供给的不同形式（强制性公共支柱、强制性私营支柱和自愿性支柱）。同时，它们也是与世界银行所列出的养老金体系的各种目标相关联（或有部分关联）的。这些目标包括：向贫困养老金领取者进行收入再分配（应该为这些人提供一个"安全网"）；发挥一种储蓄功能，使大多数人拥有充足的资源度过退休期；提供一种保险，抵御老年人可能遇到的各种收入和健康风险。英国的养老金体系可以被描述为与世界银行提出的这种多支柱体系相似，虽然"契合"的程度不是非常高。

第一支柱由政府提供的基本养老金组成，包括：

- "国家基础养老金"①。这是为在工作期间已经为国家保险缴付足够费用的

185

---

① 实际上，国家养老金有很多种，它们都是根据关于获取资格的具体规定来划分的。在这里，就将它们简单地统称为"国家基础养老金"。

个人提供的一种贡献性津贴。其基本假设是,人们在工作年龄阶段的大部分时间内一直都在工作。

- 为收入不能满足需求的家庭提供的一系列与收入相关联的津贴。包括为养老金领取者提供的特殊支持(将要被养老金补贴取代的最低收入保障)和一般性津贴(例如,为低收入人群提供住房津贴和市政税收优惠,以满足其缴纳房租或市政税的需求)。

资料框 10.1　多支柱养老金体系

世界银行建议各国采取一种"多支柱的安排"来保障养老金领取者的收入:

1. 强制性的公共支柱,资金来源于一般税收,提供一种定额津贴(用来预防和缓解贫困)。

2. 强制性的私营支柱,资金来源于职业年金或个人养老金计划的供款,由政府来管理(与收入相关联的养老金,保障个人收入在生命周期中得以合理分配以及在退休期间可以维持一种与工作时相当或至少成一定比例的收入水平)。

3. 自愿的私营支柱,包括各种额外储蓄,如个人储蓄或私人养老金补贴。

对于那些超过了法定养老金领取年龄或退休年龄但仍然工作的人,也可以说工作收入构成了退休收入的第四支柱。

第二支柱由各种强制性的、与收入相关联的养老金组成,所有收入高于一种较低指定水平的工人都被要求为这些养老金缴费。主要包括:

- 国家供给:国家收入关联养老金计划提供了一种以工人的先前供款为基础的退休收入。这种养老金计划正逐渐被国家第二养老金替代,趋向于一种定额支付机制(参见下文)。

- 职业年金:人们可以选择退出国家收入关联养老金计划而参加已被国家批准的职业或私营养老金计划。很多企业都提供职业年金。职业年金有两种主要形式。"给付确定型"职业年金的基础是为退休工人提供相当于其最后的或平均的工资收入一定比例的津贴(比如,1/2 或 2/3)。"缴费确定型"职业年金强调人们在工作期间需要缴纳一定水平的保险费——如工资的 6％,其保障能力还由于雇主缴纳相同或更高水平的保险费而得到增强。另一方面,这种年金的保障能力也取决于这些供款的投资效益。此外,也有一些职业年金是融合了这两种类型的。

- 私营养老金:人们也可以选择一种由银行和保险公司提供的个人养老金。

这种养老金比较受自雇劳动者欢迎，因为他们是不能获得职业年金的。最近出现的"权益持有人退休金计划"具有个人养老金的许多特点，但是也需要满足特定的资格要求。其对象是没有职业年金的"中等"收入者和现有的个人养老金产品对其没有多大价值的人群（参见下文）。

第三支柱是自愿性供给，包括个人可以购买的多种金融产品。这些产品有私营养老金计划，也有各种形式的储蓄计划，如税收优惠账户中的个人储蓄账户。很多职业年金也允许人们以自愿补充缴费的形式缴纳一些额外的供款，但如果由不同的公司来提供，那么这些自愿补充缴费就是独立于职业年金计划的。此外，在英国，人们也已经意识到以资产增值抵押贷款作为一种退休收入保障的潜力是很大的。

最后是颇具争议性的第四支柱，主要指工作收入。已达法定养老金领取年龄的人仍然继续工作的现象曾经是非常普遍的，虽然在 1988 年之前，他们一直都是只能选择其一：要么享受国家养老金，停止工作；要么放弃国家养老金，继续工作。然而，社会的发展趋势是，人们会在更早而不是更晚的年龄就停止工作（参见 Smeaton and McKay，2003）。

上述各种养老金供给形式都存在各种各样的问题。国家基础养老金的低水平意味着，很多具有较少或根本没有其他收入来源的养老金领取者有资格获得以生计调查为基础的社会支持。对于以生计调查为基础的津贴，人们往往批评其申请率太低。

从 1999 年到 2000 年，约有 140 万养老金领取者享受到了最低收入保障，但是政府的数字显示，还有数十万人是有享受资格的，但是他们都没有申请（DWP，2001b）。据估计，这些人口的数量应该在 390 万到 770 万之间（DWP，2001b：15），因而误差幅度还是比较大的。与那些因为拥有少量的私有收入而没有享受资格的人相比，以生计调查为基础的津贴似乎"奖赏"了这些并没有为退休而储蓄的人。一个重要的问题是，生计调查的各种问题是生计调查本身不可避免的，还是可以通过更好的政策设计或更公开、透明的方式来克服的。

与收入相关联的公共或私营养老金被批判，是因为它们将劳工市场的不平等在退休收入这里永久化了：拥有较高工资收入的人在退休后可以享有更高的生活水平。而那些被长期或短期排斥在劳工市场之外的人群将面临更低的收入。为某些人群——如拥有未成年子女的母亲（她们也是于 1978 年建立的"家庭责任保护"计划的受惠者)——提供补助的方法也不能完全解决这一问题。

职业年金的保障水平也可能正在降低。在过去的几年里,其发展形势是朝向缴费确定型而不是给付确定型。从传统上来说,公司一般倾向于选择给付确定型职业年金。这样就使得员工最终可获得的年金数量具有了一种较高的确定性,但是在这样的年金计划之下,各公司必须能够掌握一系列相关情况,如员工的寿命和工资水平等,只有这样才能估算出员工适当的供款水平。相反,在缴费确定型职业年金中,公司是不需要冒这样的风险的,但是员工的养老金水平也是不确定的。不过当员工进行工作调动时,这样的年金计划可以被携带到新的工作单位。这可以看做对上述缺点的一个弥补。近几年来,缴费确定型职业年金已经越来越普遍了,一些雇主不再允许新员工参加现有的给付确定型年金计划,更极端的例子是有些雇主竟然将给付确定型年金计划停止了。

历届政府都试图增加私营养老金的利用率。20世纪80年代,人们已经可以将国家收入关联养老金计划外包给某个个人养老金计划。同时,为了让员工在养老金产品的选择上有更大的自由,雇主不再强制要求其参加职业年金计划。但是超常的销售策略促成了向个人养老金计划的冒进,伤害了很多人的利益。由于政府的介入,对这些不正当销售造成的损失进行的赔偿才得以兑现。

实际上,信任问题,或者说缺乏信任,是公共和私营养老金供给共同存在的最大问题。社会对各种养老金计划的信任和信心似乎有不断衰败的趋势。正如在资料框10.2中简要列出的,公共和私有部门都面对着一系列的争论,处境很痛苦。因而找到一种可靠而又稳定的社会支持体系是当前政策目标的核心(参见下文的讨论)。

退休人员的收入分布

养老收入的来源有很多,哪些比较重要呢?以下所展示的是1999—2000年养老收入的构成情况(DWP/ASD, 2001):

- 各种待遇收入占52%;
- 企业年金收入占26%;
- 投资收入占14%;
- 劳动收入占8%;
- 其他收入占1%。

资料框 10.2　对养老金失去信心？

国家养老金

配偶死亡的人群可以获得国家收入关联养老金计划提供的津贴。1986 年的《社会保障法》规定将这些人群可获得的津贴减半，即将国家收入关联养老金计划附加养老金由 100% 降为 50%。尽管在经历了 14 年的立法过程后，这一规定已生效，但是社会保障部并没有进行信息更新并公之于众，在国家收入关联养老金计划的相关咨询中，工作人员提供的信息都是错误的。一系列的矫正措施已被实施。例如，发表于 2000 年的两份官方报告就对相关情况进行了调查研究。

……国会申斥专员发现，社会保险部的管理有很大问题……我们对其在 1986 年《社会保险法》实施后没有能够对退休养老金及丧偶者津贴等相关规定的改变进行广泛宣传和信息更新，以及竟然将这样的状态延续到 1996 年春而提出严厉的批评（Parliamentary Ombudsman，2000，para. 34）。

解决这一问题的所有开销至少得 25 亿英镑，或许还会更多（NAO, 2000:6）。

私营养老金

职业年金：麦克威尔丑闻（1991）——2 万多人的 4.8 亿养老基金被罗伯特·麦克威尔（暂时）挪用来资助其运营状况不佳的私人公司（丢失的钱大部分是由 1 亿政府资金和 2.76 亿金融机构资金来弥补的）。我们还可以列举平等生活公司发生的一些问题（并不是所有投保人的养老金收入水平都可以被保障的）。

个人养老金：养老金产品的不当销售

在 1988—1994 年间，很多人本来拥有较好的职业年金，却被错误地兜售了个人养老金计划。金融服务业共支付了 130 多亿英镑来弥补所造成的损失（FSA, 2000）。

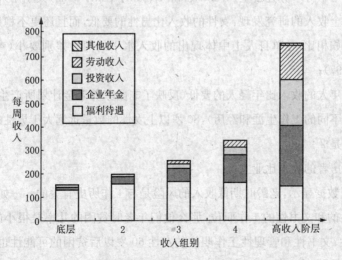

图 10.1　老年夫妻的收入分布（1999—2000 年）

　　这些收入在养老金领取者中的分配是非常不均衡的。如图 10.1 所示,在所有领取养老金的夫妻中,最贫困的约占 2/5,他们的绝大部分养老金收入来自国家津贴。而最富有的 1/5 获得的私营养老金收入是国家津贴的两倍。最富有的 1/5 获得的养老金收入总数是最贫困的 1/5 人群所获得的四倍。最近,这种分配的发展趋势是朝向更加的不平等,因为国家津贴很难实现与日益增长的私营养老金同步发展(DWP, 2002b)。

　　第一层级的养老金(国家基础养老金、最低收入保障)相对来说具有为工作期间获得较低收入的人群提供收入再分配的功能,并且还为那些由于失业和抚养儿童而离开劳工市场的人"提供补贴"。但第二层级的养老金(由私有部门提供的养老金以及国家收入关联养老金计划)却是与人们工作期间的供款数量相联系的。因而,那些工作期间拥有较高工资的人所获得的这些附加养老金的水平会更高,而那些更有可能被排斥于劳工市场之外的或低收入人群就只能获得很少的部分——或根本就没有。

　　金和阿尔博(Ginn and Arber, 2001)对工龄人群及其参加私营养老金的比例进行的分析指出,女性的参加比例低于男性,少数民族的参加比例低于白人——导致了这两种人群较低的退休收入。养老金供给研究小组(The Pension Provision Group, 1998)研究了养老金领取者向低收入集中的程度,特别发现:

- 女性的养老金收入水平低于男性(虽然比较的结果并不总是那么直接);妇女与平等事务办公室(Women and Equality Unit, 2002)关于个人层面的养老金收入的研究发现:女性的收入比男性的要低,而且还更不稳定;与那些夫妇相比,在单身人士中体现出的收入水平的两性差别要小(参见 EOC, 1997);
- 老年人的收入比年轻人的要低(反映了非国家养老金计划所产生的影响以及不同的工作生涯和经历),80 岁以上女性的数量远远大于男性的数量,比例是 2:1;
- 租房者的收入比业主低。

　　面板数据显示,老龄时期低收入的风险是与工作历史有关的——如果男性具有专业性的和文书性的工作职位,那么他们年老时贫困的几率是很小的;那些具有专业性、文书性和管理性工作职位的女性 60 岁以后贫困的可能性也是很小的(Bardasi and Jenkins, 2002)。这项研究还发现,离婚女性具有非常高的贫困率,特别是与那些与配偶生活在一起的女性相比。

自雇者没有被纳入第二层级的养老金计划，因而如果他们自己不为养老做一些安排，那么，基本的国家养老金就是其唯一的养老金收入。

影响养老金需求的因素

人口老龄化

很多关于养老金未来发展的争论都是在人口老龄化的背景下产生的。众所周知，与大多数较富裕的国家一样，英国的人口正在"老龄化"。年老而又退休的人口占有较高的比例，而工龄人群或年轻人口的比例较小。这种趋势在"人口金字塔"中得以充分体现。这样的图表展示了给定年份下，不同年龄阶段的男女人口的数量。图 10.2 就展示了 2001 年英国的人口分布。

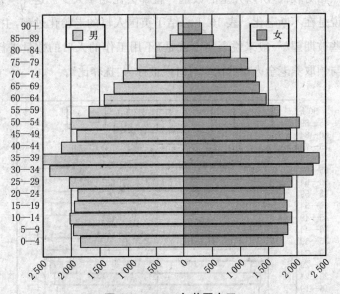

图 10.2　2001 年英国人口

191

从图中可以看出，30—34 岁和 35—39 岁两个年龄段出现了较大的人口"膨胀"。这些人口是于 20 世纪 60 年代的"生育高峰"时期出生的。与此相比，小一点的人口膨胀出现在 50 岁刚出头的人群中，他们出生于战后生育率较高的年代。65 岁以上的每一个年龄组人口数量呈现了依次减少的趋势，这是因为那些年代的死亡率较高。在80岁以上的人口中,女性的数量远远高于男性,这说明了女性的寿命比较长。儿童的数量(在每一个5岁年龄组)少于30—34岁或35—39岁人口的数量,这反映出当今正处于家庭供养年龄的人群所在家庭的规模都相对较小;并不是每个母亲都生育两个孩子以实现代际"替代",平均家庭规模更趋向于每个妇女生育1.5个孩子。这样就导致了人口老龄化,时间一长(其他条件不变),人口也就减少了。

发展中国家的人口图表类似埃及金字塔状,年轻人较多,老年人很少——主要反映了这些国家较高的出生率,一定程度上也反映了较高的死亡率。总体人口老化的主要原因就是家庭规模缩小,因为没有足够的儿童来"替代"当前的一代人。死亡率降低所产生的影响虽然没有如此关键,但也是一种推动因素。

到2031年,生育高峰时期出生的英国人(如上所示)就会达到退休和领取养老金的年龄(图10.3),所以最大的年龄组就是60—64岁和65—69岁。因为预期出生率仍然相对较低,所以儿童的数量一直都会比老年人少。这样一来,整体人口就可以说是在不断老化。表10.1总结了英国人口的老龄化过程,主要对工作人口与那些被期望(一般来说事实上就是)不用工作的人口的数量进行了比较。工作人口与领取养老金人口的比率有时候被称为"抚养比"。

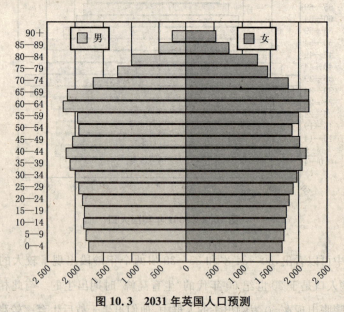

图10.3　2031年英国人口预测

正如表10.1所示,在1971年处于工作年龄的人口与65岁或以上的老年人口的比率为 4.6∶1，2001 年为 4.1∶1，到 2041 年将会是 2.4∶1。如果比较工作人口与年龄分布两端的人口数量，情况会稍有不同。我们可以发现，一直到 2001 年，抚养比都呈现不断改善的趋势，只是在 2021 年后开始下降。与养老金体制内抚养比（工作人口/养老金领取者）相比，总抚养比（工作人口/［养老金领取者＋儿童］）的变化幅度相对要小一些——这是由于儿童的预测数量下降造成的。

表 10.1 "抚养比"（1971—2061 年）

	年 份	16 岁以下（百万）	16—64 岁（百万）	65 岁以上（百万）	工作人口/退休人员	工作人口/退休人员+儿童
估算	1971	14.3	34.3	7.4	4.6	1.6
	1981	12.5	35.3	8.5	4.2	1.7
	1991	11.7	37.0	9.1	4.1	1.8
预测	2001	12.1	38.5	9.3	4.1	1.8
	2011	11.3	40.2	10.2	3.9	1.9
	2021	11.3	40.1	12.2	3.3	1.7
长期预测	2031	11.3	38.7	14.8	2.6	1.5
	2041	10.9	38.0	15.9	2.4	1.4
	2051	10.8	37.7	15.5	2.4	1.4
	2061	10.7	36.8	15.5	2.4	1.4

资料来源：GAD(2000)。

当然我们也应该记住，未来的人口数据都是根据当前关于寿命、人口流动，特别是出生率的假设预测出来的，与实际情况可能会有一些出入。我们完全可以想到 20 年后会有多少 60 岁老人——当前 40 岁人口的数量减去一定限额的死亡人数，再加上预期净流入人口的数量。但是要想知道 20 年后会有多少 5 岁以下的儿童，就需要考虑将来的家庭构成形式。20 年后将生育儿童的那些父母们现在都还没有出生。虽然如此，即使存在很大的不确定性，我们也可以说，未来人口的发展趋势已经被当前的人口特征注入了大量的"动力因素"——未来的生育率和死亡率可能会改变人口老龄化的程度，但是无论在哪种可能的情况下，在今后的几十年内，快速的人口老龄化将是一种必然趋势(Shaw, 2001)。

人口老龄化对政策选择的限制作用被称为"人口定时炸弹"。但这种比喻并不是非常贴切,因为显然人口变化的后果是逐渐被发觉的(而不是像一颗"炸弹"一样突然爆炸),而且这种变化可能产生的很多影响也都被夸大了。特别是一些改变现实因素——工作人口及其赡养人口的数量——的政策还是有很大的发展空间的。例如,随着人们寿命的增长,退休年龄也可以改变——最近一种相应的政策已受到广泛的关注(O'Connell,2002)。这种政策主要面向女性人口,在2010—2020年间,她们的法定养老金领取年龄将会由60岁上调到65岁。此外,工作人口的数量与工龄人口的数量是非常不同的。法定养老金领取年龄对劳工市场离开率的影响已不再是一种非常重要的门槛作用。可是到目前为止,相关政策还从来没有真正地尝试着去改变这种现状。最近的绿皮书(DWP,2002c)试图通过一些激励人们延迟享受养老金的措施和一种针对50岁以上人群的就业计划来鼓励延长工作生涯,但是并没有建议对65岁这一法定养老金领取年龄作出改变。

在很多国家都有类似的发展趋势。但是作为一种额外支付的公共养老金的支出水平,在各国之间还是有差异的,这主要取决于预期的老龄化程度以及国家养老金相对的慷慨程度。正如表10.2所示,目前在英国,国家收入进入公共养老金的比例是非常低的。很多养老金津贴只是由于物价上涨而不是由于经济的总体增长而增加(例如,随着工资的增长而增长)。但是从金钱的绝对数量(几百亿英镑)来看,即使是这种下降的趋势也会导致惊人的增长,其间的差异反映了物价增长与总体经济增长的不同。

表10.2 公共养老金支出比较:公共养老金预期支出占 GDP 的百分比

	2000	2030
英 国	5.1	4.7
德 国	10.3	13.2
西班牙	9.4	12.9
法 国	12.1	16.0
意大利	14.2	15.9

资料来源:European Commission(2001)。

人口老龄化被关注的主要原因之一就是国家养老金是以"现收现付制"为基础的。这意味着目前的养老金来源于当前工作人口的缴税。将来,对应于每一个养老金领取者,会有更少的可以缴税的工作人口,这样很有可能就降低了养老金的支付能力。不过这种情况是不适用于私营养老金的,因为其资金来源于人们工作期间的供款。

由此看来,英国没有理由不去好好考虑其公共养老金的支付能力。国家养老金随着物价而不是工资的增长而增加,因此,预测数据显示,它在国家收入中所占的比例将会下降。当然,无论如何,这样的论断还是有缺陷的。满足老年人群的需要和需求的资源必须来自劳动人口所能够实现的产出。在一种现收现付体系中,这是通过向工作人口征税来实现的。而在基金累积体系中,人们的财产大部分被投资于公司,即由公司的利润来支付养老金——否则这些利润可能会被分配给那些工作人口。巴尔(Barr,2000)也驳斥了类似的关于养老金筹资方式的荒诞说法——看起来对于单个个人比较合理的安排,并不一定适用于整个社会。

不存在什么"星球养老基金"——在那里资源被分散地存储着,当人们退休后就可以拿来用。但是对于产品如何在工作人口和非工作人口之间分配,以及在什么年龄人们应该停止工作这样的问题,我们还是可以作出抉择。在其他各种条件都不变的情况下,除非工作人口或养老金领取人口的数量被相关的劳工政策改变,否则养老金领取者的高收入就意味着工作人口的低收入(反之亦然)。

就业趋势

简单的人口统计一般是以工龄人口与法定退休年龄以上的人口之间的数量比为基础的。但实际上,工龄人口的数量与工作人口的数量之间有着巨大的差异。后者有着极大的不确定性。例如,近年来从事有酬工作的女性(尤其是母亲)的数量已经有所增长。

同时,人们在法定退休年龄之前离开工作岗位的现象也已经越来越普遍。当然,这有时候对于那些拥有较充裕的经济资源的人来说是一种自由选择,但是更多的时候,对于大多数人来说,这主要还是由于失业(可能有时候被"提前退休"的幌子所掩饰)和疾病造成的。总的来说,在50岁到法定养老金领取年龄之间的所有人口中,大概有1/3的人是没有从事有酬工作的(约280万)。坎贝尔(Campbell,1999)用数字表明了这种工作人口不断减少的趋势——与1979年1/5的55—65岁人口没有从事有酬工作相比,20世纪90年代末,这一比例已上升为2/5。

法定养老金领取年龄之上的人口的就业率更低,而且一段时间以来一直都在

195

下降。目前,65—69 岁和 70—74 岁男性的就业率分别为 14％和 6％, 60—64 岁和 65—69 岁女性的就业率分别为 27％和 8％。不过,这些比例都高于欧洲相应群体就业率的平均水平(Vlasblom and Nekkers, 2001,表 3.1 和表 3.2)。

1997 年以来的政府政策

1998 年的绿皮书设定了政府养老金改革的主要方向(DWP, 1998a),指出养老金政策应当具有两种主要目标:第一个目标针对低收入人群,要保证每一个人在退休后都能拥有相对不错的经济收入;第二个目标针对更广泛的人群,意图重建已被破坏的整个养老金体系——特别是非国有养老金——的社会信任。此外,政府还列出了整个养老金体系延续下来的很多核心问题(参见 DWP, 2001a, 2002c):

- 养老金领取者中日益增长的收入不平等;
- 大量的养老金领取者处于贫困状态;
- 太多的工龄人群不能够为退休做充分的准备;
- 国家收入关联养老金计划不能为低收入或中断就业的人群提供足够的养老金;
- 社会对养老金体系缺乏信心。

对于当前的养老金领取者,改革计划的主要目标是解决他们的贫困问题。而对于将来的养老金领取者,改革计划的一系列主要目标为:帮助他们为退休而储蓄;为那些没有储蓄能力的人提供更好的支持;实现对养老金体系的高效管理;提升私有部门提供可负担的并且有保障的第二层级养老金的能力(DSS, 1998a)。

绿皮书及后来的改革措施共同促成了养老金领域一系列广泛而深入的改革。资料框 10.3 展示了一些主要的改革措施。在第一支柱中,尽管国家基础养老金的水平已增长到通货膨胀率之上,但其重要性已有所降低。在 1980 年之前,国家退休养老金是随着工资收入或物价的增长而增长的。但是到 1980 年,这种与工资收入的关系就被终止了,从那以后,国家退休养老金只是随着物价的增长而增长。1977 年,国家退休养老金约为男性平均工资的 20％,但是 20 年之后就变成了约为 15％。从长远来看,这种比例应该会继续下降到 10％左右。

资料框 10.3　1997 年以来主要的养老金改革

1. 第一支柱：国家养老金
   - 基本国家养老金在 2001 年和 2002 年的增长率均超过了通货膨胀率，但是在这之前，增长幅度只有 75 便士（基本与通货膨胀率持平）。
   - 设置最低收入保障，作为养老金领取者收入支持计划的替代或重命名。它与工资收入的变化相联系，在 2001—2002 年已经实现了大幅度的增长。
   - 设置包含最低收入保障在内的养老金补贴，为拥有个人储蓄和工资收入的人提供补助。
2. 第二支柱：与收入相关联的养老金供给
   - 改革后的国家收入关联养老金计划（将被国家第二养老金替代）使低收入者更受益（于 2002 年开始）。
   - 改变职业年金的管理和投资策略。
3. 第三支柱：私有（个人）养老金
   - 为中等收入人群设置权益持有人退休金计划（于 2001 年 4 月开始）。
   - 建立金融服务监管局（FSA），并将此作为英国金融服务的唯一管理者（从 2001 年开始）。
4. 其他
   - 为拥有 75 岁以上老人的家庭提供冬季取暖费（目前是 200 英镑）和免费的电视节目收视许可证。
   - 为离婚夫妇建立"养老金共享"机制。
   - 建立养老金服务中心，隶属于就业与养老金部，独立办理养老金领取年龄人群相关事务。

　　因而，对国家养老金供给进行的最重要的改革就是用最低工资保障替代养老金收入补贴。这是一种以生计调查为基础的（或与收入相关联的）养老金体系，意在为那些收入低于一定保障水平的养老金领取者提供收入补贴。但是这方面的改革也是最富有争议性的。政府认为这是将额外的基金分配给较贫困人群的最好的途径。而一些较贫困的养老金领取者是不能享受全部的国家基础养老金的，或者如果完全享受了，他们可获得的与收入相关联的收入补贴（如最低收入保障或住房津贴）也是会随着养老金的增长而减少的。所以他们认为，国家基础养老金的增长并没有较好地改善那些最贫困的养老金领取者的收入水平。

　　从那些强调长期以来附着于生计调查这一手段之上的各种缺点的回复中可以看出，批评家们的反馈是具有两面性的。首先，虽然很多人具有享受待遇的资格，但是他们没有申请。前面已经提到，在 1999—2000 年间，只有大约 2/3 的具有享受资格的人群真正获得了最低收入保障。由于缺乏相关的知识,或者也许是因为申请收入补贴就要背负一种耻辱的烙印,很多人都没有申领。第二类批评主要是针对生计调查的"激励"作用。最低收入保障的提供意味着那些已经为退休留了一些储蓄的人的退休收入可能还不如那些没有储蓄的人——因为那些有储蓄或少量个人收入的人所获得的最低收入保障会被减少。这就打消了人们为退休作出自我安排的积极性,因而也会被认为是不公平的。

2003 年 4 月设立的养老金补贴可以说是对这两种批评的回应。养老金补贴由最低收入保障和一种储蓄补贴(对于 65 岁及以上的男性和女性人群都适用)结合而成,目的是为个人所拥有的少量的额外收入提供奖励。一个主要的创新就是资源评估("生计调查")改为每五年进行一次。对养老金补贴的测算会在领取者收到国家基础养老金的那一刻(或在这之前)开始,一经确定,五年之内都不会改变(DWP, 2001b)。电话申请也是允许的。

在这五年期间,如果一个人的收入水平下降(这时,他们可能会获得更高水平的补贴),那么个人可自愿提出对养老金进行重新测算的要求。除此之外,只有家庭情况发生重大变化时才需要申报。这些都是用来解决前面提到的国家基础养老金的申请率偏低这一问题的一部分措施。这方面的改革也试图为那些拥有储蓄收入(或工资收入,或国家收入关联养老金计划、国家第二养老金等任何一种第二层级的养老金)的养老金领取者提供少许奖励。现在评价这些措施对耻辱烙印及利用率的影响还为时过早——或者说,现在还不能确定这些在津贴设计上作出的改变是否可以克服长期以来生计调查这种手段所存在的问题。

对养老金体系的第二支柱进行的最重要的改革就是设置新的第二国家养老金来替代国家收入关联养老金计划。在这种计划之下,原来的国家第二养老金将变成与国家基础养老金一样的定额津贴,而不再是作为先前供款的一定比例(如国家收入关联养老金计划和非国家养老金)。这就意味着,这种养老金将变得更加富有再分配的功能,因为当其发展成熟后,低收入人群将获得与高收入人群(没有外包的)一样的国家第二养老金。而且在计算津贴的时候,那些年工资收入低于 10 800 英镑的也会被视为 10 800 英镑。这样就又增加了低收入人群的优势。批评家们宣称,国家第二养老金"最好应被视为一种对国家基础养老金的低水平进行弥补的措施,而不是国家收入关联养老金计划的替代"(Blackburn, 2002:305)。

对第三支柱进行的主要改革就是在 1999 年《福利改革与养老金法案》颁布后，设置权益持有人退休金计划。这是一种为不能参加职业年金和年收入在 10 000 英镑以上的人群提供的低成本的个人养老金。收入低于这一水平的员工是不被建议参加这一计划的，他们最好还是留在国家收入关联养老金计划或国家第二养老金计划内。权益持有人退休金计划每年对每位会员收取的费用不可以超过其基金的 1％，人们可以自由决定加入或退出，而不用缴纳额外费用。他们也应当接受低水平的供款(至少 20 英镑)。拥有五个以上员工的雇主必须建立一种这样的计划，除非他们证明在这方面已经发展了其他选择。

权益持有人退休金计划是自愿的，依赖于提供者的市场行为。低收费暗示着它们是不会为会员提供各种建议的，当会员更换雇主时，这种养老金计划的可携带性如何也是不清楚的。在以生计调查为基础的养老金供给仍然是养老金收入的重要部分的情况下，有一个开放性的问题必须问，即低收入人群受惠于这种养老金计划的程度是怎样的？还有，即使被允许缴付较低水平的供款，但是他们又是否能够负担得起呢？因而，特别对于那些收入不稳定的人群来说，他们必须在继续留在国家第二养老金计划内和退出国家第二养老金计划而参加权益持有人退休金计划之间作出很好的权衡。

随着 2001 年金融服务总署的建立，很多不同的管理者被集合在一起，养老金体系的管理框架在某种程度上已被证明是具有合理性的。但是养老金管理的立法仍然是由就业及退休保障部和税务局共同决定的，另外还有其他一些具有管理职能的机构，如职业年金监管局，对权益持有人退休金计划的某些方面进行管理。

一份绿皮书(DWP，2002c)提出了进行大量精简的计划，对象不仅涉及各种养老金计划的管理性要求，还包括养老金的税务处理。最后，还有其他一些已发生的变化。例如，一些额外的资源已被用来帮助那些最贫困的养老金领取者支付冬季取暖费和电视节目的收视许可证。此外，《福利改革与养老金法案》规定自 2000 年 12 月起在离婚夫妇中引入"养老金共享"制度(参照 DSS，1998b；Joshi and Davies，1998)。这赋予了(虽然不是强制规定)丈夫和妻子分享对方职业养老金的权利，即将养老金的享有权作为另外一种需要计算在内的财产。这使得夫妻在办理离婚的那一刻就可以将他们的经济事务完全分开，无需等到后来。以前的做法只可能是"抵消"养老金享有权的价值，或当养老金到期时，为另一方"标

199

记"出最终的养老金所得。在就业与养老金部内设立养老金服务中心,也是行政管理方面一个重要的改革。这个部门负责国家养老金的分发以及全面提供养老金的相关信息和建议(也可参照本书第十一章)①。

议题、不足和难题

这样,我们就可以发现政府的改革是由两种主要的政纲来推动的。第一,在公共部门内重新强调生计调查的重要性,从另一个角度也可以说是将目标锁定在那些有最大需求的人群,这样的安排正在演变成一种新的综合养老金补贴。然而,批评家指出,由于不完全的利用率或申请率以及其他一些可能造成损害的激励措施,生计调查这一手段永远都不可能消除贫困。第二,鼓励私营养老金供给的更大发展,特别是通过新建权益持有人退休金计划。但是到目前为止,权益持有人退休金计划还没有取得明显的成功。关于这一计划的具体目标以及希望达到的利用率或申请率都没有明确的说明。计划实施一年后,只有 75 万人参加,而且 69%是男性(ABI, 2002)。

1998 年绿皮书设定的政策目标之一,就是将私有与公共部门养老金供给的比例由 40∶60 提升到 60∶40。即 60%的养老金收入应该来自私有资源(主要是职业年金和个人养老金),而不是国家支持。然而,股票交易市场的低迷造成了人们对储蓄产品丧失大量的信心,退出较慷慨的职业年金计划已成为一种总体趋势,国家养老金补贴的设置将养老金津贴扩展到了更广泛的人群,这些都使得上述目标的实现具有很大的困难。

政府总体的养老金发展策略已受到公共政策研究所的批判(IPPR, 2001:3):"然而,各种工作岗位上的人——公共部门、金融服务业以及健康与社会照顾工作者——都认为政府的策略是分散性的。"该研究所(IPPR, 2002)建议采取一种更加连贯的策略,包括以国家基础养老金为基础巩固国家基础养老金,将其提升至当前以生计调查为基础的津贴水平,并随着工资水平的增长而增长,同时废除国家收入关联计划国家第二养老金,逐步将退休年龄提至 67 岁。这些建议是很有趣的,因为它们采取的是一种整体性策略,而不是对各个部分的优缺点进

---

① 参照《顾客宪章》,www. thepensionservice. gov. uk/pdf/cust. pdf。

行争论。

还有一个就是不公平性问题。大部分养老金都是以工作期间的供款为基础的。这就导致人们的退休收入基本就是其退休前工资收入的一定比例。而那些被排斥出劳工市场的人或低收入人群则只能享有较低水平的养老金。例如，最明显的，妇女、来自少数民族的人群、自雇者——尽管各群体内部也是有极大的多样性的。任何由全民性的国家养老金计划向与收入相关联的第二层级养老金计划转变的策略都会增加这种不平等。

总结

- 发展国家养老金计划是社会保障体系最悠久的特征之一，这种计划一般在总体开支中占据了较高的比例。在英国，除此之外还有一种比较活跃的私营养老金计划。

- 未来 30 年，英国政府将面临迅速的人口老龄化。最近一段时期内，人们于法定养老金领取年龄之前退出劳工市场的速度甚至比人口变化的速度还要快。国家对养老金领取者的支持水平相对较低（与其他国家相比）这一事实，意味着政策调控的空间还是很大的。

- 近来的政策在鼓励中等收入者为其退休作出一定储蓄的同时，已经将注意力（以及额外的开支）集中在最贫困的养老金领取者身上。

思考题

1. 私有部门在养老金供给中的作用是太大了还是仍然很小？

2. 在养老金的供给和管理方面，国家的角色应该是怎样的？在处理贫困问题方面，国家的功能是止于缓解贫困还是应该做更多？在决定应该为退休作出多少储蓄这一问题上，人们应该被赋予选择的权利吗？

3. 未来人口结构的变化将迫使政府将养老金降低到何种水平？

参考文献

ABI(Association of British Insurers) (2002) *One year on—Stakeholders revealed*, London：ABI.

Bardasi, E. and Jenkins, S. (2002) *Income in later life: Work history matters*, Bristol/York: The Policy Press/Joseph Rowntree Foundation.

Barr, N. (2000) *Reforming pensions: Myths, truths and policy choices*, IMF Working Paper WP/00/139, Washington DC: IMF Fiscal Affairs Department.

Blackburn, R. (2002) *Banking on death*, London: Verso.

Campbell, N. (1999) *The decline of employment among older people in Britain*, CASE Paper 19, London: Centre for Analysis of Social Exclusion, London School of Economics and Political Science.

DSS(Department of Social Security) (1998a) *A new contract for welfare: Partnership in pensions*, London: The Stationery Office.

DSS(1998b) *Pensions sharing on divorce: Reforming pensions for a fairer future*, London: DSS Consultation Paper(part 1 consultation, part 2 draft legislation).

DWP(Department for Work and Pensions) (2001a) *The pension credit: The government's proposals*, London: DWP.

DWP(2001b) *Income related benefits estimates of take-up in 1999/2000*, London: DWP.

DWP(2002a) *Client group analysis: Quarterly bulletin on the population over state pension age November 2001*, National Statistics, London: DWP.

DWP(2002b) *The pensioners' incomes series 2000/1*, London: DWP Pensions Analysts Division.

DWP(2002c) *Simplicity, security and choice: Working and saving for retirement*, Cm 5677, London: The Stationery Office.

DWP/ASD(Analytical Services Division) (2001) *The pensioners' income series 1999/00*, London: DWP/ASD.

EOC(Equal Opportunities Commission) (1997) *Analysis of incomes received by men and women pensioners 1975 and 1994/95*, Manchester: EOC.

European Commission(2001) *Public finances in EMU 2001*, Luxembourg: Office for Official Publications of the European Commission.

FSA(Financial Services Authority) (2000) "FSA announces progress and updated redress costs of the pensions review", Press release FSA/PN/147/2000, 1 December.

GAD(Government Actuary's Department) (2000) *National population projections 1998-based*, London: The Stationery Office.

Ginn, J. and Arber, S. (2001) "Pension prospects of minority ethnic groups: inequalities by gender and ethnicity", *British Journal of Sociology*, September, pp. 519—539.

Hutton, S., Kennedy, S. and Whiteford, P. (1995) *Equalisation of state pension ages: The gender impact*, Manchester: EOC.

IPPR(Institute for Public Policy Research) (2001) *A new contract for retirement: Interim report*, London: IPPR.

IPPR(2002) *A new contract for retirement*, London: IPPR.

Joshi, H. and Davies, H. (1998) *Pension sharing on divorce: Comments on consultation document and draft bill*, Discussion Paper PI-9812, London: The Pensions Institute(Birkbeck College).

McKay, S. and Rowlingson, K. (1999) *Social security in Britain*, Basingstoke: Macmillan.

NAO(National Audit Office) (2000) *State Earnings-Related Pension scheme: The failure to inform the public of reduced pension rights for widows and widowers*, London: The Stationery Office.

O'Connell, A. (2002) *Raising state pension age: Are we ready?*, London: Pensions Policy Institute.

Parliamentary Ombudsman(2000) *State earnings-related pension scheme (SERPS) inheritance provisions*, 3rd Report for Session 1999—2000, London: The Stationery Office.

Pension Provision Group(1998) *We all need pensions—The prospects for pension provision*, London: The Stationery Office.

Shaw, C. (2001) "United Kingdom population trends in the 21st century", *Population Trends 103*, London: The Stationery Office, pp. 37—46.

203

Smeaton, D. and McKay, S. (2003) *Working after state pension age*, DWP Research Report No. 182, Leeds: Corporate Document Services.

Vlasblom, J. and Nekkers, G. (2001) "Regional differences in labour force activity rates of persons aged 55＋ in the European Union", Eurostat Working Paper 3/2001/E/no, Luxembourg: Office for Official Publications of the European Commission.

Walker, A. (1986) "Pensions and the production of poverty in old age", in C. Philipson and A. Walker(eds.) *Ageing and social policy*, Aldershot: Gower, pp. 184—216.

Walker, A. (1992) "The poor relation: poverty among older women", in C. Glendinning and J. Millar(eds.) *Women and poverty in Britain in the 1990s*, London: Harvester Wheatsheaf, pp. 178—198.

Women and Equality Unit(2002) *Individual incomes of men and women 1996/97 to 2000/01*, London: Cabinet Office.

World Bank(1994) *Averting the old age crisis: Policies to protect the old and promote growth*, New York, NY: Oxford University Press.

网络资源

内阁办公室	www. cabinet-office. gov. uk
养老金与社会保险中心	www. bbk. ac. uk/res/cpsi
就业与养老金部	www. dwp. gov. uk
就业与养老金部关于养老金领取人数的统计	www. dwp. gov. uk/asdpensioners. html
金融服务局	www. fsa. gov. uk
财政部	www. hm-treasury. gov. uk
财政研究所(养老金与储蓄中心)	www. ifs. org. uk/pensionsindex. shtml
国际劳工组织	www. ilo. org/public/english
国际货币基金组织	www. imf. org/external
最低收入保障计划	www. thepensionservice. gov. uk/mig/mig. asp

职业年金管理局	www. opra. gov. uk
养老金服务中心	www. thepensionservice. gov. uk
养老金政策研究所	www. pensionspolicyinstitute. org. uk
就业与养老金委员会	www. parliament. uk/commons/selcom/ workpenhome. htm
世界银行	www. worldbank. org

第三部分　变动中的服务提供

第十一章
服务提供与使用者[*]

概要 本章聚焦于使用者的社会保障体验,以及社会保障是如何提供的。内容包括:

- 考察服务提供的最新发展;

- 分析使用者的主要特征,这些特征影响服务提供;

- 探讨不领取社会保障待遇的问题;

- 考察各部门对 1997 年前的服务状况的批评,看看他们都有哪些证据,以及近年来的政策举措的主要特征;

- 考察地方当局是如何管理住房津贴和市政税收优惠的;

- 讨论了主张和反对让使用者在影响服务提供的决策中有更大发言权的理由。

导言:提供社会保障

政策传递是工党社会保障改革的核心,因为工党意识到,政策的落实情况与传递方式影响着政策的效果。在工党领导下,搞了一段时间的试点、实验,对提供社会保障待遇和支持服务的组织方式进行了重组(参见资料框 11.1),其中特别有意义的举措有:在新政中引入个人顾问(个案工作者),增加电话的使用以及 ONE 试点项目。个人顾问的引入改变了给工作年龄的服务对象的待遇提供和支持服务,他们提供了一个更个人化的服务。ONE 试点项目则让社会保障福利署、就业服务和地方当局联手,为工作年龄人口提供"一站式"服务。

截至 2002 年春,在英国,提供社会保障的组织形式主要有六种:

- 税务局的集权提供方式,包括儿童津贴、税额抵扣及国民保险缴费。申请儿童津贴和税额抵扣往往通过邮局的方式。绝大多数在业人员的国民保险费由雇主代扣代缴。

209

---

* 本章作者为布鲁斯·施达福德,拉弗巴拉夫大学社会政策研究中心主任。详见 www.crsp.ac.uk。

资料框 11.1　1990 年以来社会保障使用者所经历的重大里程碑

1990 年　● 就业服务获得了行政机构地位。

1991 年　● 建立福利署,负责管理 20 余种福利待遇;
　　　　　● 启动公民宪章。

1993 年　● 建立儿童支持署。

1994 年　● 福利署推行"一站式"服务试点;
　　　　　● 建立战争养老金署。

1996 年　● 改变项目,取代了"一站式"试点;
　　　　　●《改进社会保障决策与申诉》绿皮书发表(DSS, 1996)。

1997 年　● 出台有关证明材料的规定——申请人须在规定的时间内提交申请表并
　　　　　　提供相关证明材料;
　　　　　● 启动主动的现代化服务——以顾客为中心的积极服务。

1998 年　●《社会保障法》,改革了社会保障决策与申诉程序;
　　　　　●《新宏愿》绿皮书发表(DSS, 1998a);
　　　　　●《通往工作之门》绿皮书发表(DSS, 1998b);
　　　　　● 启动路易斯汉姆整合服务示范项目——福利署与路易斯汉姆市政当局
　　　　　　通力合作;
　　　　　● 启动单亲父母示范项目——福利署,儿童支持机构与伦敦肯登区联手;
　　　　　● 设立服务优先处。

1999 年　●《使政府现代化》白皮书发表(Cabinet Office, 1999);
　　　　　● 保费征缴署从社会保障部剥离,划归税务局;
　　　　　● 启动 ONE 试点(自愿参加阶段);
　　　　　● 税务局负责管理税额抵扣。

2000 年　● 申诉服务中心开始运行,取代了独立法庭服务;
　　　　　● 可以远程申报退休金和最低收入保障。

2001 年　● 社会保障部及教育与就业部的一部分职能合并组建就业与养老金部;
　　　　　● 战争养老金署从社会保障部剥离,划归国防部;
　　　　　● 56 家探路者就业服务中心办公室开始运行;
　　　　　● 启动照料向导试点,整合了多种政府服务及社会保障待遇,为退休人员
　　　　　　服务。

2002 年　● 养老金服务中心开始运行;
　　　　　● 就业服务中心取代就业服务和福利署,给工作年龄人口提供服务。

2003 年　● 儿童津贴改由税务局负责管理。

● 由福利署和就业服务中心合并而成的就业服务中心,在地方上提供若干种
失业待遇(主要是求职补助、失能津贴和收入支持)以及给工作年龄人口提
供就业服务。第一次申请待遇的人,首次联系时鼓励他们使用电话。有一

位顾问询问他们的个人情况,评估他们的工作准备,在合适的情况下帮他们寻找空缺岗位,并给他们约好与个人顾问面谈的时间。申请表通过邮局寄出。在就业服务中心,与个人顾问的面谈应以工作为着眼点,而财务顾问则对提交的申请表进行审核。以后与个人顾问碰面的时间也会安排好(此外,求职者每两周须到就业中心签到一次)。

- 养老金服务中心取代了福利署提供的养老金服务。该项服务主要是电话服务,由全国 26 个养老金服务中心提供。按照规划,地方的养老金服务中心将与地方当局和志愿机构合作提供服务。
- 残障和照料者服务,以提供残障和照料者待遇。
- 儿童支持署,通过六个地区办事中心和全国咨询热线,管理儿童支持服务。
- 地方当局负责管理住房津贴和市政税收优惠。

此外,申诉服务中心负责社会保障待遇、税额抵扣及儿童支持服务等方面的申诉。内阁办公室和国防部分别负责难民安置和战争养老金。因此,尽管最近推行了机构改革,英国的社会保障(广义)提供在组织上依然是分散的。

本章将用"使用者"一词,而不是"顾客"或"客户"。社会保障体系使用的标签很多,如"客户"。这样的标签有个特征,缺乏增能的内涵。相反,"使用者"一词往往有"公民"的内涵,指的是某个有社会权利、在服务的提供方面有发言权的人。虽然目前消费社会保障的人并不是这个意义上的"使用者",但是,在下文中,我们将举出主张和反对使用者卷入社会保障提供过程的理由。

下一部分扼要介绍了使用者的规模以及使用者的主要特征,这些特征影响着社会保障的提供。此外,还简要讨论了符合资格条件的人不领取待遇的问题。接着,勾勒了 1997 年工党政府对社会保障提供过程的关切、相关的证据以及政策反应背后的政策主题。文中提到了住房津贴和市政税收优惠,因为在英国,这些都是由地方政府负责的。最后一部分讨论使用者介入社会保障提供过程以及消费文化的问题。

使用者

他们是谁?

可以说,在英国,在人的一生中,每个人总会有成为社会保障体系使用者的时

211

候。儿童的父母或监护人会领取儿童津贴。许多工作年龄人口缴纳国民保险费，申领失业待遇、在业津贴或税额抵扣。老年人领取福利待遇或国家养老金。由此得出两大特征：首先，社会保障的使用者人数相当多（参见资料框 11.2）。其次，使用者群体内部存在着巨大的差别。

资料框 11.2　社会保障使用者的规模

特定时点上使用社会保障体系的人数。

儿童和家庭：

- 260 万名儿童（20%）生活在 140 万户领取求职补助、失能津贴、重度残障补助、残障生活补助或收入支持的家庭（2001 年 5 月）；
- 230 万名儿童生活在 120 万户父母中有一方就业且领取税额抵扣的家庭（2001 年 5 月）；
- 1 270 万名儿童生活在 710 万户领取儿童津贴的家庭（2001 年 5 月）；
- 100 万名儿童申请儿童支持服务提供全额赡养费（2001 年 8 月）。

工作年龄人口：

- 500 万工作年龄人口申请求职补助、失能津贴、重度残障补助、残障生活补助或收入支持（2001 年 8 月）。

退休人员：

- 1 030 万老年人领取护理补助，失能津贴、重度残障补助、残障生活补助、最低收入保障[a] 或退休金（2001 年 5 月）。

其他重要待遇：

- 390 万人领取住房津贴（2001 年 5 月）；
- 470 万人享受市政税收优惠（2001 年 5 月）；
- 120 万人获得了社会基金预算内贷款，90 万人获得了危机贷款（2000—2001 年度）。

缴费人数：

- 6 500 万人缴纳国民保险费。

注：税额抵扣指的是工作家庭税额抵扣及残障人士税额抵扣。

[a] 从 2003 年起，最低收入保障并入养老补助金。

资料来源：DWP（2001，2002a，2002b，2002c，2002e）；Inland Revenue（2002）。

此外，雇主也是一大"使用者"群体。他们在国民保险费征缴中发挥着关键作用，给低收入雇员发放抵扣税额，提供企业年金，为新政及其他就业项目提供实习机会以及提供空缺岗位。然而，下面谈的使用者都是个体，而不是企业。

有些人名正言顺，天天跟社会保障打交道。然而，另一些人则在人生的关口跟社会保障体系打交道。比如，配偶离去或失去工作。许多使用者在自己最脆弱时与社会保障体系打交道。他们丧失自尊，前途迷茫。不愿跟服务部门打交道，担心利用服务会导致自己蒙受羞辱,都可能会加重这种情形。

如果使用者不识字或不识数,他们与社会保障体系打交道就更难了。事实上,与未享受社会保障的人群相比,享受社会保障的人群中技能水平低下的人所占的比例更大。多米尼和哈若普(Dominy and Harrop, 1998)在一份报告中提到,根据1996年英国成年人文化调查,领取社会保障待遇的人中,31%的人阅读政府的信息有困难[①],18%不会写信或写便条,28%的人需要别人帮忙填写申请表(没有领取待遇的人中,相应比例分别为23%、8%和16%)。

使用者对社会保障体系有各种各样的要求。贝利和普赖斯(Bailey and Pryes, 1996)基于对24位申领收入支持的定性研究,根据使用者的自信心和能力的强弱,把福利待遇的使用者分为三类:

高自信、高能力:对服务提出的要求不多。他们不需要多少个人联系,自己就能填写各种表格,提供相应的证明材料;他们自己能把申请的事搞定。

中等自信、中等能力:他们会提出适度的要求。他们需要跟工作人员进行私人接触,以免自己出错;在提交申请材料之前,他们希望有人帮他们看看申请表和证明材料;申请待遇时,他们需要信息和帮助。

低自信、低能力:他们很需要个人联系;需要别人给他们提供建议;需要别人帮他们填写表格,告诉他们需要提交哪些证明材料。

可以说,这种分类也适用于其他领取待遇的人员。它表明,社会保障体系要满足使用者的各种需要,有多种方式。

领取待遇与在业支持

不过,有些人并没有利用他们可以享受的社会保障待遇或在业支持。要享受待遇或在业支持(如税额抵扣),那么,潜在的受益人就必须提出申请。难以避免的情况是,并非所有符合条件的使用者都会申请待遇和在业支持。不申领社会保障待遇或在业支持不仅会减少受益人的收入(Craig, 1991),也会影响政策的有效实施,如消除儿童贫困。

利用率因待遇的不同而不同。像退休金和儿童津贴之类的普惠型待遇以及

---

① 指的是领取下列待遇的人员:失业津贴、单亲津贴、残障生活补助、护理补助、家庭税额抵扣、残障护理补助、收入支持、社会基金、失能津贴以及重度残障补助。

社会保险待遇,利用率要比跟收入相关的待遇的利用率高。据官方估计,与其他人群相比,退休人员领取收入相关的待遇的比例要低一些。少数族群(Amin and Oppenheim, 1992;并参见第十三章)及残障人士利用社会保障待遇的比例通常也偏低。此外,有房的人申请税收优惠的比例一般也不高。

有关利用率的文献很多,这里不进行评论(参见 Craig, 1991; Oorschot, 1995; Corden, 1999)。影响利用率的主要因素有:

- 待遇或在业支持体系的结构:如果人们必须提出申请,资格条件复杂,审核标准不清,享受待遇得经过生计调查,待遇与其他支持措施相关,待遇针对的社会群体具有负面含义,在这些情况下,利用率都不高。

- 管理安排:在下列情况下,利用率比较低:申请表又长又不好填,难以获得有关待遇的信息,或相关信息不具体、不明确;处理待遇申请时出错或拖延。

- 服务对象的特征:在以下情况下,利用率较高:潜在受益者觉得有必要领取待遇或在业支持,他们知道有这么回事,深信自己符合资格条件,认为待遇超过申请的成本或不便,领取待遇时没有或很少有耻辱烙印;他们认为,眼下的经济困境可能会持续下去(Kerr, 1983)。

- 待遇的动态性:不同的待遇可能有不同的"能实现的利用率"(Walker, 1996)。这种能实现的利用率反映了领取待遇和在业支持的动态性。如果待遇的目标人群这个时候符合条件,过一段时间又不符合条件,那么,利用率就与享受待遇的期限相关,享受期限短时的利用率要比享受期限长时的低。

呼唤现代化

1997 年上台的工党政府起初对福利待遇的提供方式很不满。比如,时任社会保障国务大臣的哈利特·哈尔曼(Harriet Harman)就说:

> 社会保障现在的传递方式,不论是埋单的民众、使用社会保障的服务对象,还是社会保障的工作人员,都对其恨之入骨。对于许多人来说,现在的体系是碎片化的、反动的、僵化的,也是令人困惑的……我决心对现有的服务进行全面的检查。我想建立一个现代化的、一体化的体系,一个更简便、更流畅、更有效的体系(DSS, 1997:1)。

大量研究表明,大臣对当时的社会保障传递体系的指责并非没有道理:

- 有证据表明,复杂的待遇体系让许多申请者"晕头转向"（Shaw et al.，1996；Stafford et al.，1996）。

- 人们不得不跟多家组织打交道,一而再、再而三地填写同样的信息（Vincent et al.，1995；Kellard and Stafford, 1997；Ritchie and Chetwynd，1997）。

- 申请表又长又复杂,问题表述不清楚（Corden and Craig, 1991；Hedges and Thomas, 1994；Cummins, 1996；Kellard and Stafford, 1997；Ritchie and Chetwynd, 1997；Stafford et al.，1997）。

- 服务对象不知道需要哪些信息（申请表要求提供的信息或证明材料）。有些服务对象填写表格时很随意（Bailey and Pryes, 1996；Ritchie and Chetwynd，1997）,有些细节想不起来,且难以获得有关证明材料,这些因素都会使问题变得更加严重（Ritchie and Chetwynd，1997）。

- 在申请者与福利署打交道时,有一种"我们和他们"的文化（Walker et al.，1994；Vincent et al.，1995）。

政策反应

工党的政策反应是将服务提供"现代化"。即将上台的工党继承了保守党政府的《改变计划》及其绿皮书（DSS, 1996）,其中提出了简化决策和申诉程序的方案。工党 1998 年的《社会保障法》实施了这些方案。改变计划试图重构办事程序,以便简化程序,减少差错;在待遇处理中增加信息和通讯技术的使用,并引入"购买者—提供者分离"的模式,以便让私营和志愿部门参与待遇的传递。在三年时间内,它把社会保障部及其下属机构的效率提高了 25%。不过,普遍认为这项计划的目标是削减成本。有些评论者对这些举措深表怀疑（可参见 NACAB, 1997；Adler and Sainsbury, 1998）。论者认为,这些改革削弱了待遇申请人的能力,使其难以挑战决策者作出的有关其待遇资格的决定。同时,外展服务和咨询服务也因为改革而取消了。对于使用者来说,改革带来的结果是,申请表有了一些改进,但对证明材料的要求却严格许多,如果没有提供规定的相关证明材料,申请就不会被受理（参见 Hedges and Sykes, 1999）。同时,政府也更加重视打击骗保了,并引入了申诉服务中心,受理人们的申诉。

此外,工党还推出了一系列与服务传递相关的举措(参见资料框 11.1)。这些举措在不同程度上得到了五大变化的支持:使用"个案服务"、设立统一门户、服务提供一体化、电子政务以及更多地使用强制。下面一一进行考察。

个案服务:使用个人顾问

福利改革绿皮书《新宏愿:新福利契约》提出要提供"灵活多样、专业化、个别化的服务"(DSS,1998a:28),以帮助人们履行领取待遇应尽的义务,促进人们就业。依据单亲父母新政给单亲父母提供的个人顾问服务,扩展到其他处于工作年龄的服务对象。虽然在保守党当政时,对个案工作也搞过试点(Vincent et al.,1998),但工党却发展了这一概念,并将其扩展到社会保障领域。目标是提供个别化的服务,根据使用者的具体情况提供相应的建议和支持。个人顾问与使用者面对面,讨论他们的工作意向,帮助他们找工作,看看他们有何培训需要,评估服务对象是就业好还是继续领取待遇好,并在恰当的时候建议服务对象去找儿童照料服务或专门化的服务(比如,对付药物滥用和酗酒)。

一般而言,对个人顾问这种模式,工作人员和使用者的评价都不错(Legard et al.,1998;Arthur et al.,1999;Atkinson,1999;Finch et al.,1999;Legard and Ritchie,1999;Woodfield et al.,1999;Lewis et al.,2000;Kelleher et al.,2002;Osgood et al.,2002)。他们认为,与此前的做法相比,个人顾问服务更有效、更友好,也更轻松。个人顾问和服务对象之间的关系,直接关系到政府从福利到工作政策的成败。尽管如此,个人顾问的职责范围和职责定位还是有点模糊,有些使用者对服务的评价也有好有坏。在与使用者打交道时,个人顾问承担了各种角色,工作方法也各种各样。这种状况引起了一些人的关注,担心个人顾问的酌情处理权太大。

个人顾问的一大职责是确定服务对象有哪些需要,看看他们就业有哪些障碍(DSS,1998a)。然而,职责范围可大可小,可以只管与工作相关的问题,也可以采取更"整体"的策略,考察个人的社会经济需要(Lewis et al.,2000)。尽管有些使用者可能并不想让个人顾问过多介入自己的生活,但对其他人来说,却希望个人顾问能提供更全面的服务。对单亲父母新政(Finch et al.,1999;Lewis et al.,2000)和年轻人新政(Legard and Ritchie,1999)的研究表明,服务对象对于有些个人顾问把自己当人看这一点评价很高。不过,在新政的实践中,个人顾问提供的服务一般都局限于就业服务。再者,在试点阶段,个人顾问给有多种需要的人也只能提供有限的支持(求职补助)(Kelleher et al.,2002)。路易斯等人(Lewis et al.,2000)也证明,在单亲父母新政中,个人顾问提供的信息有时并不充分,这导致使用者很难说清楚自己有什么需要。

尽管新政重视就业,然而对试点项目的评估却表明,就业面谈(个人顾问和使用者坐下来谈工作意向、就业障碍和就业机会)这种做法可能是成问题的(Kelleher et al.,2002;Osgood et al.,2002)。刚开始与使用者碰面时,往往关注的是申请待遇的问题,而工作相关的问题则被忽视了。就业面谈也局限于核实一些基本细节,给服务对象找工作,却没有对使用者的就业能力进行系统的评估。导致这种状况的原因,一是时间太紧,二是使用者最关心的是申请待遇①。尽管如此,有些使用者却由于个人顾问不跟他们谈培训机会的问题而甚为失望。

个人顾问有一定的工作量要求②。然而,使用者成为重点关注对象的程度却因人而异,而且即使成为个案,也并非总是能得到优先对待。在残障人士新政(Arthur et al.,1999;Loumidis et al.,2001)和就业服务中心 ONE 试点项目(Kelleher et al.,2002)中,就业准备最充分的使用者都成为重点个案。这种做法部分是因为资源不足:服务对象越来越多,而工作人员却有限,随后的跟踪面谈排不开。特别是对有多种需要的人员或长期失业人员,更是如此。此外,对于某些敏感个案,个人顾问可能会缺乏必要的技能和经验。另一方面,个人顾问要完成一定的工作量指标,这促使工作人员将工作重点放在工作准备最充分的人身上。从管理的角度看,他们可能会把一些更棘手的个案转介给内部或外部专家(比如,单亲父母顾问或残障就业顾问),规避某些案例或者搞团队协作。这会使服务的传递缺乏连续性,不过,奥斯古德等人(Osgood et al.,2002)的评估报告称,ONE试点项目的使用者对此并不介意。

作为个案工作者,个人顾问还承担着倡导者的角色——在本机构及其他机构中为倡导服务对象的需要和能力。另一方面,个人顾问还有资源或服务配置的功能,他们是"守门员",必要时还需将问题个案提出来,让他们接受处罚。如果个人

217

---

① 参见第十二章的相关讨论。基层工作人员面临的限制及其对策,影响了政策实施。
② 儿童支持署也使用了个案工作者模式(CSA,2002),他们把使用者分给个案工作者的团队,由该团队负责跟个案打交道,直到该个案定期领取待遇为止。福利署试图让个案工作者有连续性,但有时难免做不到。

顾问成为尽职尽责的"守门员",会影响他们与服务对象的关系,对于保密性也有一定的影响。

门户

门户提供了通往以服务对象为中心的社会保障体系的统一路径。"门户"的概念是就业 ONE 试点的核心(DSS,1998b)。在 ONE 试点项目中,单亲父母、残障人士、求职人员等使用者接受的服务都类似,尽管他们的申请仍然根据不同的待遇规定来处理。对于工作年龄人口来说,门户的中心是就业,也就是说,从一开始就强调(再)就业。门户提供了一种机制,让个体能够穿越待遇和就业的迷宫。要实现这一目标,使用者将被转介给专门的帮助和支持服务。然而,个人顾问转介的数量可能会比较低,其原因是个人顾问可能:

- 不愿放弃对某个服务对象的"所有权";
- 不想让他们的服务对象再经历跟另一个人熟悉、定向的过程;
- 不知道地方上到底有哪些服务;
- 不想把使用者作为重点个案;
- 缺乏评估技能,不知道使用者需要转介;
- 认为转介后,服务提供者采取的行动并不能满足服务对象的需要;
- 知道有些服务提供者的服务质量糟糕(Arthur et al.,1999;Tavistock Institute,1999;Kelleher et al.,2002)。

奥斯古德等人(Osgood et al.,2002)的研究报告提到,在试点项目中,有些服务对象认为,工作人员给他们指的路有问题。培训的效果不好,找到的工作都是些低薪、不需要什么技能的工作,而且干不长。然而,其他一些服务对象对于被转介到专门的个人顾问和残障专家(残障就业顾问)则甚为满意。

一体化的服务

哪些组织管理哪些待遇和服务,往往令使用者困惑不解(Dibden,1994;Kellard and Stafford,1997;Stafford et al.,1997,1998)。自 20 世纪 90 年代以来,政府出台了各种政策举措,以改进各部门的协作联动,特别是福利署、儿童支持署、就业服务中心和地方当局之间的协作(参见 Dibden,1994;Kellard and Stafford,1997;Stafford et al.,1998;Rose,1999;Thomas et al.,1999;Chang

218

et al.，2001；Kelleher et al.，2002)。就联合协作而言，可以区分为不同形式：

- 密切协作，某组织的工作人员对另一家机构的服务提供建议和信息服务（包括转介）；
- 同台服务，不同组织的工作人员在同一个地方提供各自的服务；
- 一体化服务，工作人员提供各种组织职责范围内的各种服务。

不论是密切协作还是同台服务，都未能提供一种综合性的服务，因为使用者还是必须在不同机构之间跑来跑去。此外，他们也没有解决组织文化的差异问题，没有解决不同机构的利益冲突以及不同机构组织规定的冲突(Chang et al.，2001)。尽管一体化协作提供了一种"消费者友好"的服务，因而迈出了走向个案工作的一步，但它并不等于一线工作人员都是"无所不知"的全科医生，因为他们有时必须将人们转介给其他人。1998 年以来的政策重点是一体化的服务提供。

使用者喜欢联手协作。很多人都把联手协作作为多机构联手的逻辑延伸(Rose，1999；Thomas et al.，1999)。特别是，使用者只需提供一次信息，申请过程也更简便、更快捷，压力也小一些。然而，如果联手协作的结果是提出申请后迟迟不办，待遇迟迟不发，使用者就不满意了(Thomas et al.，1999)。还有一种风险，即经验不足的工作人员可能给使用者提供错误信息。

各种研究都表明，让福利署、儿童支持署和就业服务等联手协作，要比福利署同地方当局联手协作更容易(Stafford et al.，1998；Thomas et al.，1999；Kelleher et al.，2002)。由于沟通不良，再加上地方管理人员不愿担当各项举措的管理责任，妨碍了福利署与地方的合作。对信息技术和员工培训的投资不足，也限制了联手协作的开展。

电子政务

《使政府现代化》(Cabinet Office，1999)白皮书的目标是实现公共服务部门的联动，以更好地满足顾客的需要，提升服务质量。同时，白皮书还承诺，在 2008 年前，政府的所有服务均可通过电子方式办理。就业与养老金部的使用者也使用互联网、电子邮件和网点，但就业与养老金部做的主要是发展电话服务[①]。各种服务都建立了呼叫中心，开通了服务热线，特别是儿童支持和养老金服务。比如，

[①] 关于信息通讯技术在社会保障及服务提供中的运用，详见本书第十三章。

2000 年 5 月开通了最低收入保障申请热线,处理机填写完电子申请表后寄给退休人员,让他们检查表中信息,补充其他信息并签名。

与其他联系方式相比,通过电话与社会保障机构打交道,使用者对服务质量的评价很高,满意度也很高(Stafford et al.,1997;Rose,1999;Thomas et al.,1999;Bunt et al.,2001;Osgood et al.,2002)①。不过,电话服务也有不足之处。比如,使用者在回答问题前,可能没有足够的思考时间。如果其母语不是英语,可能听不懂某些问题(Stafford et al.,1997;Rose,1999;Thomas et al.,1999;Bunt et al.,2001)。

更多地使用强制

对于工作年龄人口,强制增多了,初次申请或重新申请失业待遇的人员必须参加就业面谈。这并不是说,除领取求职补助的人员必须有工作意愿且积极找工作外,其他领取待遇的人员也必须找工作,这只是说,他们必须跟个人顾问讨论与就业相关的一些问题。人们认为,强制申请待遇的人尽早接受就业面谈,给他们提供及时的帮助和支持,有助于防止他们依赖福利。然而,强制面谈可能会过于强调妨碍就业的态度因素和动机因素,而忽视其他更“现实”的就业障碍(Bennett and Walker,1998)。有些使用者担心,除领取求职补助的人外,强制其他人接受就业面谈的做法过于苛刻。而且,个人顾问对于面谈的必要性、面谈的时间安排问题,也应当有更大的自主权(Osgood et al.,2002)。如果个人顾问面谈时不太敏感,或者申请人觉得个人顾问不太了解当地劳动力市场等相关议题的话,面谈可能适得其反。

“福利组合”在服务传递中的发展

不论是津贴、在业支持,还是就业服务,提供者是清一色的公共部门。然而,近年来,越来越多的服务开始由私营机构、志愿组织提供服务。政府认为,让私营机构和志愿组织提供服务,有利于提升服务提供的效率,推动提供方式方法的创新。比如,ONE 项目 12 个试点中,就有 4 个是由私营或志愿机构负责运行的。此外,在很多新政计划中,都有非公共部门的参与。其风险是,福利“组合”会影响政府提供一体化服务的努力。与协调政府机构和地方当局相比,管理各式各样的

220

---

① 尽管 2000 年一项对儿童支持署的使用者的调查表明,使用者对于电话服务或书面沟通并没有明显的偏好。

服务提供者可能更成问题。

地方当局的福利提供

在英国,对津贴、儿童支持和在业支持服务的管理是集权化的,虽然集权的程度各有差别。申请由中央受理,如税额抵扣。其后的程序和方法,也是全国统一的。住房津贴和市政税收优惠是例外。地方当局代表就业与养老金部,管理住房津贴和市政税收优惠。虽然法律对全国的待遇条件、待遇水平以及绩效考核标准等都作出了详细规定,但在管理这些待遇方面,地方当局却有较大的自主权。比如,他们可以自行设计申请表,采购不同供应商提供的电脑系统。结果,地方当局在提供住房津贴和市政税收优惠时,方式的确有所不同(Stafford et al. , 1999)。

批评者指出,地方当局在提供住房津贴和市政税收优惠时,表现差别很大。比如,处理申请的速度就有很大的差别。1997—1998 年度,近 80％的地方都是在国家规定的 14 天期限内完成申请的审批手续(Stafford et al. , 2000)。审计委员会(The Audit Commission, 1999)称,有 44％的地方当局对住房津贴的管理很糟糕。这意味着,使用者获得的服务质量如何,取决于他们在哪个地方生活。政府看起来在努力简化住房津贴的管理,并推出更统一的服务提供标准。然而,可以认为,由地方当局提供福利待遇有以下好处:

- 增强民主,强化地方当局的责任,尽管待遇管理问题在选举时几乎无人问津;
- 给当地的政治家和管理人员提供了机会,他们可以根据当地的社会经济环境以及服务对象的规模和构成,适当调整服务提供的方式和内容。

在英国,人们呼吁中央政府放权,这会让地方当局更多地参与到社会保障的传递中来。

消费者或使用者?

从某个角度说,社会保障服务传递领域最近发生的变化还是很激进的:设立了就业服务中心和养老金服务中心等新机构,以提供社会保障服务;推行了个人顾问的做法;电话服务也逐渐推开了;等等。然而,从"使用者"的角度说,社会保障的传递依然是"消费主义"的,因为个人不是被视为公民,而是被当做顾客

221

(Ling，1994)。自从 20 世纪 80 年代中期开始，新型公共部门管理都"以顾客为中心"(Clarke and Newman，1997)，而上述政策的基础也是"顾客友好"。社会保障及其他公共部门的消费主义旨在让提供服务的人更积极地回应"顾客"的需要。这种做法实际上是模仿竞争市场上的消费者主权。使用者参与意味着顾客参与服务的提供过程，这是一种参与式民主。其目标是给个人和社区以"声音"，从而影响决策。资料框 11.3 概括了主张和反对使用者介入社会保障的理由。

资料框 11.3　支持和反对使用者介入社会保障的理由

支持的理由：

- 使用者介入使顾客及工作人员能"表达"他们对服务的不满，因而有助于确保以一种恰当、可行的方式，满足他们的需要和期望(Deakin and Wright，1990)。
- 使用者介入使社区和个人能表达自己的需要(Sanderson，1992；Potter，1994)。作为一种公共物品，个人从消费社会保障中获得的福利，部分取决于他了解到其他人也从这项服务中获益了。这是强调个别化消费的消费文化所忽略的社区需要。
- 使用者介入有助于相关各方更好地理解彼此的观点和诉求。
- 使用者介入有助于服务机构与使用者更好地沟通。
- 使用者介入有助于实现使用者和服务提供者之间的权力平衡(Barnes and Walker，1996)，从而有助于提高机构和个人的决策质量。
- 使用者介入有助于消除领取福利待遇时蒙受的羞辱(Spicker，1995)。
- 使用者介入有助于促进个人成长和发展(Barnes and Walker，1996)。增能能提升个人自信，培养社会和人际关系技能，更能掌控自己的生活。
- 使用者介入提升公民权和市民社会的民主(Plant，1990)。

妨碍使用者介入社会保障的可能因素：

- 参与者可能缺乏代表性，代表不了使用者。
- 议程谁说了算？如果是官方提，那么，对于使用者而言的重要项目可能会被排除在外。相反，如果顾客提出议程，他们可能会提一些管理人员觉得并不适合双方谈的实质性问题。
- 很难确保不谈个别情况。
- 工作人员可能会反对，因为他们会失去部分决策权(Plant，1990)，而使用者也会为参加而参加。
- 在英国，社会保障既由地方管，也由中央管。让使用者出席会议可能会有问题，如中央管理的社会保障待遇。
- 使用者介入延长了决策过程。
- 使用者的沟通技能、自信心跟官员相比，可能会有差距。
- 缺乏足够的资源来支持使用者参与。

赫希曼（Hirschman，1970）指出，个体如果对某种商品或服务的供应不满，他会仍然忠于提供该商品或服务的组织，表达他们的不满；或者选择退出，找别的商品或服务提供者。在社会保障领域，人们可以自愿退出，参加私营保险。然而，这样做会带来经济问题和其他一些困难。因此，对于大多数人来说，除了"说"和"忠诚"以外，其实别无选择。消费主义在公共部门的发展，旨在通过给顾客在服务提供和服务传递中的话语权，改变服务提供者和服务接受者之间的权力失衡。在英国，通过《公民宪章》就能看出这种消费主义。福利署、儿童支持署、求职者及缴费署等，都有宪章。这些做法是有意的，因为他们让我们注意到服务的提供。然而，经理人员决定着提供的优先次序及服务标准，在确定服务质量时也没有与使用者沟通。在社会政策的其他领域，如社会住房和个人社会服务等，使用者能更积极地参与决策。

就业与养老金部与使用者之间有各种磋商安排，如年度待遇论坛。在论坛上，就业与养老金部的大臣及高级职员与使用者代表面对面，并与关心老人及公民建议全国联合会等组织举行定期磋商会。虽然这些联系是值得欢迎的，不过，使用者的参与还是很有限。有些地方尝试着让使用者更多地参与进来（参见Swift et al.，1994；NCC et al.，1999）。然而，在社会保障体系中，使用者要想更多参与进来的话，面临着许多"挑战"（参见资料框11.3）。因此，需要发挥创造性，多试试看，以便找到使用者参与的可行办法。

223

总结

简言之，社会保障的个体使用者人数众多，且多种多样。相当比例的人不识字或不识数；当与社会保障体系打交道时，有些人比另一些人更自信、更有能力。许多人由于结构、管理和个人的原因，没有申请他们有权享受的待遇。

使用者的现状很大程度上解释了服务传递的不同模式，以及政府为什么会尝试不同的传递方法并对相关机构进行重组。最近为使服务现代化而采取的政策举措的主要旨趣是：

- 对处于工作年龄的使用者，以个人顾问的方式广泛使用个案服务；
- 为工作年龄人口提供服务门户，使个人能快速通过系统；

- 尝试对服务传递进行整合；
- 电子政务特别是电话服务的发展；
- 要求初次申请或重新申请失业待遇的工作年龄人口参加就业面谈，以此作为享受待遇的条件；
- 营利组织和非营利组织参与服务的提供。

虽然在提升一体化的服务传递方面，地方当局也参与进来了，但对住房津贴和市政税收优惠的管理却基本没动，尽管有些人批评其表现欠佳。

从某个角度看，政府的议程是激进的。特别是2002年以来的机构变化，更是大刀阔斧。然而，他们的改革策略仍然是"消费主义"的。有人主张让使用者更多地参与社会保障政策制定，很有说服力。虽然面临着巨大的障碍，但其他公共服务都已经成功地克服了这些障碍，并找到了确保使用者参与决策的方式，让使用者也能就服务传递议题建言献策。

思考题

1. 引入就业服务中心和养老金服务，是否如当时的国务大臣所言，"是二三十年来对福利提供体系进行的最全面的改造，其中心是满足个体的需要"（DWP，2002d：1）？

2. 福利服务传递的首要目标，是确保"从第一次起，每次都能享受应得的待遇，不多不少"，还是有别的目标？

3. 设计社会保障的传递系统时，政策制定者需要考虑哪些因素？

参考文献

Adler, M. and Sainsbury, R. (eds.) (1998) *Adjudication matters：Reforming decision making and appeals in social security*, Edinburgh：Department of Social Policy, University of Edinburgh.

Amin, K. and Oppenheim, C. (1992) *Poverty in black and white：Deprivation and ethnic communities*, London：CPAG.

Arthur, S., Corden, A., Green, A., Lewis, J., Loumidis, J., Sainsbury, R., Stafford, B., Thornton, P. and Walker, R. (1999) *New Deal for Disabled People：Early implementation*, DSS Research Report No. 106,

Leeds: Corporate Document Services.

Atkinson, J. (1999) *New Deal for Young Unemployed People: A summary of progress*, Research and Development Report ESR13, Sheffield: Employment Service.

Audit Commission (1999) *Fraud and lodging: Progress in tackling fraud and error in Housing Benefit*, London: Audit Commission.

Bailey, L. and Pryes, J. (1996) *Communications with the Benefits Agency*, DSS In-house Report 20, London: DSS.

Barnes, M. and Walker, G. (1996) "Consumerism v. empowerment", *Policy & Politics*, vol. 24, no. 4, pp. 375—393.

Bennett, F. and Walker, R. (1998) *Working with work: An initial assessment of welfare to work*, York: York Publishing Services for the Joseph Rowntree Foundation.

Bunt, K., Adams, L. and Jones, A.-M. (2001) *Evaluation of the Minimum Income Guarantee Claim Line*, DWP Research Report No. 147, Leeds: Corporate Document Services.

Cabinet Office(1999) *Modernising government*, Cm 4310, London: The Stationery Office.

Chang, D., Spicer, N., Irving, A., Sparham, I. and Neeve, L. (2001) *Modernising service delivery: The Better Government for Older People prototypes*, DSS Research Report No. 136, Leeds: Corporate Document Services.

Clarke, J. and Newman, J. (1997) *The managerial state: Power, politics and ideology in the re-making of social welfare*, London: Sage Publications.

Corden, A. (1999) "Claiming entitlements", in J. Ditch(ed.) *Introduction to social security*, London: Routledge, pp. 134—155.

Corden, A. and Craig, P. (1991) *Perceptions of Family Credit*, London: HMSO.

Craig, P. (1991) "Cash and benefits: a review of research on take-up of income-related benefits", *Journal of Social Policy*, vol. 20, no. 4, pp. 537—566.

225

CSA(Child Support Agency) (2002) "Child support reform operational vision", DWP, www. csa. gov. UK/op_vis. htm, downloaded 5 April.

Cummins, J. (1996) *Benefits Agency national customer survey 1995*, Leeds: Benefits Agency.

Deakin, N. and Wright, A. (1990) *Consuming public services*, London: Routledge.

Dibden, J. (1994) *Employment Service evaluation of the Remote Access Terminal (RAT) pilots*, Employment Service REB Report No. 90, Sheffield: Employment Service.

Dominy, N. and Harrop, A. (1998) "Literacy amongst benefit recipients in Britain", *Research Yearbook 1997/98*, Leeds: Corporate Document Services.

DSS(Department of Social Security) (1996) *Improving decision making and appeals in social security*, Cm 3328, London: The Stationery Office.

DSS(1997) "Harriet Harman sets out plans to transform delivery of social security", DSS press release, 22 July.

DSS(1998a) *New ambitions for our country: A new contract for welfare*, Cm 3805, London: The Stationery Office.

DSS(1998b) *A new contract for welfare: The gateway to work*, Cm 4102, London: The Stationery Office.

DWP(Department for Work and Pensions) (2001) *Work and pension statistics 2001*, National Statistics, London: DWP.

DWP(2002a) *Client group analysis: Quarterly bulletin on families with children on key benefits May 2001*, National Statistics, London: DWP.

DWP(2002b) *Client group analysis: Quarterly bulletin on the population of working age on key benefits August 2001*, National Statistics, London: DWP.

DWP(2002c) *Client group analysis: Quarterly bulletin on the population over state pension age claiming key benefits May 2001*, National Statistics, London: DWP.

226

DWP(2002d) "Darling announces radical new jobs target", Press release-eEMP 1903-Radical, 19 March, London: DWP press office.

DWP(2002e) "Statistical summary—December 2001, Client group analysis", Press release, National Statistics, 10 January.

Finch, H., O'Connor, W. with Millar, J., Hales, J., Shaw, A. and Roth, W. (1999) *The New Deal for Lone Parents: Learning from the prototype areas*, DSS Research Report No. 92, Leeds: Corporate Document Services.

Hedges, A. and Sykes, W. (1999) *Behavioural response to evidence requirements*, DSS In-house Report No. 54, London: DSS.

Hedges, A. and Thomas, A. (1994) *Making a claim for disability benefits*, London: HMSO.

Hirschman, A. (1970) *Exit, voice and loyalty: Responses to decline in firms, organisations and states*, London: Harvard University Press.

Inland Revenue(2002) "National Insurance Contributions Office—About us", www. inlandrevenue. gov. uk/nic/nicwho. htm, download date 25 March.

Kellard, K. and Stafford, B. (1997) *Delivering benefits to unemployed people*, DSS Research Report No. 69, London: The Stationery Office.

Kelleher, J., Youll, P., Nelson, A., Hadjivassiliou, K., Lyons, C. and Hills, J. (2002) *Delivering a work-focused service: Final findings from ONE case studies and staff research*, DWP Research Report No. 166, Leeds: Corporate Document Services.

Kerr, S. (1983) *Making ends meet: An investigation into the non-claiming of Supplementary Pensions*, London: Bedford Square Press.

Legard, R. and Ritchie, J. (1999) *New Deal for Young Unemployed People: National gateway*, Research and Development Report ESR16, Sheffield: Employment Service.

Legard, R., Ritchie, J., Keegan, J. and Turner, R. (1998) *New Deal for Young Unemployed People: The gateway*, Research and Development Report ESR8, Sheffield: Employment Service.

Lewis, J. , Mitchell, L. , Sanderson, T. , O'Connor, W. and Clayden, M. (2000) *Lone parents and personal advisers: Roles and relationships*, DSS Research Report No. 122, Leeds: Corporate Document Services.

Ling, T. (1994) "Case study: the Benefits Agency—claimants as customers", in H. Tam(ed.) *Marketing, competition and the public sector: Key trends and issues*, Harlow: Longman, pp. 38—60.

Loumidis, J. , Stafford, B. , Youngs, R. , Green, A. , Arthur, S. , Legard, R. , Lessof, C. , Lewis, J. , Walker, R. , Corden, A. , Thornton, P. and Sainsbury, R. (2001) *Evaluation of New Deal for Disabled People personal adviser service pilot*, DSS Research Report No. 144, Leeds: Corporate Document Services.

NACAB(National Association of Citizens' Advice Bureaux) (1997) *Short changed: A briefing on cuts in social security running costs*, London: NACAB.

NCC(National Consumer Council), Consumer Congress and Cabinet Office(1999) *Involving users: Improving the delivery of benefits*, London: Cabinet Office.

Oorschot, W. van(1995) *Realizing rights*, Aldershot: Avebury.

Osgood, J. , Stone, V. and Thomas, A. (2002) *Delivering a work-focused service: Views and experience of clients*, DWP Research Report No. 167, Leeds: Corporate Document Services.

Plant, R. (1990) "Citizenship and rights", in R. Plant and N. Barry (eds.) *Citizenship and rights in Thatcher's Britain: Two views*, London: Institute of Economic Affairs.

Potter, J. (1994) "Consumerism and the public sector, 'How well does the coat fit?'", in D. McKevitt and A. Lawson(eds.) *Public sector management: Theory, critique, and practice*, London: Sage Publications, pp. 250—264.

Ritchie, J. and Chetwynd, M. (1997) *Claimants' perceptions of the claim process*, London: The Stationery Office.

Rose, T. (1999) *Modernising service delivery: The integrated services prototype*, DSS Research Report No. 104, Leeds: Corporate Document Services.

Sanderson, I. (1992) *Management of quality in local government*, Harlow: Longman.

Shaw, A., Walker, R., Ashworth, K., Jenkins, S. and Middleton, S. (1996) *Moving off Income Support*, DSS Research Report No. 53, London: The Stationery Office.

Spicker, P. (1995) *Social policy: Themes and approaches*, London: Prentice Hall.

Stafford, B., Kellard, K. and Horsley, E. (1997) *Customer contact with the Benefits Agency*, DSS Research Report No. 65, London: The Stationery Office.

Stafford, B., Adelman, L., Trickey, H. and Ashworth, K. (2000) *Housing Benefit administration and the speed of claims processing*, DSS In-house Report No. 69, London: DSS.

Stafford, B., Heaver, C., Croden, N., Smith, A., Maguire, S. and Vincent, J. (1998) *Moving into work: Bridging housing costs*, DSS Research Report No. 79, London: The Stationery Office.

Stafford, B., Walker, R., Hull, L. and Horsley, E. (1996) *Customer contact and communication with the Benefits Agency: Literature review*, DSS In-house Report No. 17, London: DSS.

Stafford, B., Vincent, J., Walker, R. and Beach, J. (1999) *The Beacon Council scheme: Modern service delivery—Improving Housing Benefit and Council Tax Benefit administration—Output 2*, DETR, DSS, IDA websites, CRSP Working Paper 373, Loughborough: Centre for Research in Social Policy, Loughborough University.

Swift, P., Grant, G. and McGrath, M. (1994) *Participation in the social security system*, Aldershot: Avebury.

Tavistock Institute (1999) *New Deal for Young Unemployed People: Case studies of delivery and impact in pathfinder areas*, Research and Development Report ESR7, Sheffield: Employment Service.

Thomas, A., Stone, V. and Cotton, D. (1999) *Modernising service delivery: The lone parent prototype*, DSS Research Report No. 90, Leeds: Corporate Document Services.

Vincent, J. and Dobson, B. (1997) *Jobseeker's Allowance evaluation: Qualitative research on disallowed and disqualified claimants*, Research Report No. 15, London: DfEE.

Vincent, J., Leeming, A., Peaker, A. and Walker, R. (1995) *Choosing advice on benefits*, London: HMSO.

Vincent, J., Walker, R., Dobson, B., Stafford, B., Barnes, M. and Bottomley, D. (1998) *Lone parent caseworker pilots evaluation final report*, Working Paper 263, Loughborough: Centre for Research in Social Policy, Loughborough University.

Walker, R. (1996) "Benefit dynamics, targeting and take-up", in W. van Oorschot(ed.) *New perspectives on the non-take-up of social security benefits*, Netherlands: Tilbury University Press, pp. 98—127.

Walker, R., Shaw, A. and Kellard, K. (1994) "Trapped on benefit? Barriers to movement off IS", Unpublished CRSP Working Paper 229, Loughborough: Centre for Research in Social Policy, Loughborough University.

Wikeley, N., Barnett, S., Brown, J., Davis, B., Diamond, I., Draper, T. and Smith, P. (2001) *National survey of Child Support Agency clients*, DWP Research Report No. 152, Leeds: Corporate Document Services.

Woodfield, K., Turner, R. and Ritchie, J. (1999) *New Deal for Young People: The pathfinder options*, ES Research and Development Report ES25, Sheffield: Employment Service.

网络资源

内阁办公室   www. cabinet-office. gov. uk

儿童支持署　　　　　　www. csa. gov. uk

就业与养老金部　　　　www. dwp. gov. uk

就业服务中心　　　　　www. jobcentreplus. gov. uk

养老金服务中心　　　　www. thepensionservice. gov. uk

服务优先　　　　　　　www. servicefirst. gov. uk

231

第十二章
失业政策在基层的实施*

概要 行动主体通过互动将政策变成现实,政策才真正存在。李普斯基的基层官僚理论的影响特别大,它给人们提供了一个框架,去分析负责政策实施的人在解释甚至再造政策方面的作用。本章内容包括:

- 探讨了面向失业人员的政策传递;
- 把政策实施作为一个社会过程;
- 详细解释了李普斯基的基层官僚理论;
- 凸显了处理和对待服务对象的不同方式。

导言: 基层官僚

英国各地的就业服务中心构成了一张网络,负责给失业人员发放待遇,提供就业机会。这些中心的工作人员与失业人员进行面对面的谈话,以处理他们的待遇申请,帮助他们找工作,确保他们履行工作要求。这意味着,就业服务中心的工作人员既要监视服务对象,又要帮助服务对象(Fletcher, 1997)。这两种角色之间存在潜在的冲突。跟服务对象打交道的工作人员必须天天面对、管理这种冲突(参见 Finn et al. , 1998; Finn and Taylor, 1990; Blackmore, 2001)。由于资源不多,时间有限,更会加剧这种冲突。本章探讨就业服务中心的工作人员应对这种冲突的一些方式,重点考察他们作为"基层官僚"是如何导致政策走样的问题。

本章先讨论基层官僚的概念,然后描述就业服务中心的工作人员对失业人员的分类。对失业人员的管理分类和道德分类,有助于解释为什么在适用政策时,工作人员的做法会因为服务对象的不同而不同,由此给服务对象带来不同的机会和不同的结果。

---

* 本章作者为沙龙·怀特,斯德灵大学社会政策讲师。详见 www. stir. ac. uk/appsocsci。

本章分析基于对某一就业服务中心的文化人类学研究,该研究是1998年进行的,为期六个月①。因此,研究是在就业服务中心和福利署合并为就业服务中心前展开的。

基层实施与政策的实现

传统上,对政策实施的分析都建基于一种理想类型,即把完美的政策实施作为目标,由此,实施被当做一个问题(Hogwood and Gunn,1984),而不是作为一个研究领域或者理解的源泉(Hill,1997)。按照这一框架,决策是政治精英和国家公务员的事,而实施则发生在决策过程之外。在政策"制定"以后,才有政策实施的问题(Easton,1965)。而且,政策实施过程就是将"低水平"的地方官员纳入进来,让他们把政策文本变成政策行动。然而,有不少文献对此提出了挑战(Pressman and Wildavsky,1973;Elmore,1978;Bowe et al.,1992)。他们认为,必须把政策实施视为政策制定的一种形式。巴雷特和富奇(Barrett and Fudge,1981)主张说:

> 不应把实施当成将政策变为一系列后续行动的过程。相反,必须把政策—行动的关系理解成力求使政策生效的人员与政策行动所依托的人员之间的一个互动、谈判的过程,该过程是与时俱进的(1981:25)。

李普斯基(Lipsky's,1980)提出的基层官僚理论(参见 Weatherley and Lipsky,1977;Prottas,1979;Weatherley,1979)影响特别大,它给人们提供了一个框架去分析负责政策实施的人在解释甚至再造政策方面的作用。李普斯基把基层官僚界定为"在工作过程中直接与公民互动且有相当的酌情处理权的公共服务人员"(Lipsky,1980:3)。这包括各种公共部门员工,如医生、警察、社会工作者和负责社会保障待遇发放的工作人员。李普斯基把这些行动主体视为政策制定者,他们在自己并不控制的环境中制定政策。法律环境、政策环境、组织架构构成了基层官僚的工作环境,限制了他们的行动空间。然而,尽管有这些限制,同时也由于这些限制,基层官僚在两个意义上制定着政策:他们的酌情决定权以及他们的个人行动产生的集体影响。

在李普斯基看来,这些官员面临的困境来源于目标的冲突。核心的冲突是,

233

---

① 这次实地调查选取的是就业服务中心的某办公室,研究者共进行了74次参观访问,包括使用直接观察法观察工作人员和服务对象之间的谈话、对48个工作人员的非正式访谈和对35个失业人员的半结构性访谈。此外,还收集了办公室刊登出来的岗位空缺信息,并对工作手册等材料进行了文献分析。所有的受访对象都是白人,1991年的人口普查显示,在他们的居住区,少数民族人口只占0.03%。

他们该为服务对象的目标服务,还是该服务于组织目标。基层官员必须提供灵活、迅捷、体贴的服务,以满足个人的需要。但同时,他们又受制于官僚机器各种没有人情味的规则。当他们与服务对象互动并作出有关服务对象的决定时,困境就来了。他们缺乏资源,而需要服务的人很多,僧多粥少。为了应对这种压力,基层官员采取了三种办法:限制服务需求;最大限度地利用可以利用的资源;确保服务对象循规蹈矩。为了把工作对付过去,他们形成了自己的"工作惯例和简化办法"(Lipsky,1980:83)。从本质上说,"基层官僚的决定,他们确立的工作惯例,以及他们发明的应对不确定性和工作压力的种种手段,实际上都成了他们实施的公共政策"(Lipsky,1980:xii)。

　　研究者将这一被忽视的进路(Hudson,1993)运用到就业服务中心的工作人员身上,他们发现,一线的实践的确具有再造政策的效果(Blackmore,2001;Wright,2001)。这里,我们聚焦于就业服务中心的一线工作人员应对工作要求的方式,即把服务对象"划分"为不同的"类型"。李普斯基认为,刻板模式是基层官僚运用的一种主要的"心理应对机制"。服务对象的类型给工作人员提供了一种区分不同服务对象的方法,也是一种控制服务对象的需要的方法。此前的文献已经凸显了"值得同情的人"和"不值得同情的人"两者之间的鸿沟。对服务对象进行分类时,这种说教占了主导地位(Cooper,1985;Howe,1990;Dean,1991;Handler and Hasenfeld,1991)。研究社会问题的文献提供了另一种分类,他们把服务使用者分为"常规服务对象"和"难伺候的服务对象"(Anderson,1999:229;Miller,1991;Miller and Holstein,1995)。就业服务中心的工作人员在谈论服务对象时,对服务对象有两种分类。首先是行政管理分类。就业服务中心要运作,少不了对服务对象进行分类。这些分类决定了申请人是否可以获得相关待遇,也影响了他们对服务对象的处理方式。第二种是道德分类,根据的是工作人员对服务对象的看法和价值判断(参见Giller and Morris,1981)。两种分类形式都影响了工作人员对待服务对象的方式,以及服务对象可能得到的结果。然而,服务对象并非被动地接受这一过程,他们有时候也能主动跟工作人员谈判,以改变工作人员对待他们的政策。

管理分类:服务对象的建构过程

　　资料框12.1列出了求职补助的申请资格以及申请程序(参见 Barnes et al.,1998;Bivand,1999)。

资料框 12.1　为登记失业人员提供"积极的"社会保障

1. 1996 年求职补助

    两种形式：

    - 以缴费为基础的求职补助(保险待遇，最多可享受 6 个月，领取者必须有工作能力，随时都能够去工作，并且在积极地寻找工作)；
    - 以收入为基础的求职补助(生计调查待遇，没有明确的享受期限，但以参加强制性的从福利到工作计划为前提条件)。

    特征：

    - 严格要求以积极寻找工作为前提条件，包括签署求职协议，规定了津贴领取者必须参加一些特定的求职活动；
    - 严厉的惩罚；
    - 处理就业事务的官员具有较高的自主权(例如，发行求职指导手册，可以命令某个服务对象改变其形象)。

    提出申请的过程包括在工作人员接收申请时与其进行的以及在新申请阶段(Fresh Claims stage)与个人顾问进行的一系列会谈。服务对象每两星期必须进行一次"登记办理"来重新注册其申请。在不同的阶段(如 13 个星期)还会进行强制性的回顾性会谈，服务对象还可能会被推荐参加一系列的课程(例如，项目中心提供的求职建议)。

2. 1998 年年轻人新政

    面向 18—24 岁已经失业六个月或以上人群的从福利到工作计划(参见 Employment Service, 1997)。在经历了一种由密集的会谈构成的"门户"阶段后，服务对象必须接受以下四种选择中的一种：

    - 工作(可能享受补助)；
    - 培训；
    - 在志愿部门的工作安置；
    - 加入环保队伍。

    紧随这一方案发展起来的，有长期失业人员(25 岁或以上)、单亲、残疾人、50 岁以上的老年人以及失业人群配偶的新政计划。它们都具有不同的安排、选择和强制程度(详见 Millar, 2000)。

    特征：

    - 对积极地寻找工作这一前提条件提出了更加严格的要求，尤其是对年轻人和长期失业的人群，引入寻找工作的行动计划，服务对象需要与处理就业事务的官员进行更频繁的会谈；
    - 更加严厉的惩罚；
    - 更加强调与那些自主权已被增强的个人顾问进行一对一的深入会谈。

3. 2001 年就业服务中心

    随着就业与养老金部的创建，福利署和就业服务部门合并为就业服务中心。新的就业服务中心办公室会提供一种以与领取或申请各种津贴的服务对象(包括那些全职照顾者以及患病或残疾人士)进行的以工作为焦点的会谈为基础的整合服务。

    特征：

    - 要求更广泛的服务对象群体考虑积极地寻找工作；
    - 对那些不能参加以工作为焦点的会谈的人群实施新的惩罚措施；
    - 更加强调个人顾问这一工作模式。

提出申请的第一步就是到就业中心参加各种活动。申请提出后,工作人员把申请者归为哪一类,申请者与工作人员会谈的方式决定了工作人员将如何处理申请。有关管理分类的规定很明确,但是在实际工作中,工作人员和服务对象之间的互动决定了服务对象被划归为哪一种类型,决定了工作人员对服务对象的其他要求的态度以及工作人员将提供什么服务。

成为服务对象

与工作人员最初的会谈对于服务对象的类型划分起着重要的决定作用。就业中心的接待人员发挥着重要的守门人作用,他们可以赋予或否定服务对象获得服务的权利(Rees, 1978:10; Hall, 1974)。这些接待人员很有可能提供某些暗示,某个服务对象是否有可能获得求职补助。这就可能使得一些潜在的服务对象由于认为自己不够条件而不会主动提出申请。因而接待人员在对服务对象进行初次分类时,对于申请者能否享受求职补助而言,发挥着关键性的作用(关于人们是如何被构建成服务对象的进一步分析,参见 Kingfisher, 1998)。这种工作一般由一些处于级别较低、通常是签订了短期工作合同的工作者(在我们的研究中,只有一个接待人员是已经被雇用了几个月)来做,他们并没有接受过深入的培训,因而对这个复杂的津贴体系缺乏详尽的了解,也就不能够确保他们能够作出正确的关于哪些人可以或不可以获得享受资格的决定。这些接待人员很清楚他们所扮演的重要的守门人角色:

> 首先,我们对这些人进行评估,决定他们是否可以登记。判定他们有资格享受哪种类型的津贴。然后,给他们发放申请表格。我们对每一个人进行初步和基本的评估,决定应该对他们作出怎样的处理。(接待人员)

在申请过程的初始阶段,接待人员的工作并不只是收集信息。他们可以"指导"服务对象填写申请表格。这样一来,这些接待人员就对服务对象的类型划分以及由此决定的服务对象的申请结果产生了一定的影响。接待人员也需要对服务对象提供的信息进行审核,包括询问服务对象的求职类型以及可工作的时间。在这个过程中,接待人员会说服服务对象,让他们把填写的可工作的时间修改为"合理"的数字(通常是将可工作的时间最大化)。米勒(Miller, 1991)和安德森(Anderson, 1999)认为,这种劝说策略是一种"巫术",强调了这是国家就业部门引导服务对象实现某种特定目标的手段。就业中心的顾问也会利用这种"巫术"

劝说服务对象在其他类型的会谈中参加某些行动课程,例如,说服服务对象参加相关培训课程。

职业类型的划分

下一个阶段是"新申请"会谈,顾问们会将服务对象在申请表格中提供的(并且经过接待人员审核的)信息转化成一系列编码录入劳工市场体系电脑系统。其中一个重要的部分就是为每位服务对象录入标准职业分类系统(SOC)编码。工作人员在每天的工作当中采用的并不是标准职业分类系统的完整编码,而是一种较小的分段编码,这也是他们所采取的一种使工作更易于管理的简化手段(Lipsky,1980:83)。这种会谈为服务对象提供的与工作人员协商其管理性分类的机会是有限的。

这些编码建立了对服务对象提出的工作要求的程度,根据其所属的类型,不同的服务对象被要求作出不同的求职努力。它们还可以被用来在电脑系统中查询适合某个服务对象的空缺岗位。因此,这种类型划分就反映出了拥有和没有申请工作机会的服务对象之间的差异。尽管进行工作匹配是被正式规定了的每个登记会谈所包含内容的一部分,但是根据服务对象的求职类型,工作人员更可能会帮助其中某些类型的服务对象寻找工作。如果一线工作者认为,某种职业的岗位空缺很少(例如,教师),他们的习惯就是不再为寻求这种职业的服务对象进行岗位搜索,除非服务对象特别对此提出了要求。同样,对于工作人员来说,拥有大量空缺岗位的标准职业分类系统编码990,即"其他基本的职业类型",也代表着没有采取任何行动。在这种情况下,工作人员不会查找岗位空缺,因为寻找此种类型工作的失业者的人数几乎是所公布的岗位空缺数目的两倍(Office for National Statistics,2000)。

一线工作人员还发挥着控制服务对象获得由就业中心公布的工作机会的角色。他们根据对哪些服务对象被允许申请岗位空缺的选择来分配这些工作机会,这种差异性也是由服务对象所属的管理性分类所决定的。但是,也有一些由于年龄和性别的原因而不能获得某种工作机会的案例,不管雇主有没有进行特别要求,先前某种类型的工作经验还是会被工作人员视为申请工作岗位的前提条件:

这是我们今天下午录入的服务对象资料(指向相应的文件夹)。第一个人是一位体力劳动者,目前还没有适合他的工作岗位。第二个人想找一份

237

服务员的工作,但是他并没有相关的工作经验,所以为他寻找合适的岗位是没有意义的,因为雇主是不会愿意雇用这样的人的。(负责就业事务的官员)

虽然岗位空缺的信息一般在办公室自助服务的宣传栏中都有公布,但是如果工作者没有提及这个合适的工作岗位,服务对象可能就会认为目前还没有这样的空缺岗位。因而,尽管还有其他途径可以帮助服务对象找到相应的岗位空缺,但是工作人员却从他们关于雇主更愿意雇用哪一类型的服务对象的假设出发,限制了服务对象对这些信息的可及性。他们并不认为这是对长期失业者的一种歧视,相反,这是一种合理的决定,因为即使他们不这样做,雇主也会这样做。安德森(Anderson,1999)的研究也发现了这样的趋势,他证实了美国就业部门的工作人员也会采取各种策略影响服务对象关于是否申请工作的决定,他们会劝说一些人申请他们并不想做的工作,又会使另外一些服务对象得不到他们一直寻找的工作机会。

道德性分类:构建"好"和"坏"的服务对象

道德性分类与管理性分类的不同之处在于其准确度较低,而且还有一定的模糊性。这种对服务对象的构建方式是建立在对服务对象的特点、行为或态度进行判断的基础之上的,因而具有很强的主观性。工作人员对服务对象进行的最初的道德性分类就是"好"和"坏",这与金费希尔(Kingfisher,1996)发现的关乎服务对象的构建方式是相似的,也体现了吉勒和莫里斯(Giller and Morris,1981)和哈森菲尔德(Hasenfeld,1987)识别出的"道德特性"的重要性。一线工作人员对服务对象的道德判断,决定了他们对待服务对象的方式。

"好"服务对象

很多就业中心的服务使用者被认为是"好"服务对象,绝大部分都是正直和诚实的。工作人员更喜欢较顺从的服务对象,他们一般会表扬那些使他们的工作更容易进行的服务对象,因为对案例的处理过程已经变成了一种快速的、平淡的例行公事。"积极"、"聪明而像样的"、幽默、弱势,甚至还有"相貌好看"等特点,有助于服务对象获得较高的评价。那些被工作人员认为值得为其提供服务的服务对象也就是"好"的服务对象和"不错的人"。负责就业事务的官员认为,真正的服务对象就是那些愿意工作的人。不论是从工作时间还是努力程度来说,"真正的好人"应该能够确保一种较高的服务水平。工作人员更加同情某些类型的服务对象,因而会作出一定的让步或为他们破例做一些事情。例如,老年服务对象一般会被认为更加值得享受这些服务,特别是因为他们"一生中一直都在为社会保障做贡献",这就是一种被广泛认同的津贴享受资格:

> 这些50岁出头或将近60岁的男性就是真正的服务对象,他们已经工作了很多年,而现在因为劳动力过多而被解雇,这将对他们的生活造成很大的困难。所以我们是很同情他们的,他们确实是不能够再去工作了。(个人顾问)

如果服务对象很乐意去工作,那么工作人员很可能会认为,他可以享受就业中心提供的服务。工作人员认为那些"好"服务对象之所以失业,并不是他们自身的原因(个人的失败),而是外在的环境造成的。他们认为,努力寻找工作的服务对象展示了一种工作道德。实际上,服务对象"积极"地寻找工作这一特点是可以掩盖其他一些消极特征的。在下面这个引述中,这位个人顾问就高度赞赏了他那位长期失业的服务对象所表现出来的工作热情:

> 有一点我是非常确定的,那就是他非常想去工作。但是因为他有前科而且没有什么工作经验,所以很难找到工作。(个人顾问)

"坏"服务对象

虽然在某种意义上来说,他们的服从性都比较差,但是这些被工作人员构建出来的"坏"服务对象有很大的差异。工作人员通常认为,这些"坏"服务对象不值得他们为其提供服务。这种对服务对象进行的道德构建具有不确定性,有时还会出现反复,因为有一些服务对象经常被划归为不止一种类型。这一部分就展示了一些被用负面词语构建的案例。

"废物"

与"好"服务对象的构建一样,对"坏"服务对象的构建也是由是否乐意工作这一道德标准来决定的。那些被认为不愿意工作或没有积极寻找工作的服务对象会受到批评。他们有时候会被称为"废物"。这是与他们在个人行为和态度上的失败分不开的。例如,一个新政计划中的个人顾问称他的一个服务对象

239

为"懒惰的一坨屎",另外一位负责就业事务的高级官员评论道:"如果是好的服务对象,他们就应该去工作。""废物"就是那些似乎想得到一些东西但又不愿付出的人:

> 我认为有1%的服务对象在他们的一生当中都是不愿意去工作的,他们只是想依靠社会保障体系生活。(负责就业事务的官员)

一位个人顾问描述了她对那些没有工作动机的服务对象的反应,并且承认更加喜欢那些有积极的工作热情的人,而且会为这些人提供更多的帮助:

> 你需要在他们身上花费很多时间。这是很恐怖的事情,不是吗?如果他们坐在你面前(呈现出一张满是厌烦表情的脸,还耸肩),我就想:"为什么我要费这个劲儿去帮助他呢?"他们的态度确实太恶劣了。一个家伙想去做建筑工作,我就为他安排了一个这样的岗位,他也拿到了工作靴等各种工作装备。他应该是在星期一开始工作的,可是他来了吗?没有!我非常愤怒。我心里想:"你虽然还没有看到我已经生气了,但是我会让你看到的。"他竟然还是没有出现。他应该来的,但是一直都没有出现。我为他安排了下星期的另外一次会面。他可能是吓坏了。一般来说,这样的会谈进行6—8个星期就足够了,但这是达到目的的第一步,是一种机会。他得到了25英镑却什么也没有做。如果他们很积极,我会提供更多的帮助。(个人顾问)

因而,工作人员会为服务对象提供多少帮助,取决于这个服务对象表现出来的工作动机有多大。那些最弱势的群体一般具有最少的工作动机,因而工作人员为他们提供的帮助也就很少。这就意味着,工作人员的行为有加重一些服务对象已有困难的可能(Handler, 1992)。

虽然没有积极寻找工作是不符合津贴的申请条件的,但是服务对象可能会因为各种各样的原因而不会受到相应的惩罚。工作人员一般不会终止服务对象的申请资格,因为这需要他们做很多书面工作。这样一来,一些被认为是"废物"的服务对象仍然可以继续申请求职补助,因为他们会对其被要求面对的一些劳工市场状况说一些应酬话:

> 我非常讨厌那些进来时身上还散发着臭臭的烟味儿的家伙,很明显他们刚从酒馆里出来。他们以为你想不到他们在这里一登记完就会返回那些酒馆。"你正在找工作吗?""是啊!"(一种愤怒的语气)(负责就业事务的官员)

　　年轻人很容易觉得自己是"废物",因为"他们当中很多人是不用工作的",或他们"根本就不知道怎么工作"。工作人员已经预料到这些服务对象的服从性较差,特别是他们一般不会参加已经预约的会谈,尤其是那些一大早就进行的会谈。

　　不能被雇用的人:"他们中的一些人是废物"

　　"废物"基本上是与那些被划归为"不能被雇用的人"紧密相连的。"废物"是不愿意工作,而"不能被雇用的人"却是不能工作。工作人员根据一系列标准——包括外表(例如,"她有点胖,鼻子上还穿了环")、精神和身体的健康状况、个人卫生、是否守时等习惯问题——连同关于工作经验、资格以及相关技能的分析,对服务对象的受雇能力进行严格的评估。出于管理的目的,那些不能被雇用的服务对象经常会被划归为长期失业人群。这类长期失业人群也可以从道德意义上来理解:

　　　　并不是就业及退休保障部将一些长期失业的人与不能被雇用的人相等同,而事实上他们就是这样的。如果我们将这些人推荐出去,那我们就会丧失那些雇主。他们当中的一些人是没有用的。由于缺乏工作资格或工作技能,还由于背景,甚至是年龄因素,他们已经变得不能被雇用了。(负责就业事务的官员)

　　因而,工作人员承认有些服务对象是永远都不会再工作了。人们对于长期失业的情感回应更多的是谴责而不是同情。那些长期失业的人也被认为是"具有不好的习惯"。在工作人员看来,关于长期失业的较符合逻辑的解释是很有限的(不包括骗保):

　　　　他们要不就是没有在寻找工作,要不就是根本就不能工作。(处理新申请事务的官员)

　　尽管大部分"不能被雇用的"服务对象还是被迫去找工作,但是有一小部分服务对象的"不能被雇用的"状态被工作人员认为是合理的,因而即使从工作规定的角度来说他们应该采取进一步的措施,但实际工作中他们还是没有这样做。其中的部分原因是,工作人员认为,对于这种状态的服务对象,再没有其他有益的选择了:

　　　　我有一个长期失业的服务对象,之所以没有再为他采取进一步的措施是因为我已经见过他两次了,并且意识到我是在浪费时间。他是一个58岁的酒鬼。我不想再陪他做任何事情。(个人顾问)

很多长期失业的服务对象已经好多年没有工作了,他们是一个"不可被选择的群体",被称为"中坚分子"。对于一些服务对象来说,还有另外几年是没有被正式算成失业的,这可能是因为,例如,他们申请了失能津贴,曾经坐过牢,或曾经是全职照顾者。这些服务对象是很难被处理的,因为工作人员"不知道该对他们说些什么",而且根本不可能把这样的服务对象"推销"给某位雇主。一些官员感到,他们对于服务对象的某些需求是无能为力的:

> 当他们坐下来的时候,你不知道将要处理一些什么样的情况。我前几天遇到一个服务对象是一个杀人犯。他跟我说:"没有人会雇用我。"我说:"我保证我们可以为你提供一些帮助。"他说:"我正在服无期徒刑,因为我杀害了我的妻子。"就像这样,这就是事实。(个人顾问)

这就意味着,即使已经专门为那些长期失业的服务对象设计了各种应对措施,个人顾问也会认为那只是"走走过场"。在他们看来,为这样的服务对象做的工作都是失败的,因而最好把时间花在那些态度较积极的或更有可能找到工作的服务对象身上。由此看来,如果不符合服务对象的实际状况或不符合当地劳工市场的结构和工作方式,即使最积极的劳工市场政策,也会变成一种空洞的行政过程。

"疯子"和"白痴":不服从的好处与代价

工作人员认为那些"古怪的一两个人"是"疯子"和"白痴"。这种类型的极端案例就是酒鬼、药物成瘾者以及那些大家都知道的或认为是暴力者的人。"疯子"也是有可能成为长期失业者的。他们是一些"真正毁谤的"或"经常挑起事端"的服务对象。"白痴"是一些轻微的"疯子",他们一般会为工作人员带来一些麻烦,但不会构成威胁。那些挑战就业中心行政人员的工作且表现出不满、气愤或不愿意服从安排的服务对象,一般都会被贴上这样的标签。这些"疯子"和"白痴"通常是男性,但也并不总是。工作人员会将一些贬低性的词语,如"混蛋"、"麻烦鬼"、"讨厌鬼"或"饭桶"等,用在他们身上。因而,工作人员与这些服务对象的关系同与那些服从的、积极的"好人"的关系是非常不同的(参见 Hasenfeld and Weaver,1996)。

"疯子"和"白痴"对于有酬就业的态度是不同的。事实上,并不一定是他们不想工作,而是他们基本上不会被认为是可以被雇用的。其实,这些服务对象被划归为此种类型的原因之一,可能就是他们需要工作人员提供太多的帮助来找工作。因而，对于服务对象来说，积极地想去工作似乎会产生最佳的效果。

这些"疯子"会对工作人员构成一种威胁，特别是因为就业中心办公室是开放性的，没有任何警戒措施，这种安排一方面创造了一种友好的环境，但同时也意味着工作人员在与一些有暴力倾向的服务对象打交道的过程中，需要担负更大的风险。有少数服务对象的档案上被标注了代表"潜在的暴力者"的"PV"字样，用来提醒工作者，这些人可能具有危险性。不过，一些负责就业事务的官员认为，这种标签化可能会破坏工作人员与服务对象之间的关系。如果有前科，那么这个服务对象就更难找到工作。

那些"疯子"和"白痴"可能会通过一些威胁手段来控制他们与工作人员之间的互动。这有助于他们得到想要的东西，即申请能够迅速地被处理并且不会对他们造成太大的伤害，或者是要求工作人员为其付出更多的时间和努力。当服务对象用这种方式来表达自己的要求时，部分政策就有了商量的余地。在下面这个例子中，负责管理性评级工作的年轻工作人员描述了他在实际工作中是如何作出调整来应对一个"疯子"的要求的：

> 他有点神经质。他来到这里，当你在电脑上为他搜寻岗位空缺信息时，他坐在那里不住地地敲着手指。有时候，你是不应该透露雇主的详细情况以及他们的地址和电话号码的。但他却认为，"最好还是把他们的电话号码给我"。你就得说："那好吧，这些就是。"他真的会让你很恐慌！（负责就业事务的官员）

我们说政策已经被实现，甚至在某些情况下是通过联合协商实现的，并不意味着工作人员和服务对象已经达成了一种和谐的联合，事实上，他们之间的互动充满着矛盾和冲突。当服务对象不遵从行政规定时，就会造成一些麻烦（Lipsky，1980）。这也是社会政策被挑战的一种方式。麻烦一般是由那些被贴上"疯子"和"白痴"标签的服务对象引起的，这也正是他们为什么被这样叫的原因。不过那些并没有其他任何问题行为，但是由于自己所处的特定环境而表现出不安或愤怒的服务对象，也会引起一些麻烦。造成冲突的一种最主要的原因就是服务对象不能够得到所需的津贴。

"蛮横的"、"傲慢的"服务对象

工作人员感到，一些具有较好资格的、中产阶级的或专业水平较高的服务对象也是很难相处的。负责就业事务的官员发现那些"傲慢者"会觉得来到就业中心并且被当做服务对象对待"有点被贬低"。那些"专业人士"与"普通市民"是非常不同的。这些"蛮横的人"会让工作人员产生一种胁迫感,或"有点力不从心",因为他们有一种特质,可以改变工作人员与服务对象之间的权力平衡。一位个人顾问说,这些人让她感觉自己就像"一个愚蠢的小姑娘"。正是这些"时髦的"或"富裕的"服务对象最容易被描述为"傲慢的"或"势利的"。一位特别被划归为这一类型的服务对象被称为"一坨傲慢的屎"。

工作人员对那些具有较好资格的服务对象的感觉暗示着"装腔作势者"可能会逃避对其求职过程的仔细审查,特别是因为就业中心一般不会公布一些专业职位的空缺。下面的引述来自对新申请顾问的非正式访谈,他刚刚与一位专业人士进行过会谈。同与具有较普通职业的服务对象进行的会谈不同,面对一位公司秘书,他表现出了较少的洞察力,因为他担心自己对这种特殊知识的缺乏会被揭穿:

> 有时候,你会遇到不同的服务对象,就像那个家伙(刚刚会谈过的服务对象),他是一个公司的秘书。有一次,我遇到一位部长,我都不知道该跟他说些什么。我们都不喜欢就业服务处。我们对工作和报酬都不了解。还有一次,我遇到一个家庭医生,她把期望的最低工资降到了6万英镑。我的意思是,我不知道那是否合理。因为我不知道家庭医生的报酬是多少,所以当那个家伙(公司秘书)进来的时候,我就想问他秘书是干什么的。我之所以没有问他是因为我不想有愚蠢的感觉。(新申请顾问)

这就改变了工作人员与服务对象之间的权力平衡。与那些"疯子"和"白痴"不同,这些顾客明显优越的社会经济地位会对工作人员造成胁迫感,但他们甚至都不会意识到这一点。

"活动分子"标签

有些服务对象被贴上了"活动分子"的标签,意思是他们有某些骗保行为(虽然实际上应该是"骗子",但工作人员很少用这个词)。那些"废物"通常被认为是懒惰的或消极的,而这些人则是在积极地滥用社会保障体系。

虽然"活动分子"会招致各种批评,但是由于本章较前一部分列出的那些原因,工作人员不一定会按规定要求采取行动。也就是说,对服务对象进行道德判断并将其划归为某一类型,并不代表要对其采取相应的行动。某些服务对象类型,如那些住在农村地区、通过邮寄方式进行登记的人,被认为更可能是"活动分子"。那些通过邮寄方式进行登记的人之所以会有欺诈的嫌疑,是因为他们很少来就业中心办公室,这就意味着他们不能够接受严密的监督。在这种情况下,管理性与道德性类型划分就达成了一致。

服务对象违反规定的行为会导致工作人员的愤怒或为其工作带来不便。但在某些情况下,工作人员会宽恕这些行为,并与这些服务对象串通起来欺骗整个社会保障体系:

> 几年前有一次,我遇到过另外一个家伙,他正在登记,但当时我这里有一位雇主,他在一个建筑工地下边的电话亭,说只想找一位当天的日工,报酬是50英镑。所以我就跟那个家伙说了。我告诉他那个地方在哪里,并且说:"你尽管去吧,人家会付给你钱的。但如果有人发现了,就说我什么也不知道。"就这样,他去做那份工作了。我当什么事情也没有发生过,照常签署了他的申请表。(督导)

就像那些通过威胁手段影响自己的申请结果的服务对象一样,那些能够博得工作人员同情的服务对象也可以影响自己的申请结果。

政策的实现与服务对象的分类

失业政策通过基层工作人员与服务对象之间面对面的互动得以实现。本章关注的主要是工作人员对服务对象的分类过程。就业服务中心作为福利官僚机构,要发挥"处理人"的职能(Prottas,1979),就必须对服务对象进行管理分类。这些看似乏味的分类以及以前的工作经历,都影响着工作人员会如何对待服务对象,决定了服务对象可能获得的机会。工作人员根据自己对服务对象的品性、行为和态度作出价值判断,从主观上对服务对象进行道德分类。主要的区分是"好"服务对象和"坏"服务对象。服务对象能获得的服务类型、服务水平视他们与工作人员的互动水平而定。"坏"服务对象的例子说明,政策实施具有模糊性和竞争性。在有些情况下,服务对象能影响工作人员,从而改变他们得到的结果。由于工作人员是公民和国家之间的中介,这一发现具有重要意义。工作人员并不是递送政策的中介,相反,他们是社会行动主体,有自己根深蒂固的信念体系。根据韦伯的理想类型,官僚机构运行时"不看人"(Weber,1991:215)。实际上,就业服务中心的官僚在操作时会"看人"。

如果考察近期的政策发展,那么,分类过程的重要性就需引起重视了。尤其需要重视的是,工作人员不愿帮助"坏"服务对象。积极的劳动力市场政策包括求职补助、新政项目以及就业服务中心针对待遇申请人的就业面谈,都让人们更加重视一线工作人员的作用。这些变化都给工作人员以更大的酌情处理权,一对一的互动得到了更多的重视,而处罚措施也变得更加严厉。这些发展代表着工作人员要投入更多的时间和精力为服务对象服务,使服务对象有更多的机会去讨论空缺岗位和就业前景。就此而言,他们对于服务对象来说是积极的。不过,本章的分析表明,工作人员时间有限,求职活动很少,而他们在决定服务对象的待遇时又很主观。可以预言,随着以工作为中心的社会保障体系的发展,"好"服务对象将获得好处,而"坏"服务对象则会被忽视,甚至遭受处罚,让他们的处境雪上加霜。

总结

- 政策实施是工作人员和福利对象之间的双向互动过程。
- 李普斯基的理论解释了基层官僚面临的限制,并说明了工作人员如何为了能把工作对付过去而发明自己的"工作惯例和简化做法"。
- 根据人的类别与服务对象打交道,就是一种简化做法。
- 通过官方的管理分类过程,人们"成为"服务对象。这一过程会影响他们能获得的机会和结果。
- 工作人员根据主观标准对服务对象进行道德分类。他们会优先考虑他们认为"值得同情的"人,而不是因各种原因而被贴上"坏蛋"标签的人。

思考题

1. 李普斯基的理论让我们关注了政策实施的哪个层面?

2. 分类的过程有哪些? 依据是什么?

3. 对于失业人员来说,分类可能会有什么后果?

4. "已经实现的"政策、"谈判的"政策及"竞争的"政策,分别有哪些例子?

参考文献

Anderson, L. (1999) "Witcraft in a state employment office: rhetorical strategies for managing difficult clients", *Perspectives on Social Problems*, vol. 11, pp. 219—238.

Barnes, M., Ravell, M. and Lakhani, B. (1998) *Jobseeker's Allowance handbook*(3rd edn, 1998/99), London: CPAG.

Barrett, S. and Fudge, C. (eds.) (1981) *Policy and action*, London: Methuen.

Bivand, P. (1999) "Policy analysis: Employment Service annual report", *Working Brief*, Issue 109, November, pp. 19—20.

Blackmore, M. (2001) "Mind the gap: exploring the implementation deficit in the administration of stricter benefits regime", *Social Policy and Administration*, vol. 23, no. 2, pp. 145—162.

Bowe, R., Ball, S. J. and Gold, A. (1992) *Reforming education and changing schools*, London: Routledge.

Cooper, S. (1985) *Observations in Supplementary Benefit Offices*, *The Reform of Supplementary Benefit Working Paper C*, London: Policy Studies Institute.

Dean, H. (1991) *Social security and social control*, London: Routledge.

Easton, D. (1965) *A systems analysis of political life*, New York, NY: Wiley.

Elmore, R. (1978) "Organisational models of social program implementation", *Public Policy*, vol. 26, pp. 185—228, reprinted in M. Hill (1993) *The policy process: A reader*, London: Harvester Wheatsheaf.

Employment Service(1997) *Design of the New Deal for 18—24 year olds*, London: DfEE/Welsh Office/Scottish Office.

Finn, D. and Taylor, D. (1990) *The future of Jobcentres: Labour market policy and the Employment Service*, Employment Chapter No. 1, London: IPPR.

Finn, D., Blackmore, M. and Nimmo, M. (1998) *Welfare-to-work and the long-term unemployed*, London: Unemployment Unit and Youthaid.

Fletcher, D. R. (1997) "Evaluating special measures for the unemployed: some reflections on theUK experience", *Policy & Politics*, vol. 25, no. 2, pp. 173—184.

Giller, H. and Morris, A. (1981) "'What type of case is this?' Social workers' decisions about children who offend", in M. Adler and S. Asquith (eds.) *Discretion and welfare*, London: Heinemann Educational, pp. 69—81.

Hall, A. (1974) *The point of entry: A study of client reception in the social services*, London: George Allen and Unwin.

Handler, J. (1992) "Power, quiescence, and trust", in K. Hawkins (ed.) *The uses of discretion*, Oxford: Clarendon Press, pp. 331—360.

Handler, J. and Hasenfeld, Y. (1991) *The moral contstruction of poverty: Welfare reform in America*, London: Newbury Park.

Hasenfeld, Y. (1987) "Power and social work practice", *Social Service Review*, September, pp. 469—483.

Hasenfeld, Y. and Weaver, D. (1996) "Enforcement, compliance, and disputes in welfare-to-work programs", *Social Science Review*, vol. 70, no. 2, pp. 235—256.

Hill, M. (1997) *The policy process in the modern state*(3rd edn), London: Prentice Hall.

Hogwood, B. W. and Gunn, L. (1984) *Policy analysis for the real world*, London: Oxford University Press.

Howe, L. (1990) *Being unemployed in Northern Ireland: An ethnographic study*, Cambridge: Cambridge University Press.

Hudson, B. (1993) "Michael Lipsky and street-level bureaucracy in neglected perspective", in M. Hill(ed.) *The policy process: A reader*, London: Harvester Wheatsheaf.

Kingfisher, C. (1996) *Women in the American welfare trap*, Philadelphia, PA: University of Pennsylvania Press.

Kingfisher, C. (1998) "How providers make policy: an analysis of everyday conversation in a welfare office", *Journal of Community and Applied Social Psychology*, vol. 8, pp. 119—136.

Lipsky, M. (1980) *Street-level bureaucracy: Dilemmas of the individual in public services*, London: Harvester Wheatsheaf.

Millar, J. (2000) *Keeping track of welfare reform: The New Deal Programmes*, York: Joseph Rowntree Foundation/York Publishing Services.

Miller, G. (1991) *Enforcing the work ethic: Rhetoric and everyday life in a work incentive program*, Albany, NY: SUNY Press.

Miller, G. and Holstein, J. A. (1995) "Dispute domains: organisational contexts and dispute processing", *The Sociological Quarterly*, vol. 36, no. 1, pp. 37—59.

Office for National Statistics(2000) *NOMIS claimant count by occupation*, London: The Stationery Office(data available from www. nomisweb. co. uk).

Pressman, J. and Wildavsky, A. (1973) *Implementation*, Berkeley, CA: University of California Press.

Prottas, J. M. (1979) *People-processing: The street-level bureaucrat in public service bureaucracies*, Massachusetts, MA: Lexington Books.

Rees, S. (1978) *Social work face to face*, London: Edward Arnold.

Weatherley, R. (1979) *Reforming special education: Policy implementation from state level to street level*, Cambridge, MA: MIT Press.

Weatherley, R. and Lipsky, M. (1977) "Street-level bureaucrats and institutional innovation: implementing special-education reform", *Harvard Educational Review*, vol. 47, no. 2, May, pp. 171—197.

Weber, M. (1991) "Bureaucracy", in H. H. Gerth and C. W. Mills(eds.) *From Max Weber: Essays in sociology*, London: Routledge, pp. 196—244.

Wright, S. (2001) "Activating the unemployed: the street-level implementation of UK policy", in J. Clasen(ed.) *What future for social security? Debates and reforms in national and cross-national perspective*, The Hague: Kluwer Law International, pp. 235—250.

网络资源

就业服务中心	www. jobcentreplus. gov. uk
求职补助	www. dwp. gov. uk/lifeevent/jobseeker's_allowance. htm
年轻人新政	www. dwp. gov. uk/lifeevent/benefits/new_deal_for_young_people. htm
经济和社会融入中心	www. cesi. org. uk

第十三章
多种族社会中的社会保障[*]

概要 少数族群人口占英国和威尔士总人口的9%。与白人相比,少数族群的人口更有可能领取生计调查型福利待遇。本章内容包括:

- 描述了英国主要的少数族群,分析了他们来到英国的历史、政府的移民政策、他们的就业经历和家庭结构等影响他们与社会保障关系的因素;
- 考察少数族群在多大程度上利用社会保障或特定的社会保障待遇比较多;
- 探讨社会保障法律法规在多大程度上对不同族群产生了不同影响;
- 考察了不同族群利用社会保障服务的不同经历。

导言:人口与移民政策

英国人口是异质的,由许多族群组成。表13.1显示了2001年人口普查各少数族群的人口数(参见资料框13.1有关族群分类的讨论)。

资料框13.1　族群的分类

与1991年的人口调查分类不同,2001年的人口调查对少数族群的分类增加了一些"混合"族群:加勒比白人和黑人、非洲白人和黑人、亚洲白人、其他混合族群。1991年的少数族群分类包括非洲黑人、加勒比黑人、其他地区的黑人、印度人、巴基斯坦人、孟加拉人、中国人、其他亚洲人和其他。"白人"也分为三类:英国人、爱尔兰人、其他。大部分调查及其他的官方数据都已经使用了2001年的分类。虽然如此,大量已有的信息及本章使用的数据,使用的都是1991年的分类。两个分类体系不能直接进行比较,因为选择某一个混合类别的人,以前可能会根据自己的族群认同,把自己当成白人或是"其他"中的一种,或是某一具体的少数族群。此外,有些人的父辈可能是"混合"族群,但他们可能会认为自己属于某一族群而不是"混合"族群。

---

[*] 本章作者为鲁欣达·普拉特,埃塞克斯大学社会学系讲师。详见 www.essex.ac.uk/sociology/people/staff/platt.shtm。

表 13.1　英格兰及威尔士的不同族群人口数(2001 年)

	人　数	百分比
总计	52 041 916	100
白人	47 520 866	91.3
加勒比黑人	563 843	1.1
非洲黑人	479 665	0.9
其他地区黑人	96 069	0.2
混合黑人	316 331	0.6
印度人	1 036 807	2.0
巴基斯坦人	714 826	1.4
孟加拉人	280 830	0.5
中国人	226 948	0.4
其他亚洲人	241 274	0.5
其他非混合族群	219 754	0.4
其他混合族群	344 703	0.7
所有少数族群	6 508 175	8.7

资料来源：英国国家统计局网站(www. statistics. gov. uk)。

如表 13.1 所示，没有一个少数族群的人口数超过总人口的 2%。印度人是最大的少数族群，占 2%。不过，少数族群的人口并不是均匀分布的，而是聚集在某些地方。多数黑人、孟加拉人和其他亚洲人居住在伦敦。伦敦的少数族群人口数占了全国的近一半，超过伦敦人口数的 1/4。44% 的印度人也生活在伦敦，虽然他们生活在伦敦外城而不是内城。此外，印度人在中东部和中西部也有聚居区。在约克郡、中西部和西北部地区，有大量巴基斯坦居民区(ONS，2001a)。少数种族的人口结构也不一样，每个族群都有自己独特的年龄结构和性别构成。少数族群的分布差异和人口结构的差别，反映了他们的移民历史、移民和定居模式，也反映了他们的技能状况、民族传统和经历。这些差别，影响着他们对社会保障的利用。

英国是一个多民族国家，民族来源多种多样。在征服、统一、殖民化和去殖民化的过程中，人口的内迁、外迁和回迁模式很复杂①。第二次世界大战以后，大量

① 参见 Parekh(2000)对这段历史的综述。

来自英联邦或以前的英联邦国家的劳动力来到英国。这些移民不是同时来的,而是有先有后的。最早来的是加勒比地区的人,接着是印度人和巴基斯坦人,再后来又是孟加拉人。先来的大多是男性,然后,随着家庭的团聚(申请让自己的家人来英国跟自己一起过日子),妇女也跟着来到了英国。不过,加勒比地区来英国的第一批移民中,就有很多妇女,她们从事卫生服务工作。1970年前后,政府驱逐外来移民,也导致了不少越南人和来自东非的亚洲人在英国定居。1970年以后,工作移民的浪潮过去了,移民数量止步不前,少数族群只能通过家庭团聚和生孩子这两种方式,增加人口数量。近年来,从欧洲等地来的难民也增加了少数族群的多样性①。

移民来英国的原因以及移民来到英国的时机,都会影响移民的就业和工作经历。早期移民都集中在制造加工业,如纺织业,这些行业后来在去工业化的过程中深受重创。后来的移民多聚集在中部地区,特别是伦敦。伦敦虽然有许多机会,但失业率居高不下,住房压力也很大。没办法,只好去更穷的地区定居。但这会限制移民的受教育机会,限制移民子女的选择。聚集在哈姆雷塔(Tower Hamlets)的孟加拉人就是一个活生生的例子,他们就业机会有限,各种不利条件却源源不断。移民多在脆弱部门就业,他们遭受歧视,又居住在机会少的贫穷地区,像巴基斯坦人、孟加拉人和来自加勒比地区的黑人等族群,还难以提高职业技能水平。所有这些因素导致了许多少数族群失业率居高不下,特别是加勒比移民、巴基斯坦人和孟加拉人,也导致了一些族群的自雇率偏高,如印度人、中国人和巴基斯坦人。人们用种族惩罚来描述种族在决定少数族群的就业状况方面的作用(参见资料框13.2)。容易失业和自雇比例高,这两个特征影响着少数族群与社会保障的关系。下文将进一步探讨这个问题。

资料框13.2　种族惩罚

希斯和麦克马洪(Heath and McMahon, 1997)"使用了'种族惩罚'一词,指的是导致某一少数族群在劳动力市场上的境况不如资历相当的白人的各种因素。换句话说,这个概念要比歧视宽泛,尽管歧视很可能是种族惩罚的重要部分"(p.91)。

①　2000年,28%的难民申请来自欧洲国家,虽然来自前南斯拉夫的难民申请数看来在下降中(Matz et al. , 2001)。

因此,移民的历程会影响族群的构成,进而会影响他们的社会保障经历。然而,移民法会直接影响社会保障的规定,从而会限制那些身份处于过渡状态的移民或申请家庭团聚的移民享受社会保障待遇的可能性(参见资料框 13.3)。移民法对社会保障的影响主要体现为两点,一是有关移民申请公共资金救助的规定,二是有关申请难民身份的规定。1971 年的《移民法》增加了一项规定,要求申请家庭团聚的移民在提出申请时,不得"求助于公共资金",直到其抚养的家属获得居住资格为止。移民抚养的亲属来到英国后,通常要一年的时间才能获得居住资格。然而,在 2002 年的《国籍、移民和难民法》出台之前,政府发布了一份有关移民和难民问题的白皮书,其中提出,配偶需在英国居住满两年后,方能获得居住资格(Home Office, 2002)。这里所说的"公共资金"既包括生计调查型待遇,如住房补助、市政税收优惠、求职补助、残障人士税额抵扣和工作家庭税额抵扣等,也包括不用缴费就能享受的待遇,如儿童津贴、护理补助、残障生活补助、残障照料补助和重度残障补助等①。因此,申请人必须证明他们有能力养活自己抚养的家属,并申明在这些家属来到英国后,如果未能获得居住资格,他们愿意承担相应的风险。

资料框 13.3　与社会保障相关的移民政策的发展

- 1948 年,《英国国籍法》:英联邦公民有权在英国居住。
- 1962 年,《英联邦移民法》:第一部限制英联邦公民在英国居住权的法律,规定对初次来到英国的移民实施购物券制度。
- 1971 年,《移民法》:规定移民可以申请公共资金;父母若在英国出生,移民可以享有居住权。这有利于来自英联邦中的"白人"国家(如澳大利亚、南非、加拿大)的移民。
- 1993 年,《难民和移民上诉法》:要求移民按手印,取消了申请公房的权利。
- 1996 年,《难民和移民法》:雇主若雇用缺乏合法手续的移民,将遭受处罚。
- 1999 年,《移民和难民法》:给难民发放购物券,规定由全国难民支持服务中心负责难民疏散和安置。
- 2002 年,《稳固的边界,安全的港湾》白皮书宣布逐步取消购物券,但仍由全国难民支持服务中心负责给难民提供支持和安排食宿。

提出难民申请的人,在其就业能力和申请社会保障待遇方面也受到了限制。

---

① 关于该领域法律的详尽讨论,参见 CPAG(2000)。

254

1999 年的《移民法》设立了独立于社会保障部的全国难民支持服务中心。该中心负责安排难民的食宿,并给难民提供购物券,其价值相当于成年人收入支持标准的 70%(难民的未成年子女按 100%发放)。尽管 2002 年秋,购物券的做法逐步被取消了,但仍然由全国难民支持服务中心负责给难民发放现金救助,虽然救助标准与收入支持标准挂钩。

移民法提出了签证要求。签证意味着必须在移民的家属起身来英国之前提出家庭团聚申请,这种做法也限制了家庭团聚。山高皇帝远,移民官员作出签证决定后,申请人又没有地方申诉。这可能会导致移民官员在作出签证决定时不负责任(Bevan,1986)。另一大障碍是以前臭名远扬的"首要目的"规则。该规则要求,配偶不应以在英国生活作为移民的首要目的。此类障碍导致的延误,影响了移民定居和家庭团聚。比如,最近来到英国的移民,包括与配偶团聚的妇女在内,英语水平大多不高。当这些人生活在不讲英语的社区时,英语水平更会受影响(Cantle,2001)。会不会英语,将影响他们申请相关待遇,影响他们获取各种信息以及利用新政提供的各种额外支持。

总之,不同族群的移民历程、定居地点及定居的原因都会影响他们与社会保障的关系。当我们考察这种关系时,不能忘了这一点。

工党 1997 年上台时,它关注的焦点是建立一个包容性的社会。这意味着,政府要采取更积极的策略处理种族平等议题。在社会保障领域,实现这一目标面临着巨大的挑战,因为政府一方面要让领取生计调查型待遇的人就业,另一方面又继续限制移民,这两大政策目标是相互冲突的。在接下来的三个部分中,将考察这些挑战,看看相关政策在多大程度上促进了种族平等。

少数族群与社会保障的利用

各少数族群利用社会保障的模式差别甚大,其原因也各异。如表 13.2 所示,所有少数种族领取生计调查型待遇的比率,都高于白人人口。表中显示的是不同族群的"待遇单位"①领取生计调查型待遇的比例。包括白人在内的所有族群领

---

① 待遇单位指的是个人、配偶和未成年子女等直系亲属组成的家庭单位。它是核定申请人是否具有享受生计调查型待遇的资格、计算申请人能享受的待遇水平的依据。

取生计调查型待遇的比例是 23%,而巴基斯坦和孟加拉人领取该项待遇的比例高达 44%。领取收入支持或求职补助的待遇单位,黑人为 27%,巴基斯坦和孟加拉人为 31%,印度人为 18%,而全体人口为 14%。

表 13.2　不同族群领取生计调查型待遇的比率(1999—2000 年)(单位:%)

	所有族群	黑人族群	印度人	巴基斯坦人和孟加拉人	其他族群	白　人
收入支持	11	19	14	22	16	10
求职补助[a]	3	8	4	9	4	3
住房津贴	14	28	9	19	19	14
市政税收优惠	18	29	15	29	20	18
收入相关待遇	23	37	24	44	27	23

注:a 既包括缴费型待遇部分,也包括生计调查型待遇部分。不过,缴费型待遇部分比重很低,2002年 2 月只占 20%左右。
资料来源:根据 DSS(2001,表 3.17:56)改编。

与此相对照,表 13.3 反映的是不同族群领取非生计调查型待遇的情况。从表中可以看出,少数族群领取与收入无关的待遇的比例,要低于总人口,特别是白人的领取比例。尽管少数族群,尤其是巴基斯坦人和孟加拉人利用儿童津贴的比例要高得多。

表 13.3　不同族群领取缴费型待遇及普惠型待遇的比率(1999—2000 年)(单位:%)

	所有族群	黑人族群	印度人	巴基斯坦人和孟加拉人	其他族群	白　人
退休金	24	13	8	6	6	25
儿童津贴	23	30	34	42	27	22
失能津贴	5	2	4	3	2	5
收入相关待遇	55	47	47	52	39	55

资料来源:根据 DSS(2001,表 3.17:56)改编。

不同族群依赖生计调查待遇和非生计调查型待遇的程度各不相同,其原因也多种多样。导致少数族群更依赖生计调查型待遇的原因是:

- 失业率过高,导致申领收入支持和求职补助的人数偏多[①]。所有少数族群

---

① 关于不同的少数族群与劳动力市场的关系及相关因素,参见 Platt(2002)的综述。

都是如此,特别是巴基斯坦人和孟加拉人,还有来自加勒比地区的黑人(ONS, 2000; DSS, 2001)。孟加拉人和巴基斯坦人失业率高得离谱,而他们的非经济活动人口比例也很高,这两个因素使得他们更有可能依靠生计调查型待遇为生(Berthoud, 1999)。来自加勒比地区的年轻人失业率也高得离奇。甚至是高学历的印度家庭,在就业方面也遭受着"种族惩罚"(Heath and McMahon, 1997; Modood et al., 1997)。对于非洲黑人来说,学历和就业前景之间的脱节尤为明显(Modood, 1997)。

- 不同的家庭结构。比如,在加勒比黑人家庭中,单亲母亲的比例要比总人口的平均水平高;单亲母亲申领生计调查型救助的可能性也相当高。事实上,与其他族群的单亲母亲相比,加勒比黑人单亲母亲申请生计调查型待遇的可能性还要小一些。孟加拉人和巴基斯坦人的家庭人口数要高于全国平均水平。大家庭陷入贫困的风险本来就高,而由于这些家庭极有可能从事的行业收入都不高,要想养家糊口就更难了(Platt and Noble, 1999; Berthoud, 2000; Platt, 2003)。

- 退休人员或失业人员中的长期贫困。一些少数族群不太可能积累资产,因此更需要申请收入支持或最低收入保障,在他们一生中,有些少数族群积累的资产或储蓄很少,因此一旦失业,很快就会断粮,而他们老年时的生活也更为艰辛。根据《社会趋势》调查的数据,有近60%的巴基斯坦人和孟加拉人没有存款,而总人口中没有存款的比例为28%。有存款的人中,80%的人存款都不到1 500英镑(ONS, 2001b)。黑人的情形也类似,不过,印度人和白人没有存款的比例不到一半。少数族群积累资产的能力低,不仅因为他们失业风险高,也因为他们工资收入低(Modood et al., 1997; Berthoud, 1998; Blackaby et al., 2002)。最近有一项有关退休人员收入状况的研究,结果表明,来自少数族群的退休人员收入低于全体退休人员的平均水平(DSS, 2000)。

另一方面,少数族群较少利用缴费型的待遇,而对儿童津贴这种普惠型的待遇却利用较多,其原因如下:

- 不同的年龄结构。主要的缴费型待遇——国家基础养老金,只有达到法定退休年龄的人才能享受。老年人占人口的比例越高,领取待遇的可能性也越大。各少数族群的年龄结构普遍比总人口的年龄结构年轻。特别是巴

257

基斯坦人、孟加拉人和黑人,年龄结构更显年轻化。所有少数族群的年龄中位数是 26 岁,比总人口的年龄中位数 36 岁整整小 10 岁。当然,各个族群本身也有差别。比如,印度人和中国人的年龄中位数是 31 岁,而孟加拉人和黑人的年龄中位数只有 18 岁(ONS, 2001a)①。另一方面,65 岁以上人口所占的比例,白人为 21%,而加勒比黑人为 15%,印度人为 10%,孟加拉人只有 6%。

- 生育率的差别。少数族群领取儿童津贴的比例更高,年龄结构是一个原因。另一个原因是某些族群,尤其是巴基斯坦人和孟加拉人,成家早,妇女生育率更高(Peach, 1996)。

- 失业。有些族群,失业更普遍,长期失业的可能性也更大。尤其是加勒比人,更是如此(Berthoud, 1999)。因此,他们缴纳的费用可能不多,达不到领取求职补助的条件。即使他们能领取求职补助,也很可能工作还没找着,钱却花光了。

- 居住时间太短,积累的缴费记录不够。对于成年时到处迁移的人来说,要想积累足够的缴费记录申请国家基础养老金,并非易事。像难民等刚移民到英国的人,甚至连缴费记录都还没有。

- 缴费记录中断。在老家还有妻儿老小的人,可能因为回国探亲的时间过长,导致缴费记录中断。

由于这些模式的影响,少数族群,至少是一些少数族群,因为自身的社会保障权益而与社会保障打交道的可能性要比其他人群小一些。有些少数族群领取的主要是生计调查型待遇。由于生计调查型待遇要求申请者提供各种证明,这也会影响少数族群的成员申领社会保障待遇的感受,影响他们与就业与养老金部的关系。传统生计调查型待遇的内在要求,就是严格审查申请者提供的各种证明材料。对于少数族群的成员来说,申请生计调查型待遇可能还要提供公民或移民身份证明。问题是,使用护照影响的主要是申请生计调查型待遇的人,而工作人员查验护照时,可能会有意冲着特定的族群(Gordon and Newnham, 1985)。劳等人(Law et al. , 1994b)发现,在他们的研究中,中国人申请生计调查型待遇时,工作

---

① "其他黑人族群"很大程度上是一种人为的分类,因为调查者往往会认为自己是加勒比黑人(Peach, 1996)。

人员要求他们出示护照的可能性特别高,这进而会影响少数族群申请和领取生计调查型待遇。不论是待遇申请人还是工作人员,可能都会质疑申请的合法性。这个问题下文还将深入探讨。

　　某些少数族群利用生计调查型待遇较多,还可能让他们蒙受更大的屈辱,从而加剧社会排斥的危险。另一方面,他们可能会因此而不愿缴纳养老保险费。不缴费,自然就不能获得国家基础养老金。

　　少数族群领取不同类型的待遇时有不同的经历,接下来的问题是,近年来出台的政策对这些差别都产生了哪些影响? 在这方面,相关的政策分为两类:一类着眼于失业、收入低等潜在的问题,另一类则着眼于导致少数族群更易深陷逆境的制度因素和歧视性做法。因此,旨在促使人们去就业的"从福利到工作"政策(参见第五章),有助于帮助一些人解决就业机会少的问题。可以预期,这些政策会更多地影响某些失业率高的族群,如加勒比男性、巴基斯坦人和孟加拉人,还有印度人。鉴于加勒比单亲母亲就业意愿较强,因此,她们也能从"从福利到工作"政策中受益。值得一提的是,政府会对新政运行情况进行监测,从参与和结果两个角度看新政对少数族群产生的影响。尽管新政并没有覆盖所有族群,但有迹象表明,各族群参与新政的路径各不相同(DWP, 2002a;DfEE, 1999,第四章)。根据2001年底的数据,印度人去就业的比例较高,孟加拉人则更多进入志愿部门,而非洲黑人则更倾向于接受继续教育和培训[1]。因此,正如《工作人人有》(DfEE, 1999)所揭示的那样,"从福利到工作"政策的运行和效果因族群而异。另一些证据表明,由于政府倾向于让少数族群领取收入支持而不是求职补助,导致有些人不愿参与新政。虽然这可能会给少数族群的成员提供某种保护,使他们可以在一定程度上免受"从福利到工作"政策的强制(参见第五章),但也可能使他们失去机会。

　　1999年出台的全国最低工资标准,同样有可能影响少数族群申请社会保障待遇的模式。鉴于少数族群工资收入低,因此全国最低工资标准的出台对于因为工资低而身陷贫困陷阱的少数族群成员而言,无疑是福音。低薪问题委员会(Low Pay Commission, 1998)提出的第一份有关全国最低工资标准的报告,特别提到已就业的少数族群成员,认为他们将受益匪浅。不过,随后的几份报告

259

---

[1]　绩效与创新中心对这些证据有另一番解读(PIU, 2002:133)。

(LPC，2000，2001)却认为，少数族群的工人不了解、没享受全国最低工资标准的可能性更大。鉴于同期推出的在业税额抵扣计划，可以认为，因为领取社会保障待遇而深陷贫困陷阱的少数族群，也能从全国最低工资标准中受益。

工作家庭税额抵扣的待遇水平要比家庭税额抵扣高，残障人士税额抵扣的待遇水平也要比残障工作补助高。这可能会促进家庭人口多、工资收入低的人群（孟加拉人和巴基斯坦人）就业，也会鼓励残障人数多的人群（还是孟加拉人和巴基斯坦人）就业。工作家庭税额抵扣计划含有儿童照料的内容，这有助于鼓励单亲父母就业，因而可以预期，它将有助于减少领取收入支持的加勒比单亲父母的人数。目前的证据表明，在工作家庭税额抵扣中，黑人、巴基斯坦人和孟加拉人占了较大的比例(PIU，2002：139)。另一方面，收入支持计划的变动，特别是提高儿童的待遇水平以及儿童不分大小一视同仁的做法，会使人口多的家庭，特别是有低龄儿童的家庭更乐意申请收入支持(Platt，2003)。虽然这对于靠领取福利待遇的人来说是一件好事，但也有可能会强化已有的待遇申请模式。

这些政策进展对于特定少数族群的影响，现在还不得而知，因为政策影响需要经过一段时间才可能表现出来。

另一类政策着眼于广泛的种族关系，改变各种不利于少数族群社会融入的因素。这些因素导致少数族群成员处于不利境地，也使得少数族群过多利用生计调查型待遇，而较少利用缴费型待遇。因此，从1976年以来的种族关系立法，都对此提出了要求。2000年，通过了《种族关系修正法》。该法规定，基于"种族"的歧视是非法的，公共机构有义务证明，他们的工作方式不会产生不平等的影响。尽管英国的种族关系立法出台都二三十年了，某些少数族群还是长期处于经济上的不利境地，这表明，如果只是防范个体的歧视行为，是不能从根本上改变少数族群的地位的。《种族关系修正法》的规定更为广泛，它使得一些使少数族群陷于不利境地的制度因素变得更显眼了，也更有可能得到矫正了——至少是那些在公共部门大行其道的因素[①]。这些规定导致人们积极推动种族平等战略，提升政府及其部门内部的种族平等。内阁办公室的报告——《公共部门中的种族平等》，就是一个很好的例子(Home Office，2000，2001)。

---

① 关于英国"种族"关系立法及《种族关系修正法》实施指导意见，相关综述参见种族平等委员会的网站：www. cre. gov. uk。

社会保障规定与少数族群

借助社会保障的待遇规则,将某些少数族群成员置于不利境地,有多种方式。以"习惯居住地调查"的方式对申请人的居住地提出要求,这对于经常在国外或配偶在国外的人而言,无疑会有不利影响。当亲人远在海外的时候,移民可能会选择(或者不得不)时不时地回国看看。特别是南亚的孟加拉人、印度人和巴基斯坦人,更是如此。这可能意味着,他们会丧失某些社会保障权益。"习惯居住地调查"指的并不是申请人在提出申请前应达到的居住期限。部分由于习惯居住地的内涵不够精确,工作人员对这个词的解释五花八门,而且往往是从严解释。负责"习惯居住地调查"的工作人员往往倾向于将调查的目标指向特定的群体,特别是来自少数族群的申请者(Bloch, 1997; CPAG, 2000:826)。习惯居住地调查只适用于一些待遇,包括收入支持、求职补助和市政税收优惠等。尽管如此,这种做法往往会进一步强化生计调查型待遇、少数族群和资格审查之间的关系。正如公民建议全国联合会 1996 年所说的那样,"习惯居住地调查创造了一种空间,各种有关种族、文化的偏见和缺乏根据的假设,在这里披上了合法的外衣"(NACAB, 1996:20)。

此外,发放待遇时,如果申请者碰巧有一段时间不在的话,其他家人是不能代领的(Bloch, 1997)。上文已经提到,社会保障与移民法之间的关联变得越来越紧密。那些"受移民控制"的人,不能申请各种生计调查型待遇和普惠型待遇。因此,个人申领社会保障待遇,可能会受其移民身份的限制,受家属的移民身份的限制,或者受有关部门对其身份审查的限制。另一方面,如果家人不在英国,那么在调查家庭情况时,是不会考虑这个人有家人需要扶养的。救济金本来就很有限,如果还要寄钱回去的话,就太不靠谱了(Law, 1996)。

社会保障法的运行对于少数族群产生的影响是,它假设,对于少数族群,特别是对由于英语不好因而"看起来像老外"的人,必须加强审查。它将公民身份的复杂等级与福利的提供挂起钩来。由此,如果某个人被认为不属于"公民",就会失去申领社会保障待遇的权利,而他获得就业支持的可能性也会减少(Bloch, 1999),从而加剧了对他们的排斥。下一部分将谈到,它对社会保障的提供也会产生影响。

261

　　某些规制少数族群的做法,还有社会保障和移民法的联动,都带来了负面影响。对这些负面影响,工党又是如何回应的呢? 除了在 1997 年刚上台时废除了苛刻专横的"首要目的规则"外,工党的政策事实上一直在强调限制尚未取得公民身份的移民的公民权。由于难民申请几乎是移民的唯一途径,这一领域往往成为政策重点关照的对象。1999 年的《移民和难民法》对申请难民地位的人和其他移民分别作出了规定,其他移民的待遇由社会保障部负责管理。专门设立了全国难民支持服务中心,负责难民疏散,给没有被拘留的难民申请者提供住宿,发放购物券。这种做法在已获得难民身份和难民申请没被批准的人员中间,画了一条分界线。它也把对难民提供的基本支持从社会安全网中剥离出来,让难民蒙受屈辱。根据 2002 年《稳固的边界,安全的港湾》白皮书的规定,虽然"令人蒙羞的"购物券被取消了(Patel, 2002:42),但在社会保障体系之外对待申请难民地位的人这种做法却将继续下去。还有一些与社会保障规定相关的问题,政府并没有解决。相反,政府的政策重点放在了提供环节上。下面,我们接着谈这个议题。

在多种族社会中提供社会保障

　　要让所有族群都能公平地享有社会保障,有许多问题或障碍需要解决。这一部分结合前面两部分所谈的议题,把这些问题或障碍提了出来。

　　要提供社会保障,需要解决的主要问题是找到有效的方式,确保有权获得待遇的人得到他该得到的待遇。导致少数族群未能充分享受社会保障待遇的障碍和态度有不少,这些障碍和态度影响了申请过程(参见资料框 13.4)。上文已经提到了其中一些障碍,这部分除了展开谈这些障碍外,还提到了消除这些障碍的各种尝试。

资料框 13.4　某些少数族群成员未领取社会保障待遇的可能原因

- 语言障碍以及缺少信息;
- 要提交的证明材料太多;
- 自雇时难以申请;
- 工作人员的歧视性态度;
- 有关申请待遇的文化观念;
- 酌情处理。

不同族群未能充分享受社会保障的程度如何,族群之间是否存在显著差别,目前还不得而知。克雷格(Craig, 1991)1991年就强调过,这方面的证据太少,必须加强研究。此后的证据大部分不是科学研究得出的,结论不甚了了。劳等人(Law et al.,1994a)先前曾对人们利用社会保障的态度做了一项定性研究。2002年,他还是认为,人们对申请社会保障待遇的态度和申请过程,仍是一个有待研究的领域,在这个领域中,"经验研究依旧很少"(Law, 2002:30)。尽管如此,我们已有的证据都指向一个事实,那就是对于少数族群而言,利用率是不够充分的,这极大地影响着他们的福利。弗莱和斯塔克(Fry and Stark, 1993)发现,耻辱烙印和缺乏信息是导致人们未领取福利待遇的重要因素。由于上文讨论过的原因,这两个因素对少数种族的影响会更大。此外,有些研究还表明,各种族在申领社会保障待遇方面也存在不同(Bloch, 1993)。劳等人(Law et al.,1994a,1994b)对利兹地区少数族群的研究表明,少数族群,特别是中国人和孟加拉人,未申领或未及时申领社会保障待遇的比例偏高。公民建议全国委员会(Citizens' Advice Bureaux, 1991)认为,工作人员的差错可能也会导致符合资格条件的人未领取社会保障待遇。贫困率本身也能说明问题,某些少数族群贫困率较高,也可能是由于它们未能享受社会保障。阿德尔曼和布雷德肖(Adelman and Bradshaw, 1999)已经指出,对于某些少数族群来说,收入支持能提供某种保护,使他们免于贫困。如果没有收入支持,许多人的境况会更糟。与此类似,伯绍德对少数族群的收入分析也说明,有工作的孟加拉人和巴基斯坦人的收入低得可怜(Modood et al.,1997)。这些研究表明,社会保障未能给境况最惨的少数族群成员提供足够的安全网。导致这种状况的原因,可能是人口结构和家庭结构,也可能是社会保障待遇本身的结构因素。还有一种可能是,少数族群受到了阻碍或妨碍,因而未能申领他们本有权享受的社会保障待遇。

过去的研究重点提到的一个问题是理解能力。对于母语不是英语的人来说,相关材料的语言是否易懂,在面谈时是否有翻译,都是很关键的。此外,还有些人是文盲,对这些人来说,需要有恰当的方式给他们传播相关信息。布洛克(Bloch, 1993)探讨了不同族群成员的信息需要以及他们获取信息的不同渠道。要确保人们能理解并申请社会保障待遇,那么,语言和可及性的问题就必须解决。就业与养老金部网站提供的信息除了用英语外,还有九种少数族群的语言服务。在种族平等计划中,就业与养老金部强调了提供恰当语言服务的重要性(DWP, 2002b)。

英格兰、威尔士的地方办事机构也对语言问题作出了回应，他们搞社区联谊工作，相关材料也用各种语言印制（Home Office，2001）。尽管如此，工作人员有关"外国人"的假设，可能会让他们以为，需要翻译或使用其他语言的人都是"老外"而不是公民。就像上一部分谈过的那样，这会影响待遇的享受。同样，在媒体成天鼓噪说"移民是福利包袱"、"少数族群是一大社会问题"的环境中，提供各种语言服务也不可能改变少数族群所处的社会氛围（Law，2002：30）。提供恰当的语言服务本身也不能抵消其他原因的影响，比如，由于怕蒙羞、有失脸面而不去申请社会保障待遇。

另外一个问题是核定待遇资格时歧视性对待少数族群，如习惯居住地调查时对少数族群冷眼相待，要求申请人提供护照或者"刁难"申请人，要他们提供种种"证明材料"（Simpson，1991：14）。如前所述，有些因素，如有些族群领取生计调查型待遇的比例偏高、加勒比的单亲父母偏多等，都会加大少数族群遭受歧视性对待的可能性（Law et al.，1994a；Law，1996）。研究发现，不论是发放待遇还是驳回申请人的申请，都有歧视性对待的问题：公民建议全国联合会（NACAB，1991）20世纪90年代初的一份报告《享受待遇的障碍》，就特别提到了不少人的申诉以及一些人的申请被错误驳回的案例。2000年的《种族关系修正法》要求公共权力机构仔细审查其做法，并为其歧视性行为负责。2002年4月，该法生效。就业与养老金部下属的各业务领域都发表了声明，承诺要提供公正服务，并对这方面的进展进行监督①。就业与养老金部的种族平等战略文件《人人享有平等、机会和独立》，提出了实现公正服务的各项指导原则。这份文件提出，要评估就业与养老金部提供的各项服务及相关政策可能产生的不同影响，并将监督和评估放在第一位。它同时承诺，就业与养老金部将对其负责提供的所有服务及其下属的所有工作人员实行有效的种族平等监控，并对未来的政策影响进行评估。下面将提到，在有些领域，其产生的影响会有所不同。这种监控和评估很有可能证实我们提到的各种问题，当然也可能解决这些问题。不过，这种承诺何时能兑现，尚需拭目以待。

在社会保障供给的某些领域，如社会基金，工作人员是有酌情处理权的。这

① 在就业与养老金部下属的业务部门中，已提出种族平等计划的九个部门是：儿童与住房小组、儿童支持署、残障和照料者指导司、人力资源部、就业服务中心、法律和特殊政策小组、养老金小组、申诉服务署、就业和福利战略与反骗保中心、规划与展示署。

种做法会加大歧视的可能性。新政本身也有一些酌情处理权,如个人顾问提供的建议以及提供机会和培养技能的方式等。此外,如前所述,如果工作人员认为申请者适合申请收入支持而不是求职补助,就会导致申请人没办法参与新政。在这方面,《种族关系修正法》要求有关部门对这些做法可能产生的不平等影响进行评估,并采取有效办法消除这些不平等的影响。

自雇者申请家庭税额抵扣等在业津贴,要比雇员申请这些津贴难得多(Corden and Craig, 1991)。印度人、中国人、巴基斯坦人和孟加拉人等少数族群的自雇人员较多,他们申请在业津贴时,被驳回的比例会偏高。

最后,劳等人(Law et al., 1994a)详细研究了利兹地区的少数族群对社会保障权益的态度。他们的研究表明,在一定的宗教文化背景中,申请人本身的态度也会妨碍他们申请社会保障待遇。他们提供的定性证据并没有说,有什么样的宗教观念或文化观念,对申请待遇的态度就必然会怎么样。相反,他们的研究强调的是,要理解人们对申请社会保障待遇以及对申诉的态度,必须重视文化维度;人们的态度和观念可能会导致人们从事某种行为,可能会使人们不从事某种行为,也可能会给从事某种行为的人提供保护伞。这些信念体系的基础是人们有关权益和公正的态度。人们的信念体系与申请待遇时要蒙受的羞辱(Falkingham, 1986)、信息成本、申请被拒的可能性以及替代选择等,共同决定着人们是否申请待遇。就像有关社会保障利用情况的文献所指出的那样,符合资格条件的人不去申请社会保障待遇,未必是非理性行为(Craig, 1991)。而且,在申请成本居高不下的环境中,这种行为还将长期存在。

资料框 13.5 概括了 1997 年以来,与多种族社会中提供社会保障相关的一些政策或指导方针。

本章已经说明,要想以一种公正的方式提供社会保障,要想在提供社会保障时促进被边缘化、被歧视、身处逆境的群体的社会融入,就必须防范两种危险:忽视差异以及假设有差异。

忽视差异可能会导致:

- 信息提供不足或信息不具有可及性;
- 从福利到工作政策的无效;
- 惩罚非正规就业人员,如自雇人员;

265

资料框 13.5   1997 年以来与多种族环境下提供社会保障相关的政策规定

- 1997 年,取消"首要目的规则"。
- 1997 年起执行新政,对种族情况进行监测,并设法让就业难的人就业。
- 1999 年,出台《移民和难民法》。
- 1999 年 4 月,出台全国最低工资标准。
- 1999 年 10 月,推出工作家庭税额抵扣。
- 1999 年,出台有关史蒂芬·劳伦斯之死的《马克福森报告》,认为在公共服务部门中普遍存在种族主义问题。
- 2000 年 4 月和 10 月,规定儿童不分年龄大小,均享受相同的收入支持;待遇标准提高至 30.95 英镑。
- 2000 年,内政办公室发表《公共服务中的种族平等》年度报告,描述和监测政府及其部门在确保和提升种族平等方面的活动。
- 2000 年,《马克福森报告》导致了《种族关系修正法》的出台,该法要求公共机构采取积极措施,检视其各种做法,并表明他们是如何确保少数族群不受歧视的。
- 2001 年、2002 年,政策与创新中心的工程着眼于改善少数族群的就业状况,并考察了少数族群领取社会保障待遇等情况。2001 年建立,2002 年发布了中期报告。
- 2002 年,就业与养老金部根据《种族关系修正法》的要求,发表了种族平等咨商文件《人人享有平等、机会与独立》。

- 忽视贫困产生的环境,以及导致人们依赖某种社会保障待遇的环境。

另一方面,对差异作出过多不恰当的假设,可能会导致:

- 阻碍人们参与从福利到工作政策;
- 以歧视性的方式操作规则;
- 要求申请人提供额外"证明",刁难申请人;
- 假定个体会就业,并采取相应的行动。

政策必须保持公正性和灵活性之间的平衡。公正要求一碗水端平,而灵活性则要求考虑各种特殊情况。《马克福森报告》及随后出台的《种族关系修正法》,使人们注意到机构内部的歧视性做法得以产生和延续的过程。他们也指明了公共机构可以采取哪些方式,对自身的制度和实践提出质疑、进行改革。然而,要更好地给少数族群提供社会保障,单靠个别机构改革其实践其实是不够的。我们还需要从根本上审视人们生活的环境,审视人们生活中面临的种种限制(参见 SEU,2000),并认真思考政策规制出台的方式以及它们能够继续实施下去的原因。

总结

在条件和经历方面,少数族群内部、少数族群之间都存在着显著的差别。尽管如此,少数族群往往都面临较高的失业、贫困风险,他们依靠生计调查型待遇的比例也偏高。社会保障法律法规、社会保障待遇标准,对不同的少数族群有不同的影响。不同族群对包括利用问题在内的待遇发放,有不同的体验。

这些议题彼此之间是密切相关的。社会经济环境及待遇体系的结构,都会影响人们如何看待社会保障的提供,影响人们对社会保障提供的体验。过去的移民政策也改变了少数族群的定居模式,影响了许多少数族群的机会结构,使他们更依赖社会保障。移民规定和社会保障权益明显挂钩了。因此,虽然像语言的翻译之类的问题看起来是提供社会保障过程中的问题,但实际上,提供社会保障待遇也好,享受社会保障待遇也罢,都不能脱离不同族群的历史和经历,不能脱离与他们相关的社会保障规定。

思考题

1. 社会保障政策与移民政策之间有何关系?
2. 为什么各族群领取社会保障待遇的模式各不相同?
3. 在多文化环境中提供社会保障,需要考虑哪些因素?
4. 政府为改善少数族群的社会保障提供状况,出台了哪些主要举措?

267

参考文献

Adelman, L. and Bradshaw, J. (1999) *Children in poverty in Britain: Analysis of the Family Resources Survey 1994/95*, York: Social Policy Research Unit, University of York.

Berthoud, R. (1998) *The incomes of ethnic minorities*, Colchester: Institute for Economic and Social Research, University of Essex.

Berthoud, R. (1999) *Young Caribbean men and the labour market: A comparison with other ethnic groups*, York: York Publishing Services for the Joseph Rowntree Foundation.

Berthoud, R. (2000) *Family formation in multi-cultural Britain: Three patterns of diversity*, Colchester: Institute for Social and Economic Research, University of Essex.

Bevan, V. (1986) *The development of British immigration law*, London: Croom Helm.

Blackaby, D. H. , Leslie, D. G. , Murphy, P. D. and O'Leary, N. C. (2002) "White/ethnic minority earnings and employment differentials in Britain: evidence from the LFS", *Oxford Economic Papers*, vol. 54, pp. 270—297.

Bloch, A. (1993) *Access to benefits: The information needs of minority ethnic groups*, London: Policy Studies Institute.

Bloch, A. (1997) "Ethnic inequality and social security", in A. Walker and C. Walker(eds.) *Britain divided: The growth of social exclusion in the 1980s and 1990s*, London: CPAG, pp. 111—122.

Bloch, A. (1999) "As if being a refugee isn't hard enough: the policy of exclusion", in P. Cohen (ed.) *New ethnicities, old racisms*, London: Zed Books, pp. 111—130.

Cantle, T. (2001) *Community cohesion: A report of the Independent Review Team chaired by Ted Cantle*, London: Home Office.

Corden, A. and Craig, P. (1991) *Perceptions of Family Credit*, London: HMSO.

CPAG(Child Poverty Action Group) (2000) *Welfare benefits handbook 2000/2001*, London: CPAG.

Craig, P. (1991) "Cash and benefits: a review of research on take-up of income related benefits", *Journal of Social Policy*, vol. 10, no. 4, pp. 537—566.

DfEE(Department for Education and Employment) (1999) *Jobs for all*, London: DfEE.

DSS(Department of Social Security) (2000) *The changing welfare state: Pensioner incomes*, DSS Paper No. 2, London: DSS.

DSS (2001) *Family Resources Survey: Great Britain 1999—2000*,

Leeds: Corporate Document Services.

DWP(Department for Work and Pensions) (2002a) "New Deal for Young People and Long-Term Unemployed People aged 25＋: Statistics to December 2001", *Statistics First Release*, February.

DWP(2002b) *Equality, opportunity and independence for all*, Race Equality Consultation Document, London: DWP.

Falkingham, F. (1986) *Take up of benefits: A literature review*, Nottingham: Benefits Research Unit, Nottingham University.

Fry, V. and Stark, G. (1993) *The take-up of means-tested benefits 1984—90*, London: Institute for Fiscal Studies.

Gordon, P. and Newnham, A. (1985) *Passport to benefits? Racism in social security*, London: CPAG/Runnymede Trust.

Heath, A. and McMahon, D. (1997) "Education and occupational attainments: the impact of ethnic origins", in V. Karn(ed.) *Ethnicity in the 1991 Census. Volume Four: Employment, education and housing among the ethnic minority populations of Britain*, London: The Stationery Office, pp. 91—113.

Home Office(2000) *Race equality in public services*, London: Home Office Communications Directorate.

Home Office(2001) *Race equality in public services*, London: Home Office Communications Directorate.

Home Office(2002) *Secure borders, safe haven*, Immigration and Asylum White Paper, Cm 5387, London: The Stationery Office.

Law, I. (1996) *Racism, ethnicity and social policy*, Hemel Hempstead: Prentice Hall.

Law, I. (2002) "Racism, ethnicity and benefits", *Benefits*, vol. 10 issue 1, pp. 30—31.

Law, I., Hylton, C., Karmani, A. and Deacon, A. (1994a) *Racial equality and social security sevice delivery: A study of the perceptions and experiences of Black minority ethnic people eligible for benefit in Leeds*,

269

Leeds: University of Leeds.

Law, I., Hylton, C., Karmani, A. and Deacon, A. (1994b) "The effect of ethnicity on claiming benefits: evidence from Chinese and Bangladeshi communities", *Benefits*, January, pp. 7—11.

LPC(Low Pay Commission) (1998) *The National Minimum Wage*, First Report, Cm 3976, London: The Stationery Office.

LPC(2000) *The National Minimum Wage: The story so far*, Second Report, Cm 4571, London: The Stationery Office.

LPC(2001) *The National Minimum Wage: Making a difference*, Third Report, Cm 5075, London: The Stationery Office.

Matz, D., Hill, R. and Heath, T. (2001) *Asylum statistics, United Kingdom 2000*, London: Home Office Statistical Bulletin.

Modood, T. (1997) "Qualifications and English language", in T. Modood, R. Berthoud et al. *Ethnic minorities in Britain: Diversity and disadvantage*, London: Policy Studies Institute, pp. 60—82.

Modood, T., Berthoud, R. et al(1997) *Ethnic minorities in Britain: Diversity and disadvantage*, London: Policy Studies Institute.

NACAB(National Association of Citizens' Advice Bureaux) (1991) *Barriers to benefit: Black claimants and social security*, London: NACAB.

NACAB(1996) "Failing the test", *Benefits*, April/May, pp. 19—20.

ONS(Office for National Statistics) (2000) *Labour market trends*, March, London: The Stationery Office.

ONS(2001a) *Population Trends*, vol. 105, autumn, London: The Stationery Office.

ONS(2001b) *Social Trends*, vol. 31, London: The Stationery Office.

Parekh, B. (2000) *The future of multi-ethnic Britain: The Parekh report*, London: Profile Books.

Patel, B. (2002) "All change for asylum support policy, but will it be any more humane and fair?", *Benefits*, vol. 10, issue 1, pp. 41—44.

Peach, C. (ed.) (1996) *Ethnicity in the 1991 Census. Volume Two: The*

270

ethnic minority populations of Great Britain，London：The Stationery Office.

PIU(Performance and Innovation Unit) (2002) *Ethnic minorities and the labour market：Interim analytical report*，London：Cabinet Office.

Platt，L. (2002) *Parallel lives? Poverty among ethnic minority groups*，London：CPAG.

Platt，L.（2003：forthcoming）"Ethnicity and inequality：British children's experience of means-tested benefits"，*Journal of Comparative Family Studies*，Special Issue on Families' and Children's Inequalities，vol. 34，no. 3.

Platt，L. and Noble，M. (1999) *Race，place and poverty*，York：York Publishing Services for the Joseph Rowntree Foundation.

Simpson，N. (1991) "Equal treatment? —Black claimants and social security"，*Benefits*，September/October，pp. 14—17.

SEU(Social Exclusion Unit)（2000）*Minority ethnic issues in social exclusion and neighbourhood renewal*，London：Cabinet Office.

网络资源

种族平等委员会	www. cre. gov. uk
教育与技能部	www. dfes. gov. uk
就业与养老金部	www. dwp. gov. uk
内务部	www. homeoffice. gov. uk
低薪问题委员会	www. lowpay. gov. uk
难民委员会	www. refugeecouncil. org. uk
兰尼美德信托基金	www. runnymedetrust. org
社会排斥署	www. socialexclusionunit. gov. uk

271

第十四章
解析骗保[*]

概要 对政府来说,骗保是一个大问题,其原因有多种:消耗公共财政资金,削弱了公众对社会保障的支持,给政府的福利改革议程抹黑。本章内容包括:
- 深入解析骗保、骗保的复杂性及多样性;
- 使读者学会解读官方的骗保数据,并审视政治家及媒体有关骗保的各种论调;
- 考察人们骗保的原因,探讨政策制定者为解决这个"问题"都做了哪些尝试。

导言:解析骗保

对于一个关注社会保障十几年的人来说,谈到骗保,实在是熟得不能再熟了。连续几届政府都把骗保作为大问题,不仅因为他们是政策制定者、公共资金的守护人,更因为骗保影响我们每一个公民的福利。政府给我们传递的信息始终是这样的:骗保行为无处不在,骗保消耗了其他地方急需的公共资源,骗保应当受到严厉的处罚,对骗保的打击要毫不动摇。

本章考察骗保现象。首先,我们会提出一些简单的问题:什么是"诈骗"? 为什么它是一个大问题? 我们将很快发现,骗保是复杂的、多样的。接着,我们审视官方有关骗保的数据,看看这些数据到底给我们提供了多少有关骗保的信息。然后,我们探讨人们骗保的原因、政府对骗保作出的政策反应、公众对骗保的态度,以及政治家和媒体是如何描述骗保的。

什么是"诈骗"?

可以这样界定"诈骗":故意不如实提供相关情况,以获得某种好处。这是从

---

* 本章作者为罗伊·森斯伯利,约克大学社会政策研究中心高级研究员。详见 http://www1. york. ac. uk/inst/spru/。

272

概念层面对诈骗的界定,既适用于公共领域(包括社会保障体系、税收体系及税额抵扣体系),也适用于私人领域(如保险)。本章将聚焦于骗保,它指的是以欺诈的方式从福利待遇体系中获得钱财。不如实提供相关情况,以逃避缴纳国民保险费或不承担儿童抚养费,也是骗保,不过迄今为止,这方面的官方资料很少,研究也很有限,因此无法进行有根有据的分析。

定义中的"故意不如实提供相关情况"包括两个层面:一是编造,在填写申请表或接受面谈时主动提供虚假信息;二是隐瞒,有意隐瞒可能使其丧失申请资格的信息。申请人故意不如实提供个人相关情况的可能性很大,不过,也有可能不是故意的。由于社会保障待遇体系错综复杂,申请表又需要填写大量的个人信息,出错、遗漏或产生误解都有可能。果真出错的话,会超额享受保障待遇。不过,由于申请人并不是故意出错,因此按照对诈骗的定义,他并没有诈骗。从理论上说,核定待遇资格的各项法律规定或法定工具,都有出现诈骗的可能。一些常见的例子参见资料框 14.1。

资料框 14.1 一些常见的骗保行为

- 不申报劳动收入;
- 不申报企业年金等其他收入;
- 谎称自己单身;
- 伪造身份证明,领取保障待遇;
- 不申报存款;
- 装病或假装残疾;
- 谎称有子女,冒领儿童津贴;
- 伪造房屋租赁的事实,领取住房津贴。

273

给"诈骗"下个定义,举几个虚构的例子说明一下诈骗是怎么个骗法并不难。然而,要在实践中认定一个人是不是骗保,就没那么简单了。不过,重要的是能够将骗保行为与非骗保行为区别开来,只有这样,我们才能测算出社会保障体系中到底有多少人骗保。知道了有多少人骗保,政策制定者才能出台恰当的政策,合理配置资源。在谈如何测算骗保人数之前,先要想想这个问题:为什么政治家和政策制定者会把骗保视为一个问题?

骗保为什么是一个大问题?

从许多方面看,骗保对政府而言都是一个必须解决的问题。首先,骗保是一个经济问题。英国社会保障每年的支出约 1 100 亿英镑,约占公共开支的 30%。因此,即使骗保的比率很小,被骗取的金额也是很大的。通常把骗保带来的损失称为"机会成本"。政府在 1998 年的《打击骗保,人人有责》绿皮书中宣称,每年被骗取的资金达 20 亿英镑,这笔钱"可以用来为 100 万尚没有养老金的老人提供收入保障,还可以给 1 200 万儿童每周增发 2 英镑的儿童津贴"(DSS,1998b:2)。最近,有人引用负责制定打击骗保政策的大臣马尔孔·威克斯(Malcolm Wicks)的话说,1998 年至 2001 年间,骗保人数降下来后省出来的钱"可以给 2 500 名医生或近 6 000 名护士发工资"(DWP,2002b)。

骗保从许多方面看还是一个社会问题。骗保就是偷,偷走遵纪守法、照章纳税或合法享受保障待遇的公民的钱财。偷盗就是犯罪,是不能接受的,因此对骗保不能姑息迁就。骗保分子就是罪犯,对他们不能手软。还有人认为,如果对骗保行为听之任之,那么,骗保就可能成为一种公认的行为模式,影响其他人,形成犯罪的亚文化,代代相传。

在政治家看来,骗保,特别是骗保后依旧逍遥法外的那些人,削弱了公众对社会保障体系的支持:

> 骗保损害了社会保障体系的诚信,不利于实现社会保障体系的目标。纳税人和真正有资格享受保障待遇的人之所以支持社会保障体系,是因为社会保障体系把资源给了有权利用这些资源的人,而不是给骗子(DSS,1998a:67)。

总之,骗保是一个重要的政治议题。骗保作为一个政治议题,特征是不断变化的。20 世纪 90 年代初,当时的社会保障大臣彼得·利雷(Peter Lilley)认为,对骗保进行严打,是赢得选票的手段。他在保守党连续召开的几次大会上,把自己塑造成一个与骗保分子做斗争的强硬派。2002 年,工党政府把骗保视为对其理想社会的挑战。工党要建构的理想社会,将劳动致富作为社会包容的核心元素。因此,骗保就成了一个政治议题,因为骗保与布莱尔政府的重大工程有关联。这个重大工程就是改革福利体系,使福利体系不再是消极地给未就业人员提供收人,而变成一个促进人们就业的积极政策工具。

有关骗保的数据

自从 20 世纪 90 年代初开始,政府一直在设法对骗保行为进行测算,评估政府出台的反骗保措施的影响。

测算骗保行为的早期尝试

对骗保行为进行大规模测算的尝试,始于 20 世纪 90 年代中期。当时,出了一个系列报告——《全国福利待遇复查》。当时的测算都是一次性的,工作人员抽取了大量样本,一个个查看,看待遇发放是否对头,如果发放有问题,则再细分为骗保和工作偏差两种情况。1995 年至 1998 年间,复查了收入支持(1995 年和 1997 年)、住房补助(1996 年和 1998 年)、退休金(1996 年)、伤残护理补助(1996 年)、残障生活补助(1997 年)和儿童津贴(1998 年)等项目。虽然方法有了很大的改进,但还是有不少人批评和质疑调查的可靠性和准确性。尽管有技术方面的难题,但导致这种调查不再继续的原因,可能是调查结果不尽如人意。比如,工党政府于 1997 年宣布,对收入支持项目的第二次复查表明,被骗取的资金上升了,从 14 亿英镑上升到 18 亿英镑。这对工党来说不无尴尬,因为它在打击骗保方面投入的资源达到了创纪录的水平。同样,对残障生活补助项目的复查也表明,残疾人骗取残障生活补助的人数占总领取人数的比例(12.2%)在所有项目中是最高的——比如,收入支持 1997 年的骗保比例是 11.1%,失业津贴 1995 年的骗保比例为 7.8%(DSS,1998b:56)[1]。

复查项目还没有结束,就已经开始着手开发下一代的测算体系。新体系可以对骗保的数量进行持续测算,而不是一闪而过的快照式测算。

新一代测算:整体图景

这个被称为"区域福利待遇复查"的新体系,每月从就业与养老金部下属的每

275

---

[1] 随后出台的特别项目("待遇诚信工程")面向的就是残障率高的人群。对于刚上台的工党政府来说,残障人士生活补助是一次政策悲剧、一场公共关系的灾难(Allirajah,1997;Sainsbury,1998)。

个"区域办事处"(共 13 个)滚动抽取一定量的样本(具体的做法和相关评论,参见Sainsbury, 2001)①。这种做法工作量大,投入不小,起初只适用于收入支持和求职补助两项待遇。2001 年,这种做法推广到失能津贴,并发布了一份报告。据预期,2003 年年底,这个体系已扩展到住房补助,第一份报告预期在 2003 年下半年出炉。

在看收入支持和求职补助的骗保情况之前,我们应当清楚,区域福利待遇复查把两种重要的骗保形式排除在外。首先,复查并不包括有组织的骗保,即通过骗保网络或团伙的大规模骗保(下一节再谈有组织的骗保问题)。同样,复查也不包括盗用、伪造待遇领取通知单的行为,即就业与养老金部所说的利用发放工具骗保。因此,区域福利待遇复查低估了社会保障体系中骗保的严重程度。区域福利待遇复查报告的重要数据,政治家在讲话和新闻发布会时经常引用。这些数据指的是收入支持和求职补助两项制度骗保和差错的总数。报告还包括由于申请人本身的失误或社会保障官员的工作差错少付给社会保障对象的钱款,尽管它不像流失的资金那样引人注目。最新数据显示(DWP, 2002a):

- 2000—2001 年度,收入支持和求职补助两项制度由于骗保和工作差错,多支付了 12 亿英镑。

- 损失的 12 亿英镑中,7.74 亿是由于骗保导致的,另外 4.26 亿是由于工作差错造成的。

- 骗取收入支持的人数为 20.4 万人,骗保率为 5.4%;骗取求职补助的人数为 8.6 万人,骗保率为 8.6%。与此相对照,收入支持项目有 29.6 万人出错,出错率为 7.8%,求职补助有 2 万人出错,出错率为 2.0%。

- 最常见的骗保形式是未申报收入(占骗取资金的 30%)以及未申报自己有配偶(占骗取资金的近 25%)。

- 此外,在收入支持和求职补助两项制度中,由于申请人和官员的差错而未足额发放待遇,给个人造成的损失约为 1.89 亿英镑。

- 在收入支持和求职补助两项制度中,未能足额发放待遇的原因,大部分(约70%)是由于工作人员的差错造成的。未能足额发放的待遇中,比例最大的是给退休人员的待遇(占个人损失总额的 40%)。

---

① 福利署和就业中心合并为"就业服务中心",13 个地区的工作人员并入了政府的 7 个地区办事处。

变动趋势

图 14.1 显示的是 1997—1998 年度以来，收入支持和求职补助两项制度因骗保和差错而流失的资金情况，图中最下方的那条线是收入支持和求职补助两项制度汇总后得出的数据。1997—1998 年的骗保数据成为以后确定控制骗保行为的重要参照。据估计，收入支持和求职补助两项制度中，那时由于骗保和差错流失的资金约占总额的 9％。在求职补助项目中，因骗保和差错而流失的资金，1998—1999 年度上升到总额的 14％，此后便迅速下降到 10％的水平。在收入支持项目中，因骗保和差错而流失的资金本来就不高，此后继续稳步下降。

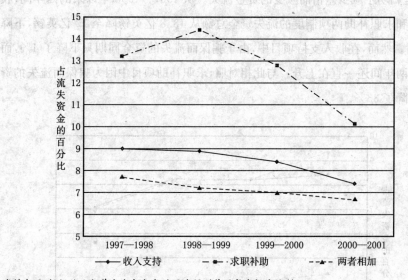

资料来源：根据就业与养老金部各年的区域福利待遇复查报告绘制。

图 14.1　收入支持及求职补助制度骗保与差错情况变动趋势（1997—2001 年）

区域福利待遇复查报告还把骗保和差错两种情况区分开来了。这是一大进步，因为虽然骗保和差错都会导致社会保障体系的资金流失，不过，问题的性质毕竟是不一样的。表 14.1 显示了 1997—1998 年以来因为骗保流失的资金占流失资金总数的比例。

表 14.1 清楚地表明，控制骗保和减少差错产生的影响是不同的。由于骗保和差错而流失的资金总额虽然在稳步下降，但这掩饰了一些值得关注的差别。比

表 14.1　收入支持及求职补助项目因骗保和差错而流失的资金(单位:百万英镑)

	1997—1998	1998—1999	1999—2000	2000—2001
所有差错	482	565	495	426
所有骗保	898	805	825	774
收入支持骗保	596	549	559	573
求职补助骗保	302	256	266	201
两项制度骗保和差错合计	1 380	1 370	1 320	1 200

资料来源:根据就业与养老金部各年的区域福利待遇复查报告编制。

如,1999—2000 年,因为骗保而流失的资金实际上是上升的,流失资金总额的下降,完全归功于减少差错而减少的资金流失。从 1997—1998 年以来的四年间,收入支持和求职补助两项制度的流失资金总额从 13.8 亿英镑降至 12 亿英镑,下降了 13%。然而,在收入支持项目中,由于骗保而流失的资金同期只下降了 4%,而且过去两年间还一直在上升。与此相对照,求职补助项目中因为骗保而流失的资金则下降了 33%。

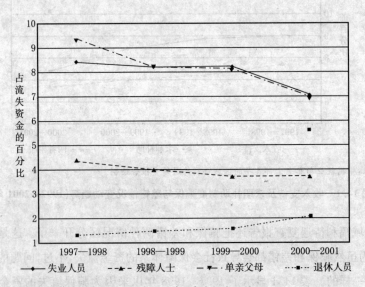

资料来源:根据就业与养老金部各年的区域福利待遇复查报告绘制。

图 14.2　不同人群骗取收入支持和求职补助的情况(1997—1998 年以及 2000—2001 年)

　　图 14.2 提供的是按领取收入支持和求职补助的四大人群分类的因骗保(不

包括差错)而流失的资金数。有趣的是,与残障人士和退休人员相比,失业人员和单亲父母骗取的资金要高得多,不过,他们骗取的资金也跟着流失资金总数的下降(如图 14.1 所示)而下降。事实上,唯一逆流而上的人群是退休人员,虽然他们骗取的资金很少,但却是年年攀升,从 1997—1998 年度的 1.3% 上升到 2000—2001 年度的 2.1%。

总之,根据区域福利待遇复查提供的数据,可以认为,现在的骗保形势要比前些年好多了。因此,对于全国保障待遇复查此前提到的数据,要非常谨慎。同样,此前有关反骗保举措减少的流失资金数,也是很成问题的。现在我们有了官方的统计数据,不仅可以根据总数来衡量政府反骗保举措的表现,而且,由于这些数据也提供了分类数据(如人群分类、骗保形式、地区),因而有助于我们完善反骗保政策。尽管如此,我们现在有关骗保情况的了解还不全面。新的测算体系仅提供了收入支持和求职补助两个项目 1998 年以来的数据,而有组织的骗保、利用发放工具骗保等,也并没有体现在官方的统计数据中。因此,我们在解读骗保数据时还是小心为妙,至于 1998 年以前的数据,还是多留一个心眼吧。

解析骗保行为

人们为什么骗保? 有关这一问题的数据越来越多。有些数据来自有关诈骗或非正规经济的专门研究(MacDonald, 1994; Evason and Woods, 1995; Dean and Melrose, 1996; Rowlingson et al. , 1997)。另一些数据则来自有关低收入人群的经历和期望的研究(Bradshaw and Holmes, 1989; Cook, 1989; Jordan et al. , 1992)。有趣的是,其中只有一项研究是政府资助的。

上述研究关注的主要是个人骗保而不是团伙骗保,且涉及了各种骗保行为。这些研究经常提到的例子是,人们虽然有了工作,却仍旧申领社会保障待遇。还有一些例子说的是单亲父母虽然跟配偶住一起,却仍以单身身份申领待遇,或者是未申报收入。除此而外,很少提到其他骗保形式。人们骗取的主要是收入支持、住房补助等生计调查型待遇,而不是失能津贴或残障生活补助之类的福利待遇。因此,现有的数据是有限的,但还是很有用的。

对于自己的骗保行为,人们往往会给出不同的解释。最常见的解释是,缺钱用,没办法。人们说,社会保障体系提供的收入保障水平太低,靠那点钱没法养家糊口。迪恩和梅尔罗斯(Dean and Melrose，1996)将这称之为"剥夺和困难"论调。有时候，还夹杂着经济理性(Rowlingson et al.，1997)或骗保有理的论调(Dean and Melrose，1996)。他们说，如果因为打短工有一笔小收入就申报的话，他们的境况将变得更糟(因为他们丧失的待遇要高于工资收入)，或者在重新核定其待遇资格时，家里会缺钱。因此，对他们来说，理性的做法是不申报收入。主张骗保有理的人认为，骗保不是自己的错，要怪就怪社会保障待遇体系待遇水平太低，管理程序太繁琐、太不靠谱(乔丹等人称之为"管理陷阱"，Jordan et al.，1992)，为了活下去，他们只好骗保。

迪恩和梅尔罗斯(Dean and Melrose，1996，1997)20世纪90年代中期对骗保分子的研究，从两个维度分析了骗保分子对其行为的描述和解释：反思性和焦虑。"反思性"指的是人们在骗保时反思其行为的程度，而"焦虑"指的是心理冲突或不安全感的强度，以及担心骗保行为后果的程度。他们认为，骗保分子的反思性有高有低，焦虑有强有弱，据此可以把骗保分子分为四类，如资料框14.2所示。

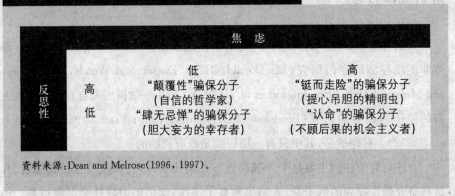

资料框 14.2　迪恩和梅尔罗斯对骗保者的分类

		焦　虑	
		低	高
反思性	高	"颠覆性"骗保分子 (自信的哲学家)	"铤而走险"的骗保分子 (提心吊胆的精明虫)
	低	"肆无忌惮"的骗保分子 (胆大妄为的幸存者)	"认命"的骗保分子 (不顾后果的机会主义者)

资料来源：Dean and Melrose(1996，1997)。

颠覆性骗保分子常常认为"骗保有理"，他们能找出各种理由来为自己开脱，内心很坦然，也不担心骗保的后果。他们清楚自己的所作所为，但他们觉得，在这样一个刻薄的社会保障体系中，自己的行为无可厚非。铤而走险的骗保分子也经常用"缺钱"来为自己的行为开脱，他们表现出很强的不安全感。他们也清楚自己的所作所为，但他们并不坦然，怕被人揪出来。与此相对照，认命的骗保分子很难找到恰当的理由为自己的行为开脱，他们骗保往往是因为情不自禁，逮着机会就骗。最后一类是最难对付的，即肆无忌惮的骗保分子。他们压根儿就不会或不想为自己的行为开脱，内心很淡定，既不冲突，也不担心害怕。上述分析表明，对不同类型的骗保分子，应该采取不同的政策措施。比如，对付铤而走险的骗保分子的政策举措，就应该不同于用来对付肆无忌惮的骗保分子的政策举措。

迄今为止，对于其他形式的骗保（如未申报收入或储蓄、装病或假装残疾），还缺乏有可比性的研究数据。同样，我们对从事大规模、有组织的骗保行为的人，也知之甚少。不过，在设计打击有组织的骗保的政策举措时，也许更重要的是知道有组织的骗保究竟是怎么个骗法，而不是去了解骗保的动机是什么。

骗保文化和骗保专业户

对个人骗保的研究也揭示了他们与骗保网络的勾结程度。骗保网络要么为骗保提供便利，要么为合伙串通骗保提供机会（Jordan et al.，1992；MacDonald，1994）。海恩斯（Haines，1999）做了一项有趣的研究，她调查了一个海滨小镇的骗保情况。她发现，以镇子上的好几家酒吧为中心，形成了一个骗保"社区"。在那些酒吧里，人们交流骗保经验，提供骗保建议，分享骗保机会，把"新手"拉下水（比如，告诉他有关社会保障待遇及管理程序的信息，帮他填写申请表等）。海恩斯的研究还表明，虽然她研究的骗保分子也符合迪恩和梅尔罗斯的理想类型，不过，这种分类并不是一成不变的，而是动态的，因为骗保分子本身会变化。比如，一个逮着机会就骗的骗保分子，多次骗保后如果没被发现，可能会变成一个颠覆性的骗保分子或肆无忌惮的骗保分子。同样，一个铤而走险的骗保分子，如果他不再从自身的需要出发来为自己的骗保行为开脱，而是从社会保障待遇体系的不公或刻薄的角度出发为自己的行为辩护，就可能成为一个颠覆性的骗保分子。

这些研究的一项重要发现是，虽然有可能形成骗保文化，但对许多人来说，骗保文化并不会与主流的工作价值观相冲突，或是削弱后者的影响（Jordan et al.，1992；MacDonald，1994；Evason and Woods，1995；Dean and Melrose，1996；Rowlingson et al.，1997）。换句话说，并不存在一个拒绝接受社会的主流价值并生活在主流社会之外的阶级。

同样，社会保障体系服务要服务的是人，而社会保障体系的规定与许多人的

281

生活却是脱节的。社会保障的待遇规则还是第二次世界大战后那套,而当时是充分就业,双亲家庭、男人养家糊口的模式占主导地位,现在的家庭模式变了,而部分由于新的就业形式和报酬方式的出现,经济活动模式也变了。然而,社会保障的待遇规则却没有体现这些变化。由此,很多人不得不面临艰难的选择:遵纪守法,吃苦受罪;或者违规骗保,混口饭吃。

看起来,多多探讨骗保的性质和原因,从中吸取经验教训,有助于改革社会保障待遇体系。当然,这也许会要求我们对骗保"问题"进行重新界定。

反骗保措施

在福利改革绿皮书中,工党政府提出了"反骗保运动"的三大举措,即"有效遏制,提前预防,及时发现"(DSS,1998a:67)。历届政府的反骗保政策都包括上述三个方面,只不过政策重心从发现骗保逐渐转向了预防和遏制骗保。

1997 年后,政策重心的变化就更明显了。此前,在保守党政府社会保障大臣彼得·利雷的领导下,反骗保政策假定(当时对骗保的程度和性质缺乏全面了解)骗保行为普遍存在。必须通过发现和打击骗保来阻止骗保。长期以来,政府一直在计算阻止骗保节省了多少社会保障金,这种做法或许强化了政府以发现和打击骗保为中心的工作思路。20 世纪 90 年代初,衡量反骗保措施的效果的唯一指标,就是因为阻止骗保而节省下来的社会保障金。因此,利雷把节省下的社会保障金的多少作为衡量当时的福利署及各地办事机构工作业绩的指标,也就顺理成章了。其结果是在政策圈子和发放待遇的机构中,形成一种强调发现骗保的反骗保文化。如果以揪出骗保分子后节省下的社会保障金的多少来衡量工作绩效并作为奖励的重要依据,那么,人们很少注意预防和遏制骗保,也就毫不奇怪了。

以发现骗保为中心的反骗保政策,最明显的体现是福利署和各地办事机构招聘反骗保工作人员这件事上。到 20 世纪 90 年代中期,社会保障部约有 5 000 名职员从事反骗保工作,而社会保障部的员工总数为 8 万名左右。尽管工作重点都放在了发现骗保上,但在政策制定的圈子内部,还是有越来越多的人意识到,预防和遏制骗保在对付骗保方面或许能起更大的作用。因此,在利雷的领导下,有些地方搞了一些广为人知的反骗保运动,目标是遏制潜在的骗保分子。社会保障部还向一个地区派出了工作组,在很短的时间里,工作组主动寻找骗保的案例(而不是消极地等着别人把案例送上来,等着别人来告密),这种做法当时可是得罪媒体的。这段时间内,社会保障部也在完善管理系统,加强对第一次申请社会保障待遇的人员所提供的信息的调查核实,以防止骗保分子混入社会保障体系内部。政府之所以这样做,是因为首次对骗保行为进行的全面测算(尽管有问题)表明了骗保问题的严重性。

1997 年快大选时,保守党政府正努力出台反骗保新举措,这些举措需要通过议会立法才能生效。事实上,即将下台的保守党政府通过的最后一部法律,就是1997 年的《社会保障管理(骗保)法》(参见 McKeever,1999)。反对党工党没怎么反对这部法案,因为议会通过这部法案时很是仓促。法案包含的各种措施,旨在增强政府发现、预防和遏制骗保的权力。这些权力包括:

- 政府部门间的信息共享(包括税务局的纳税记录);

- 社会保障部门可以对骗保分子实施"行政处罚";

- 有权责令房东退回骗取的社会保障待遇;

- 有权阻止将邮件改寄(以防止通过提供虚假地址骗保);

- 设立骗保监察署,其职责是调查福利署和各地办事机构的反骗保工作。

虽然保守党给工党留下了一部专门对付骗保的法律,可工党政府对骗保问题兴趣不减,甚至有过之而无不及。政府 1998 年的福利改革绿皮书中,专门有一章谈骗保问题(DSS,1998a)。对骗保问题的调查,开始时的负责人是约翰·邓汉姆(John Denham)——社会保障部资历较浅的部长。后来,当 1998 年弗兰克·菲尔德开始负责反骗保工作时,接手了这项工作。于是,一份专门谈骗保问题的绿皮书出炉了,即《打击骗保,人人有责》(DSS,1998b)。经过一段时间的磋商,国务大臣阿里斯泰尔·达尔林在《捍卫社会保障》的战略文件中(DSS,1999),阐述了政府的行动蓝图。这些史无前例的政策举动表明,工党政府很是把骗保问题当回事。如前所述,骗保和工作差错不仅会导致公共资金的流失,更会严重威胁社会保障体系的诚信,而社会保障改革恰恰是政府的宏大社会政策工程的核心。

《捍卫社会保障》提出的许多变革,可以通过行政的手段实现,有些需要议会立法。行政上的变动包括:

- 设定工作目标,减少骗保和差错;

- 大多数享受社会保障待遇的人,不再通过订货簿发放待遇,而改为银行自动转账;
- 对负责反骗保的工作人员进行资格认证和技能培训;
- 增强社会保障机构与警察的合作;
- 对申请人提供的信息进行更严格的核查;
- 加强对国民保险号码申请程序的管理。

此外,阿里斯泰尔·达尔林还先后调查了有组织的骗保情况以及政府对骗保行为的处罚措施。2000 年,他完成了对有组织的骗保的调查(Scampion,2000),并据此对社会保障部(现在的就业与养老金部)的反骗保机构进行了调整。他对骗保行为的处罚措施的调查,都被吸收进了一部旨在反骗保的法律——《2001 年社会保障骗保法》中。

因此,2001 年的法律是过去十来年反骗保政策发展的最新成果,其主要规定是:

- 当有人涉嫌骗保时,反骗保官员有权从银行、建筑公司、保险公司和市政公司等各种机构获取有关信息;
- 对串通骗保的雇主实施严厉处罚;
- 严惩多次骗保的人员,"两次违规,终生出局"。

从 2002 年的情况看,《捍卫社会保障》提出的变革以及《2001 年社会保障骗保法》确定的举措,实施进度各不相同。政府正在考虑一些新的做法,比如,引入一种类似信用卡的"社会保障待遇卡"。总体而言,与 20 世纪 80 年代末 90 年代初的情形相比,现在的反骗保政策及行政环境大为不同了。反骗保工作的方方面面,即遏制、预防、发现等,都得到了扩充和加强。从理论上说,现在要想骗保、骗保之后要想不被发现,可没有以前容易了。

然而,其他的政策发展可能会带来新的骗保问题。税额抵扣计划的实施取代了先前的社会保障待遇,也会给潜在的骗保分子和骗保的雇主以可乘之机。解决这个问题,不仅要靠在反骗保方面经验丰富的就业与养老金部,也要靠税务局这个反骗保的"新手"。一些社会保障待遇合而为一了,新就业政策也出台了,一些新的资金来源(如培训)可以申请了,这也会给骗保分子提供可乘之机。银行自动转账取代了订货簿,骗保分子有可能利用高科技手段作案,骗取社会保障金。

公共领域的诈骗

大臣们总是想从骗保问题上捞取政治资本。过去十几年来,他们的论调变来变去,可内容却没怎么变。官员的讲话和新闻发布会,通常都是宣布一下政府为打击骗保分子而出台的最新政策举措,或者发布一些数字,向人们展示政府在对付骗保方面取得的成就。官员的腔调总是很严厉、很强硬,有时就像在演戏(当他们指名道姓地辱骂单亲母亲等申请待遇的人群时,其腔调几乎到了令人恶心的程度;参见 Golding, 1999)。不过最近,他们的调子没那么高了。对骗保行为的政策分析和政策反应,使用的都是战争的词汇。在反骗保的"战争"、"战役"或"战斗"中,对始终"攻击"社会保障体系的骗保分子,政府拿起了最新的"武器";发动了一场场新"运动"(参见 Golding, 1999)。1997 年大选前的几届保守党政府在谴责骗保分子时相当夸张,而在谈到打击骗保分子所取得的成就时,又喜欢夸大其词,说骗保分子骗取了多么巨大的资金,政府的工作又是多么有成效。工党上台后,做法也如出一辙。比如,2000 年,在一次新闻发布会上,政府宣布在收入支持和求职补助两项制度中,因为骗保和工作差错而流失的社会保障金从 9% 降至8.9%,对此,时任社会保障国务大臣的阿里斯泰尔·达尔林宣称,"我们正在赢得反骗保战斗的胜利"(DSS, 2000)。不过,近几年来,政府在谈到自己的成就时不再说大话了,而开始变得低调。2000—2001 年度,当骗取的社会保障金降至7.4%,实现了政府一年前制定的目标时,在其后的新闻发布会上(DWP, 2001),政府使用的语言就很平实了:"数据表明,在收入支持和求职补助两大项目中,由于骗保和工作差错而流失的资金下降了 18%。今天,就业和养老金国务大臣阿里斯泰尔·达尔林对此表示欢迎。"

不过,这种不带感情色彩的、准确的报道风格并不是一以贯之的。2002 年,政府在一次新闻发布会上(DWP, 2002b)宣称,"自 1998 年以来,通过打击收入支持和求职补助项目中的骗保行为,我们已经节省了 1.8 亿英镑"。如果我们看看政府自己给出的数据(参见表 14.1),我们就会发现,这 1.8 亿英镑不仅包括骗保,还包括工作差错。实际上,骗保只下降了 50%,不到 1.24 亿英镑。还有,把骗取资金的减少说成"储蓄",本身也欠妥。

政府部门有关骗保的表态风格变来变去,相反,英国的媒体则始终以耸人听闻为能事。戈尔丁和米德尔顿(Golding and Middleton，1982)及戈尔丁(Golding，1999)详细记录了过去 25 年来各种小报对骗保分子的迷恋与愤慨(这种伎俩一点也不新鲜。迪肯[Deacon，1976，1978]的分析表明，在 20 世纪二三十年代，人们就污蔑领取失业救济的人都是"骗子")。近几年的例子："妻子的梅赛德斯汽车截住了骗保分子"(《每日电讯》，2001 年 4 月 7 日)；"骗保 120 万英镑：我们挡不住骗保分子。骗保分子最喜欢用的五种诡计"(《每日邮报》，2000 年 1 月 12 日)；"骗保分子称有 43 个孩子"(《每日邮报》，2000 年 1 月 25 日)。

多年来，小报(有时候一些所谓的大报)一直这样描述骗保分子，有助于解释公众对骗保的感受。过去 15 年来，英国社会态度调查问调查对象是否同意以下两项陈述：

● 这段日子，很多人骗保；

● 大多数救济对象都在骗人。

这些问题的回答很有趣，但未必好解释。赞同第一个陈述的比例一直居高不下。认为许多人骗保的比例，1994 年为 72%，1998 年升至 83%，2000 年回落至 77%(Hills，2001)。1987 年，有 32% 的被调查者同意"大多数救济对象都在骗人"。1994 年，该比例升至 34%。然而，到 2000 年时，该比例升至 40%，是 15 年来最高的(Hills and Lelkes，1999；Hills，2001)。可能的原因是，人们对"救济"这个老掉牙的词有不同的理解，有人可能觉得它指所有的社会保障待遇，而有人可能会认为它指的是失业救助。虽然可能有用词模棱两可的原因，可官方的数据清楚地表明，大多数申请社会保障待遇的人并没有骗保。上文曾提到，2000—2001 年度，骗保分子所占的比例，收入救助项目为 5.4%，而求职补助项目为 8.6%(DWP，2002a)。

由此看来，公众都夸大了骗保的程度。尽管官方的数据已经表明事实并非如此，可就像连续的社会态度调查所反映的那样，公众却还是认为骗保很普遍，几乎无变化。公众的感受与事实的脱节，是否因为大众传媒对骗保的报道，我们不得而知。个人的经历、政府大臣等公共人物的表态、无知和偏见等，也会影响民意。不过，如果大多数民众都认为骗保很普遍，那么对政治家而言，忽视这一事实就很不明智了。关注骗保的人很多，这对就业与养老金部来说未必是坏事，他们可以利用这一点，多争取一点政府资源和民众对反骗保政策的支持，尽管这些政策会增加人们申领社会保障待遇的障碍。

总结

多年来,骗保极大地影响了政治家、政策制定者、媒体和公众的想象。然而,骗保到底有多严重?直到近些年,才出现了一些比较靠谱的估计。眼下的估计还是不全面的,也是不完整的。数据表明,1997年以来,骗保的人数一直在下降。

人们为什么骗保?对此问题,我们知之甚少。研究者探讨了不同类型的骗保行为的不同动因,如"骗保文化"的问题。不过,政府的分析和政策文件却在很大程度上忽视了这个问题。骗保也是建构规则的过程。骗保给我们带来的教训,并没有变成完善社会保障待遇体系的理念。

近年来,政府出台了一系列防范骗保的政策举措,发布绿皮书,制定战略文件,还通过了两部法律。当某人有骗保嫌疑时,反骗保的官员有权从各个渠道收集信息。及时发现骗保依旧是反骗保工作的核心,不过,近年来,预防和遏制的作用变得更突出了。

政策制定者面临的挑战是:不论是已有的社会保障待遇还是新出台的税额抵扣计划,政策制定者都要始终走在死心塌地的骗保分子前头;确保反骗保措施和公示并不会导致真正符合条件的申请人不去申请相关待遇;以更有创造性、更富有想象力的方式吸取反骗保时积累的经验教训,改革社会保障体系。

思考题

1. 你认为,谁或什么最应为社会保障欺诈行为负责?你的证据是什么?证据的可靠性如何?

2. 影响反骗保政策发展的主要因素有哪些?

3. 在社会保障、税收和就业领域,政府在打击诈骗方面都面临哪些挑战?

参考文献

Allirajah, D. (1997) "Disability Living Allowance 'Benefits Integrity Project'", *Welfare Rights Bulletin*, vol. 139, August, p. 7.

Bradshaw, J. and Holmes, H. (1989) *Living on the edge*, London:

CPAG.

Cook, D. (1989) *Rich law, poor law*, Milton Keynes: Open University Press.

Deacon, A. (1976) *In search of the scrounger: The administration of Unemployment Insurance 1920—1931*, Occasional Papers in Social Administration No. 60, London: G. Bell & Sons Ltd.

Deacon, A. (1978) "The scrounging controversy: public attitudes towards the unemployed in contemporary Britain", *Social and Economic Administration*, vol. 12, no. 2, pp. 120—135.

Dean, H. and Melrose, M. (1996) "Unravelling citizenship: the significance of social security fraud", *Critical Social Policy*, 48, vol. 16, no. 3, pp. 3—31.

Dean, H. and Melrose, M. (1997) "Manageable discord: fraud and resistance in the social security system", *Social Policy and Administration*, vol. 31, no. 2, pp. 103—118.

DSS(Department of Social Security) (1998a) *New ambitions for our country: A new contract for welfare*, Cm 3805, London: The Stationery Office.

DSS(1998b) *Beating fraud is everyone's business: Securing the future*, Cm 4012, London: The Stationery Office.

DSS(1999) *A new contract for welfare: Safeguarding social security*, Cm 4276, London: The Stationery Office.

DSS(2000) "Darling welcomes successes in fighting benefit fraud", Press release, 28 January.

DWP(Department for Work and Pensions) (2001) "2002 benefit fraud target met almost twice over—Darling", Press release, 29 November.

DWP(2002a) *The results of the area benefit review and the quality support team from April 2000 to March 2001: Fraud and error for Income Support and Jobseeker's Allowance*, London: DWP.

DWP(2002b) "Wicks—£180 million saved in benefit fraud", Press release, 22 February.

Evason, E. and Woods, R. (1995) "Poverty, deregulation of the labour market and benefit fraud", *Social Policy and Administration*, vol. 29, no. 1, pp. 40—54.

Golding, P. (1999) "Thinking the unthinkable: welfare reform and the media", in B. Franklin(ed.) *Social policy, the media and misrepresentation*, London: Routledge, pp. 145—156.

Golding, P. and Middleton, S. (1982) *Images of welfare*, Oxford: Basil Blackwell and Martin Robertson.

Haines, F. (1999) "A few white lies", Unpublished MA dissertation, University of York.

Hills, J. (2001) "Poverty and social security: what rights? Whose responsibilities?", in A. Park, J. Curtice, K. Thompson, L. Jarvis and C. Bromley, *British social attitudes: The 18th Report*, London: Sage Publications.

Hills, J. and Lelkes, O. (1999) "Social security, selective universalism and patchwork redistribution", in R. Jowell, J. Curtice, A. Park and K. Thompson, *British social attitudes: The 16th Report*, London: Sage Publications.

Jordan, B. , James, S. , Kay, H. and Redley, M. (1992) *Trapped in poverty*, London: Routledge.

MacDonald, R. (1994) "Fiddly jobs, undeclared working and the something for nothing society", *Work, Employment and Society*, vol. 8, no. 4, pp. 507—530.

McKeever, G. (1999) "Detecting, prosecuting and punishing benefit fraud: the Social Security Administration(Fraud) Act 1997", *Modern Law Review*, vol. 62, no. 2, pp. 261—270.

Rowlingson, K. , Whyley, C. , Newburn, T. and Berthoud, R. (1997) *Social security fraud: The role of penalties*, DSS Research Report No. 64, London: The Stationery Office.

Sainsbury, R. (1996) "Rooting out fraud—innocent until proven fraudulent", *Poverty*, April, pp. 17—20.

Sainsbury, R. (1998) "The missing half billion—getting the real measure of fraud", *Disability Rights Bulletin*, Summer, pp. 4—6.

Sainsbury, R. (2001) "Getting the measure of fraud", *Poverty*, issue 108, winter, pp. 10—14.

Scampion, J. (2000) *Organised benefit fraud*, London: DSS.

网络资源

骗保监察　　　　　　　　　　www. bfi. gov. uk

瞄准骗保分子　　　　　　　　www. targetingfraud. gov. uk

第十五章
联网福利：信息通讯技术对社会保障的影响*

概要　作为全书的最后一章,本章考察了福利服务借助信息通讯技术的发展实现现代化的问题。它涵盖了三个主要领域:

- 政府对信息技术的使用有何愿景? 这种愿景正在如何运用于社会保障体系?
- 在实施这一愿景时,碰到了哪些障碍,面临哪些挑战?
- 信息技术的使用对社会保障对象及提供社会保障待遇、税额抵扣和相关服务的工作人员有何影响? 信息通讯技术是否能够提供一个现代化的福利体系,不论是对于服务的使用者还是负责提供服务的人员,都能改进社会保障的可及性、准确性和效率?

导言：联网福利

对社会保障和福利服务的组织和提供进行现代化,是政府福利改革的核心。信息和通讯技术的发展,正在极大地改变与社会保障待遇相关的各项服务的管理和提供方式。政府承诺要在 2002 年前将 1/4 的服务实现电子化,而政府的各项服务也将在 2005 年全部实现电子化。2005 年,申领社会保障待遇和税额抵扣的人可以提出电子申请,在线填写申请表,将其提交给有关部门。有关部门也将以同样的方式通知申请人,并将保障金直接打入申请人的银行账户——当然,申请者也可以在线查看自己的银行账户。

这种愿景可靠吗? 本章首先概述政府运用信息技术的愿景,然后讨论信息通讯技术在社会保障中的运用及其障碍或挑战,最后讨论运用这些技术发放社会保障待遇和税额抵扣、提供服务方面可能产生的影响。是否像有些人所言,在服务

291

---

* 本章作者为卡伦·克拉德,拉弗巴拉夫大学社会政策研究中心研究员。详见 www.crsp.ac.uk。

领域使用信息通讯技术会导致新的社会排斥,因为有些人难以获得这些技术,或者不知道该怎么用(Selwyn,2002)？这些担心对于利用社会保障服务的人而言,自然有特殊的意义,因为这些人往往是最需要帮助的人,他们中有许多人本身就存在这样或那样的行动障碍。

政务现代化：工党的电子化愿景

1997 年上台后不久,工党就发布了政策咨询文件《新宏愿:新福利契约》(DSS,1998)。这份文件提出,要改善社会保障待遇和相关服务的组织和提供方式,从而奠定福利现代化战略的基础。1998 年 3 月发表的白皮书《使政府现代化》,其核心主题是服务提供电子化(DSS,1999)。1999 年,为了迎接挑战,政府发起了"英国在线"运动,以推动项目管理现代化,实现上网普遍化,确保所有政府服务都可以在线办理。运动由电子政务办公室和电子政务大臣领导。《使政府现代化》议程还得到了首相府专门负责服务提供的公共服务改革办公室的支持。政府给现代化议程投入了大量资金。据最新公布的政府开支情况(Comprehensive Spending Review,2002),为了提高电子服务的提供水平,总共投入了 24 亿英镑,虽然其中只有一小部分投入到了社会保障体系中。

资料框 15.1 概括了政府现代化的具体目标。实现这些目标需要大规模的变革。比如,需要投入巨额资金,实现不同部门的信息通讯系统互联互通,以确保各部门①能提供"无缝"服务。此外,还需要使公众都知道电子服务,都会使用电子服务,都乐意使用电子服务。

资料框 15.1　公共服务现代化的主要目标

- 现代化的公共服务:部门联动,以公民为中心;
- 信息可及,服务可及——不论是在家里、在单位还是在路上,公民随时都能与政府互动;
- 确保政府的电子服务传递是由于公民的使用而推动的;
- 公民推动电子政务——以公民意愿的方式组织和提供政府服务;
- 多渠道可及——包括新的、可以提高现有的传统渠道的电子渠道。

资料来源:英国在线(ukonline. gov. uk)总结报告(2001)。

---

① 英国对政府 IT 的投资项目在欧洲各国中排名靠前。

大体而言，政府运用信息通讯技术的方式主要有三种：首先，提供有关政府活动、各项福利待遇和服务的信息。实现这项功能的主要是英国政府网站（英国在线：ukonline. gov. uk）。该网站给公民提供了入口，并按照人生大事（如生孩子、亲人过世、搬家等）提供了相应的链接。此外，网站还有搜索和在线咨询功能。公民利用该网站，无需知道或了解政府的服务是如何组织和提供的，也无需了解不同政府部门、中央政府和地方政府的职能划分。下一步的计划是使网站更人性化，及时更新政务和有关服务信息，并直接向个人提供服务。

其次，信息通讯技术可以作为公民获取保障待遇和服务的方式。在这方面，最重要的就是英国政府门户网站（www. gateway. gov. uk）。该网站提供了电子交易入口。不过，在写作本章的时候，该网站提供的服务屈指可数，想使用这些服务还得获得数字认证证书。现有的服务项目包括税务服务（如增值税退税、公司税、领薪就纳税服务和自评退税）以及出口许可证申请（贸易与工商部）和农场主提出地区援助申请（环境、粮食与农村事务部）。

最后，信息通讯技术可以作为公众参与的工具。政府可以利用它，就拟议的政策变化征求意见，让民众参与政策制定。政府出台了一些新举措，如英国在线网站的"公民空间"，鼓励公民就政府的议题和政策发表自己的观点。不过，这种做法还不多见。现有的做法多是面向网民或有自己声音的人群。最近的例子包括鼓励公民提交电子请愿，鼓励见多识广的公共机构和压力团体用电子方式就政府咨询的政策问题发表意见。不过，对公民而言，要提交电子请愿的话，必须先建立自己的网站——这技术可不是一般人都能掌握的（参见 www. number-10. gov. uk/output/page297. asp）。如果要运用信息通讯技术来鼓励一般没有自己声音的人参与，那么，就必须让人们了解参与的方式，并让他们有参与的渠道。2002 年夏，政府就电子民主的政策发起了"民主服务"的政策咨询动议，试图寻找一些新的途径去了解公民有关政府政策的看法、知识和经历，让人们有更多的机会参与到民主过程中来。

下文将提到，政府在用电子化方式提供社会保障服务相关信息方面取得了显著的进展。但是，就获得交易设施而言，进展就少得多了。尽管公民确实有一些机会就一些重大政策议题发表意见，但公民还需有更实实在在的机会，在政府制定各项影响他们日常生活的政策时参与进来。

293

信息通讯技术在社会保障领域的应用

我们现在考察信息通讯技术在社会保障待遇和税额抵扣的管理、发放方面的应用情况。这些应用可以分为两大类：获取有关社会保障待遇和税额抵扣的信息，包括待遇申请信息等；以电子方式领取社会保障待遇或税额抵扣。

运用信息通讯技术获取相关信息并申请社会保障待遇和税额抵扣

获取有关社会保障待遇和税额抵扣的信息，有多种方式。最常见的方式是打电话。不过，互联网发展迅速，可能会成为最有效的信息沟通方式。在"一线"的公共就业服务中心，信息通讯技术还被用于使就业服务现代化。

电话服务和呼叫中心

技术的发展使许多电话服务可以通过呼叫中心办理。电话"处理机"利用联网电脑，能跟遥远的客户打交道，这些联网电脑含有服务对象的详细信息，能根据每个服务对象的具体情况发出相应的指令，引导电话"处理机"处理客户的请求。这意味着，从理论上说，打电话的人足不出户就能获得个别化的服务。再有，与面对面的服务相比，电话服务可以节省大量的资源。

在社会保障服务中，呼叫中心使用得越来越多。布莱克浦为家庭救济金（工作家庭税额抵扣计划的前身）建立的呼叫中心，也许是最早的大规模呼叫中心。最近，在最低收入保障项目（MIG，退休人员收入支持）等，都推出了电话申报热线（"电话申报"）（Bunt et al. , 2001）。对最低收入保障电话申报热线的研究表明，大多数人对服务表示满意，并可能会电话申报别的福利待遇。2011 年 10 月开始在全国推开的新型就业服务中心，也设立了呼叫中心。根据新型就业服务中心的要求，所有处于工作年龄的人在第一次申请就业服务时，都必须首先与"联系中心"进行电话联系。在电话中，负责联系的工作人员应当记录申请人的基本信息，初步评估申请人的"就业准备"情况，在必要时为申请人找工作，并安排一次"就业面谈"。所有这些都通过一个电脑程序（"Vantive"）来完成。不过，这项服务看来遇到了一点障碍，主要是不知道该系统是否能与其他电脑系统（比如，与个人顾问的面谈预订系统）兼容，如何才能与其他电脑系统兼容，以及缺乏对员工的信息技术支持。

2002 年 4 月推出了一项新的养老金服务，为退休人员申请养老金待遇和相关服务提供呼叫服务。呼叫服务通过养老金中心的网络平台运行，它与地方的各种服务和外展设施联网，为有这方面需要的退休人员服务。根据规划，到 2006 年，老年人也可以用电子方式获得养老金服务中心提供的服务。

同样从 2002 年 4 月开始，一些残障津贴（包括残障生活补助、护理补助和失能津贴）也开始通过残障和照料人员服务中心发放了。这个中心提供的主要是电话服务。社会保障领域充分利用信息通讯技术的例子还有一些，比如，就业导向服务中，雇主可以用电话登记岗位需求信息，儿童支持署的新电脑系统，以及通过税务局网站在线申请税额抵扣的交易平台等。

移动通讯技术发展迅速，移动电话也很快普及了。虽然在公共服务使用移动电话与服务对象联系方面，现在还没有出台具体的计划，但根据一些传闻[1]、试点项目[2]和没有公开的[3]信息，移动电话是一种有效的传播媒介，因为与电子邮件或电话留言相比，人们回复短信的可能性要大一些。因此，移动电话在社会保障领域的应用空间还是很大的。

不过，并不是所有的服务对象都适用电话服务。有些人情况特殊，或有些人觉得电话说不清楚，他们倾向于面对面的服务。新型就业服务在全国铺开后，面向工作年龄人口的个别化服务（如个人顾问提供的服务）大多以面对面的方式提供。政府也在设法确保其他人群也能获得一站式的面对面服务，不仅包括与社会保障待遇相关的服务，也包括其他各种服务。人们可以在当地图书馆、市政厅或养老金服务中心等公共场所获得这些服务。

互联网：社会保障和福利信息在线

有关福利和社会保障服务对象的研究一再表明，获取信息并非易事（参见 Shaw et al., 1996；Kellard and Stafford, 1997）。归根结底，这意味着服务对象并不总是能够获得他有权获得的服务，而其原因往往是服务对象搞不清楚他该找哪个政府部门，或者因为程序太繁琐而望而却步。有些举措，如政府在线，为了方便老百姓，特意围绕人生大事（搬家、离开工作岗位、孩子出生等）而不是组织职能进

---

[1] NHS 给想戒烟的人提供免费短信服务，提供信息，并鼓励短信接收人戒烟。
[2] 2001 年大选，工党试着以给年轻选民发短信的方法，鼓励人们参与投票。不过，这种做法的效果不得而知。
[3] 有一个就业服务区尝试着以短信的方式告知服务对象职位空缺信息。

行设计。尽管如此,这还是要求每个公民都会上网且愿意上网。

为此,英国政府投入了巨大的努力和大量的资源,在全国建立了一个由 6 000 个英国在线中心组成的网络,这些中心都设在公共场所,如街道、图书馆(得到了由彩票公益金赞助的人民网络计划的支持)、中小学校和大学。在一些邮局还搞了上网服务试点,不过对试点项目的评估却认为,上网服务虽然利用率较高,但并没有导致上网人数的大幅增长,因此得不偿失。这表明,上网服务覆盖的人群原先就已经上网了。由于这个原因,该计划没有在全国推开。

在英国,通过触摸屏获取在线信息的做法已经相当普遍了。这种技术的好处是,即使是新手,也能轻松获取信息。在福利环境中,很多旨在改进服务可及性的试点项目都使用过这种技术,比如,"为老年人提供更好的政府服务"计划(bettergovernmentforolderpeople. gov. uk)以及地方上的一些计划,如谢菲尔德公共数据网络(www. sheffield. gov. uk)。在公共服务领域,就业服务中心下属的所有公共办公场所都使用了触摸屏技术,通过触摸"就业服务终端",就能了解全国的岗位空缺信息(参见下文)。在超市和其他公共场所,也试着建立了一些就业服务亭。

现代化的就业服务中心公共办公室

近年来,就业服务中心在全国上下推行了一项现代化项目。在地方上,所有就业服务中心都用触摸屏就业服务终端取代了传统的空缺岗位信息显示方式。就业服务终端包含雇主给就业服务中心提供的岗位空缺信息,使用者可以通过触摸屏轻易获取这些信息。该体系的一大好处是,它可以帮助使用者搜寻全国及当地(和海外)的岗位空缺信息。总体上看,不论是工作人员还是服务对象,对就业服务终端的评价都很好(GHK, 2002)。服务对象觉得易于使用,也更能保护自己的隐私。工作人员则认为岗位空缺信息能及时更新,同时还能减少一些杂活(如更换岗位空缺信息牌)。不过,有些服务对象也指出了它的某些不足,比如,不能像以前的空缺岗位展示牌一样浏览空缺岗位的具体信息,在搜索时需要输入具体的检索标准,如工作时数、具体的工作名称等(GHK, 2002)。

随着新型就业服务在全国的推开,在新的"探路者"办公室,还设置了一些上网服务点。人们可以通过互联网工作银行搜寻岗位空缺信息。除此之外,还可以用就业服务中心公共办公室的"暖线"与"求职向导"联系,获得后者的电话服务。对于工作人员来说,技术变迁也是很明显的。大多数就业服务中心的办公室都至少有一台能上网的电脑。虽然由于其他工作压力或者要跟别的员工共用，上网受到了一定的限制。雇主向导的推开，也对他们的工作产生了影响。雇主向导是面向雇主的电话服务，雇主通过电话向就业服务中心提供岗位空缺信息，其运作模式类似于联系中心（参加前文）。该项服务给雇主提供一个通用的号码，从而确保搜集来的信息有条不紊。

交易服务：电子申请

如上所述，在利用信息通讯技术使公民能够获得公共服务信息方面，已经取得了显著的进展。不过，在提供交易服务或交互式服务（如在线申请和领取社会保障待遇）方面，进展就小得多了，然而，最近的研究表明，虽然只有不到 1/3 （29%）的公民有兴趣接收政府的电子信息，但却有近 2/3 的人（62%）想在线交易（KPMG，2001）。显然，人们需要有更多的交易服务。这一部分概述了这一领域中与社会保障相关的发展情况，尤其是待遇发放电子化和在线申请社会保障待遇的发展。

待遇发放电子化

眼下，主要有三种待遇发放方式：

- 支票，在指定邮局兑现（通常是每两周一次），或存入银行账户；
- 通过订货簿，其中有一系列印有日期的付款通知单。到了发放待遇的日子（通常是每两周一次），拿着通知单去指定的邮局兑现；
- 自动转账，按规定的周期（通常是四周），自动将待遇打入领取人的银行账户。

尽管有 3/5 的人领取待遇都是通过订货簿或者支票（Kempson and Whyley，2001），但处理订货簿和支票的工作量是相当大的，而且，支票和订货簿都有可能丢失或被盗，因此风险较大。就业与养老金部提出的目标是，从 2005 年起，85% 的人通过银行转账（通常每四周一次）的方式发放待遇。对于新申请养老金待遇的人，将建议他们使用银行转账的方式领取待遇。2003 年 4 月开始实行的税额抵扣计划，只有一种发放方式，那就是通过银行或建筑协会的账户发放（如果是就业税额抵扣，还得经过雇主），领取税额抵扣的人可以选择是每周发放一次还是每四周发放一次。研究表明，低收入人群通常倾向于每周通过订货簿或支票领取待遇，方便他们安排家庭花销（Snape and Molloy，1999；Thomas and Pettigrew，

297

1999；ESRC，2002)。

少部分人没有银行或建筑协会的账户，据估计，这些人约占目标人群的6%—9%(FSA，2000；Kempson and Whyley，2001)。有没有账户与收入有关，低收入人群没有任何账户的可能性最大。特别是失业人员、单亲父母，由于生病或残障而长期未就业的人员以及收入低的退休人员，最有可能什么账户都没有。除此之外，一些少数民族群体没有账户的可能性也很大。比如，在个人条件和社会环境等因素相同的情况下，巴基斯坦和孟加拉妇女拥有账户的可能性要比其他人群低得多(FSA，2000)。

是否有银行账户还存在地区差异。最近有银行关门的地区，往往是低收入地区。尽管有85%的城市人口离银行只有1英里之遥(农村是4英里)，老年人、残疾人等人群去银行网点还是不太方便，或不会用自动柜员机(FSA，2000)。邮局的可及性更高，只有3%的人说他们去邮局不方便(ONS，2002)，因此，如果想建立一个遍布全国的银行网点，邮局所在的位置便是一个不错的选择。不过，对有些人来说，与其说没有银行账户是因为行走不便，莫如说是怕拥有银行账户。他们怕有了银行账户后，银行会收手续费，他们会债务缠身(Kempson and Whyley，2001)。还有一些人可能因为信用评级糟糕或者压根儿就没有信用评级，而没法利用主流的银行设施。

家庭及家庭中的个人，特别是那些生活拮据的人，通常都会精打细算。对于领取社会保障待遇的人来说，不同待遇的发放时间和发放频率是不一样的，因此可以有不同的用途(Snape and Molloy，1999；Thomas and Pettigrew，1999；ESRC，2002)。再有，有些待遇发给主要照料人员，或由主要照料人员负责领取，而主要照料人员本身却没有银行账户。因此，将社会保障待遇和税额抵扣自动打入银行账户的做法，可能会改变家庭及其成员获得、控制和使用其资金的方式(Goode et al.，1998；Pahl，1999)。

就业与养老金部有责任采取措施，确保通过银行账户发放社会保障金的做法不会加重经济排斥，保证所发放的社会保障金能够继续惠及保障对象。为此目的，就业与养老金部一直在想方设法确保眼下还没有银行账户的人也获得适当的银行设施。经过几年的谈判，各大银行已经同意通过邮局提供基本银行账户或"普惠型的银行"。这将使客户能够继续通过当地邮局提取社会保障金。在客户们看来，去邮局领社会保障金既可靠又方便，而且也是他们与社区保持联系的一种重要方式。

在线申领社会保障待遇和税额抵扣

由于难以确认申请人的身份,目前尚没有在线申领社会保障待遇的做法(虽然在税务总局的网站上可以在线申报税额抵扣,申请子女津贴时也可以提交电子申请,不过,出生证明仍需通过邮局邮寄)。核实申请人身份的一种办法是采用一种安全的"智能卡",能够提供电子签名。有许多国家试过"智能"身份证,这些身份证运用数码科技和生物识别技术(比如,指纹)。不过,国内外对使用"智能卡"尚有争议,主要是公众担心智能卡会泄露个人隐私,会有人非法使用这些数据,以及储存的信息不准确。在使用智能卡方面最成功的国家,大多是自愿使用智能卡的国家(比如,瑞典和芬兰),且待遇的发放公开透明。与英国接壤的爱尔兰也成功引入了智能卡,人手一张,用来通过邮局的网络核实领取社会保障金的人的身份(参见 www. reach. ie. gov)。

然而,智能卡在英国的发展缓慢。20 世纪 90 年代,政府与邮局合作搞了一个待遇发放卡工程。由于碰上了技术难关,再加上超支厉害,这个工程在一片争议声中下马了(参见下文)。最近,政府推出了联系卡,年轻人可以自愿使用。这种卡可以用于大学上课考勤,也可以在获取某些服务时验证身份。虽然尚在起步阶段,可还是有人批评说,到底该如何用这些信息? 谁来用这些信息? 尽管如此,政府依然致力于开发能识别身份的智能卡技术,电子化服务办公室还提出了一项有关智能卡问题的政策框架。从 2003 年 4 月 1 日起,政府和邮局推出了一套新卡,以便公民在邮局的任何网点领取社会保障待遇和退休金。如果电子身份识别的技术难关能被攻克,许多人想足不出户进行在线交易的要求就极有可能实现了。

政务电子化面临的挑战

上一部分概述了与社会保障服务的组织和提供相关的进展,提到了这些变化带来的一些挑战。这一部分将展开论述这些挑战,包括政府能力、数据保密和数据分享、普遍可及和服务的利用率、对服务提供人员的影响,以及公共部门和私营部门的责任。

299

政府实施和管理变迁的能力

从过去走过的历程看,对于就业与养老金部的"现代化项目"而言,最大的挑战是技术能力问题。特别是就业与养老金部及其办事机构有大量的电脑系统,这些系统都是多年来零零星星开发出来的,没有几个系统可以互联互通。对于基层工作人员来说,这导致他们必须把"重要"信息一而再、再而三地录入不同的电脑程序,不仅加大了录错的可能性,还显著增加了行政成本。再有,由于信息技术系统管理不了"复杂"的案例,这些案例只能靠文秘人员保管。

政府意识到必须靠专业的信息技术支持,于是邀请了私人信息技术专家,帮助他们设计和实施行云流水般的无缝项目。有些领域取得了显著的进展,比如,将社会保障待遇和地方的数据相匹配,由此识别出那些有问题或骗保的案例。不过,在其他领域,看来政府和专家都低估了改造的艰巨性。好几项方案都失败了,工程超支也很厉害。其中最引人注目的就是终止社会保障待遇发放卡工程。该工程旨在将邮局的待遇发放与社会保障署的信息技术系统连起来,用一张磁卡取代现有的纸质发放方式,邮局和社会保障福利署将研发磁卡的合同给了一家私人公司(Pathways)。这是按照私营财务计划(其用意是将工程的大多数"风险"转嫁给私营部门)将工程包给私人公司的第一批工程之一。工程于 1996 年开始,三年后,由于未能在规定的时间内完工,也由于超出了预算,工程下马了。根据国家审计办公室的说法,工程失败的原因主要是双方争夺控制权、研发时间过紧以及风险管理不到位(NAO, 2000)。

待遇发放卡工程的失败广为人知,不过,虽然就业与养老金部从中吸取了教训,但在实施大规模的信息技术变革方面,却依旧困难重重。他们最近又碰到了难题。事情是这样的,由于很多人批评儿童支持署的工作,他们计划为儿童支持署引入一个新的电脑系统,作为改革的一部分。新系统的目标是提升工作效率,减少工作误差,并通过自动发放传单、通知和表格的方式,降低行政费用。然而,2亿英镑预算,现在已经超支了 5 000 万英镑,而系统的引入则后推了近一年的时间。由于按照私营财务计划提供新技术的合同给了电子数据系统公司,已经有人在讨论,到底谁该为超支的工程款买单(KableNET, 2002)。

为了让新型就业服务在全国推开,给新型就业服务提供充分支持的信息通讯技术,看来也需要一些"幕后"改进,然而,在线申请税额抵扣这种做法,看来更有希望。尽管税务局在整合其他的电脑系统以便处理税额抵扣申请方面也碰到了困难，但眼下，人们却可以在线计算一家子的抵扣税额，可以提交在线申请（尽管在写作本章的时候，税务局的回复还是用传统的"普通邮件"邮寄）。

数据共享与公民权益保护

政府通过法定机构收集的个人信息，可能是各种信息资源中最大的。个人信息包括个人的家庭状况、收入和储蓄、健康状况等。信息通讯技术的发展，意味着此类个人信息更容易收集和共享了。虽然 1998 年的《人权法》和 1998 年的《数据保护法》为保护公民的隐私权提供了法律框架，《数据保护法》还明文规定个人信息的使用必须"合法、公正"，可眼下，关于隐私权，关于公共部门对个人信息的披露，英国还是没有颁布明确的法律声明（PIU，2002）。

1992 年的《社会保障管理法》和 1996 年的《社会保障管理法》规定，税务局和海关应将与防范骗保有关的数据，以及有助于核实社会保障信息的准确性、简化审核程序的数据，提供给就业与养老金部。比如，工作家庭税额抵扣数据同国民保险数据进行比对。就业与养老金部也可以将数据给地方政府，因为出于提高效率、减少差错的目的，住房补助和市政税由地方政府负责管理。1998—1999 年度，当时的社会保障部估计，通过数据共享，共节省了 1.5 亿英镑（PIU，www. cabinet-office. gov. uk/innovation/2000/privacy/datascope. htm）。在防范骗保和减少差错方面，取得了显著的进展。到 2001 年 3 月，收入支持和求职补助两项制度中，因为骗保和工作差错而流失的资金下降了 18%，部分也归功于信息通讯技术的改进（DWP，2001）。

数据共享和数据比对也能提供有用的政策制定信息。比如，如果把社会保障管理记录、健康记录和教育信息系统的数据汇总起来，描出地区—人口的轮廓，就能知道哪些地区是最需要政策支持的。这能确保资源配置到最需要的地方，从而更有效地消除社会排斥。像"确定的开始"和各种行动区域及振兴项目等，就是用这种办法找出遭受剥夺的地区的。同样，也可以用这种办法提高目标人群对社会保障待遇的利用率。比如，伦敦的新汉姆区就创造性地运用信息通讯技术，改进了计划和服务，并通过比对住房补助和市政税收优惠的记录，找出符合条件但没有领取待遇的人员，给他们发放了 200 万英镑（Davies，2002）。

对于个人信息共享，人们最担心的就是泄露隐私。1998 年的《数据保护法》、

1998 年的《人权法》以及欧盟的法律条款,对此都有规定。政府有责任平衡好数据共享的利弊,并采取足够的保护措施,确保个人信息不会被滥用。因此,政府的责任是双重的:确保法律要求得到遵守;确保公众的信心——他们的个人信息会以负责任的、安全的方式被使用。负责收集和整理个人数据的政府(及其他)机构应确保这些数据不会被滥用。

有证据表明,公众一般都不清楚政府部门收集和储存的数据都是如何使用的(ONS,2002)。在公众担心的各种问题中,有一个是张冠李戴。由于没有统一的身份识别号码,同样一个人就有国民健康号码、国民保险号码和纳税代码,从而加大了张冠李戴的风险。政府机构的混乱和公众的不信任两方面因素结合起来,会使公众很难看到数据共享的好处。这表明,有必要提高公众的认识水平,让他们意识到公共机构之间进行数据共享的潜在好处,比如,提高社会保障待遇的利用率,提高办理各种待遇申请的效率等。

普遍可及与普遍利用

如前所述,政府的一大目标是让"每一个想要电子服务的人"都能获得电子服务。虽然有很多公民希望获得和使用电子服务,但还是有相当比例的人对电子服务缺乏兴趣。这些人大多是更有可能遭受社会排斥的人,比如,低收入人群、老年人、没有子女的家庭、残疾人和妇女(Coleman et al.,2002)。政府为提高信息通讯技术的可及性付出了巨大的努力,比如,已在全国建立 2 000 个上网中心,就业服务中心的办公室提供上网服务,未来还可以通过数字电视上网等。然而,迄今为止,还有一大挑战,那就是如何改变公众对信息通讯技术的认知和态度。换句话说,即使到 2005 年,电子服务都有了,也不能保证就一定有人用。怎样才能鼓励更多的公民,让他们想通过信息通讯技术获得社会保障服务呢?

尽管政府的在线战略是扩大公众获得政府服务的渠道,而不是取代传统的服务提供渠道(如面对面的方式、电话联系)(ukonline.gov.uk,2002),还是有越来越多的资源投入到了电子通讯方式上。这可能会导致两层服务格局。很多人会使用新 IT 技术推动的服务提供渠道,一些人继续使用传统的、昂贵的联系方式,如面对面的沟通,他们获得的服务将没有使用新 IT 技术推动的服务提供渠道的人获得的服务效率高。

为了让服务对象改变他们跟就业与养老金部等机构打交道的方式,必须让他们明白使用新技术的好处。研究表明，就业与养老金部的服务对象中，用过电子沟通方式的人主要的担心是，电子方式不是跟人打交道，没有人帮忙，缺少保密性，不好用，有时还会办不成（Cabinet Office，1998a）。在申请待遇的人中，有超过1/4的人（27％）认为使用电子方式没有任何好处。至于电子方式的优势，人们说的大多是电子方式更快、更节省时间（Cabinet Office，1998a）。

对员工和基层服务提供的影响

使社会保障和福利服务现代化，对负责提供此类服务的人员提出了很高的要求，他们不仅要养成新的工作方式，更要掌握有关知识，并学会用这种新技术。比如，在就业服务中心，将面向工作年龄人口的各种服务放在一起，意味着社会保障待遇管理署、就业服务中心的工作人员"整合"为一家机构，合署办公。这代表着两个差别甚大的组织，不论在运行上还是在文化上，都融合了。当然，这种融合并非没有困难，比如，工作人员的级别、薪资、工作套路以及 IT 系统的差别等。

再有，由于信息通讯技术的进步，越来越多相对固定的工作程序都自动化了，对工作人员技能水平的要求也在变化。在新的就业服务中心里，工作人员日渐"分层"了，服务分成了初次接触、申请、就业面谈等职能，每种职能分别由不同的工作人员负责。有些职员在呼叫中心承担一些相对固定的、去个人化的职能，而另一些职员则被要求提供个别化的、量身定做的面对面服务。

这对于就业和养老金而言，提出了一大挑战，特别是要确保工作满意度，留住员工，给员工提供职业发展和晋升的机会。最近，对各部门的电子化战略进行了一次调查，20 个部门中有 19 个部门认为，为了成功实施电子政务战略，有必要提高公务员运用 IT 技术的能力（NAO，2002）。

现代化：私营部门的角色

政府已经说得很清楚，它希望与私营部门和志愿部门携手合作，共同推动英国的在线战略（ukonline. gov. uk，2001）。大多数 IT 都是通过政府的现代化基金（由电子政务办公室管理）外购的。可以通过私人财务计划，可以公司合伙，也可以采取其他的框架协议。就业与养老金部的大部分合作伙伴都是通过框架协议合作的，依据 ACCORD，推出一个优先提供商和其他几家服务提供者。然而，迄今为止,外部机构的介入并不顺利,而且成本很高。本章曾提到,儿童支持署在实施新 IT 程序时遇到了困难,那个程序正是通过私人财务计划推出的优先提供商开发的。私人资金也被用来支持失败的社会保障待遇卡研发项目。

总结

- 本章展望了技术进步带来的社会保障领域的发展。其中的许多发展都是雄心勃勃的,需要投入大量的资源,需要大规模的变迁。

- 这些发展眼下可能还没有结果,但如果能提高效率,改进服务,让更多最需要服务的人也能获得服务,那么,长期来看将是获益的。

- 随着时间的推移,许多人将获得必要的机会,掌握必要的技能,利用好电子政务带来的机会。对于儿童和仍在上学的年轻人而言,信息通讯技术是核心课程之一,几乎所有的学校都联网了。95% 以上的企业都上网了,意味着多数员工都或多或少受到了信息通讯技术的影响。

- 然而,对于由于失业、身体不好或残障或者需要照料家人而没有从事经济活动的人而言,他们利用电子服务的机会,以及他们从电子服务中获的好处,却要小得多。如果电子政务服务要成功,那么,其好处必须惠及每一个公民。

- 这意味着,给新的信息通讯技术的使用者提供的机会,应当足以吸引人们继续更多地使用这些技术。这对于靠信息通讯技术推动的社会保障服务的发展而言,尤为重要。给服务对象提供的服务,至少应当不亚于现有的服务。电话服务应该与面对面的服务一样好。自动化的待遇发放须跟现有的待遇发放体系一样可靠、准确。与社会保障待遇和税额抵扣相关的信息,应当比现在更便于人们获取,更好理解。

- 同时,对于因各种原因无法利用信息通讯技术发展的人士,也不应获得比其他人差的服务。这本身就反映了信息通讯技术政策发展的内在冲突。

思考题

1. 政府将信息与通讯技术引入社会保障体系的主要方式有哪些?

2. IT 的运用有助于消除社会排斥还是增重社会排斥？

3. 政府需要做些什么，方能通过银行自动转账提高待遇发放的准确性？

参考文献

Bunt, K., Adams, L. and Jones, A. -M. (2001) *Evaluation of the Minimum Income Guarantee Claim Line*, DWP Research Report No. 147, Leeds: Corporate Document Services.

Cabinet Office (1998a) "Electronic government: the view from the queue", www. e-envoy. gov. uk.

Cabinet Office(1998b) *New ambitions for our country: A new contract for welfare*, Cm 3805, London: The Stationery Office.

Coleman, N., Jeeawody, F. and Wapshott, J. (2002) *Electronic government at the Department for Work and Pensions*, DWP Research Report No. 176, Leeds: Corporate Document Services.

Davies, R. (2002) "Making the most of IT: the role of local government in benefits take-up", *Benefits*, vol. 34, vol. 10, issue 2, pp. 135—139.

DWP(Department for Work and Pensions) (1999) *Modernising government*, Cm 4310, London: The Stationery Office.

DWP(2001) *Departmental report: The government's expenditure plans 2001—2002 and 2003—2004*, London: DWP.

ESRC(Economic and Social Research Council) (2002) "How people on low incomes manage their finances", Seminar proceedings, 13 December, Westminster.

FSA(Financial Services Authority) (2000) *In or out? Financial exclusion: A literature and research review*, London: FSA.

GHK(2002) *Modernising the Employment Service summary report year 1*, London: DWP.

Goode, J., Lister, R. and Callender, C. (1998) *Purse or wallet?: Gender inequalities and income distribution within families on benefits*, London: Policy Studies Institute.

KableNET(2002) "No sign of child support computer", Press release, 13 August, Kablenet. com.

Kellard, K. and Stafford, B. (1997) *Delivering benefits to unemployed people*, DSS Research Report No. 69, London: The Stationery Office.

Kempson, E. and Whyley, C. (2001) *Payment of pensions and benefits: A survey of social security recipients paid by order book or girocheck*, DWP Research Report No. 146, London: The Stationery Office.

KPMG(2001) *E-government for all: Second e-government survey*, London: KPMG.

NAO(National Audit Office) (2000) *The cancellation of the benefits payment card project*, HC 857, Parliamentary Session 1999—00, London: NAO.

NAO(2002) *Government on the web II*, HC 764, London: The Stationery Office.

ONS(Office for National Statistics) (2002) "Results from the July National Statistics Omnibus Survey", www. statistics. gov. uk/pdfdir/inter0900. pdf.

Pahl, J. (1999) *Invisible money: Family finances in the electronic economy*, Bristol/York: The Policy Press/Joseph Rowntree Foundation.

PIU(Performance and Innovation Unit) (2002) "Data privacy and sharing", Cabinet Office, www. cabinet-office. gov. uk.

Selwyn, N. (2002) "E-stablishing an inclusive society? Technology, social exclusion and UK government policy making", *Journal of Social Policy*, vol. 31, no. 1, pp. 1—20.

Shaw, A. , Walker, R. , Ashworth, K. , Jenkins, S. and Middleton, S. (1996) *Moving off Income Support*, DSS Research Report No. 53, London: The Stationery Office.

Snape, D. and Molloy, D. with Kumar, M. (1999) *Relying on the state, relying on each other*, DSS Research Report No. 103, London: The Stationery Office.

Thomas，A. and Pettigrew，N.（1999）*Attitudes towards methods of paying benefits*，DSS In-house Report No. 51，London：DSS.

网络资源

内阁办公室	www. cabinet-office. gov. uk
就业与养老金部	www. dwp. gov. uk
就业服务中心	www. jobcentreplus. gov. uk
凯博网络	www. kablenet. com
服务优先	www. cabinet-office. servicefirst
英国政府门户网站	www. gateway. gov. uk
英国政府在线	www. ukonline. gov. uk

附 录　网　址

骗保监察	www. bfi. gov. uk
津贴现况	www. benefitsnow. co. uk
给老年人提供更好的政府 服务	www. cabinet-office. gov. uk/servicefirst/in- dex/opmenu. htm
大英图书馆社会政策信息 服务	www. bl. uk/services/information/welfare/is- sue1/sswelfare. html
内阁办公室	www. cabinet-office. gov. uk
内阁办公室绩效与创新处	www. cabinet-office. gov. uk/ innovation/
欧洲儿童中心	http://eurochild. gla. ac. uk
养老金与社会保险中心	www. bbk. ac. uk/res/cpsi
儿童福利	www. dwp. gov. uk/lifeevent/benefits/child_ benefit. htm
儿童贫困行动团体	www. cpag. org. uk
儿童支持署	www. csa. gov. uk
公民收入在线	www. citizensincome. org
种族平等委员会	www. cre. gov. uk
就业、收入与社会整合理 事会	www. cerc. gouv. fr
欧洲理事会	www. coe. int
教育和技能部	www. dfes. gov. uk
就业与养老金部	www. dwp. gov. uk
就业与养老金部孩子之家 网页	www. dwp. gov. uk/lifeevent/famchild
就业与养老金部出版物	www. corpdocs. co. uk
就业与养老金部退休人员 统计	www. dwp. gov. uk/asd/pensioners. html

卫生部	www. doh. gov. uk
残障人士权益委员会	www. drc. org/drc/default. asp
上学补助	www. dfes. gov. uk/ema
终结儿童贫困	www. ecpc. org. uk
权益资格自评网	www. entitledto. co. uk
欧洲联盟	www. eu. int
欧洲儿童网	http://europeanchildrensnetwork. org
财政服务署	www. fsa. gov. uk
单亲父母支持网	www. gingerbread. org. uk
财政部	www. hm-treasury. gov. uk
内政部	www. homeoffice. gov. uk
议会图书馆	www. parliament. uk/commons/lib/research
平均收入以下家庭数据	www. dwp. gov. uk/asd/hbai. htm
税务局	www. inlandrevenuegov. uk
财政研究所养老金与储蓄中心	www. ifs. org. uk/pensionsindex. shtml
社会福利国际理事会	www. icsw. org
国际劳工组织	www. ilo. org/public/english
国际货币基金组织	www. imf. org/external
国际社会保障协会	www. issa. int/engl. homef. htm
就业服务中心	www. jobcentreplus. gov. uk
凯博网络	www. kablenet. com
求职补助	www. dwp. gov. uk/lifeevent/jobseeker's _al-lowance. htm
低薪问题委员会	www. lowpay. gov. uk
最低收入保障	www. thepensionservice. gov. uk/mig/mig. asp
公民建议全国联合会	www. nacab. org. uk

309

国家儿童办	www. ncb. org. uk
单亲家庭全国理事会	www. ncopf. org. uk
国家统计局	www. statistics. gov. uk
残障人士新政	www. newdeal. gov. uk
年轻人新政	www. newdeal. gov. uk
企业年金监管局	www. opra. gov. uk
经济合作与发展组织	www. oecd. org
养老金服务中心	www. thepensionservice. gov. uk
养老金政策研究所	www. pensionspolicyinstitute. org. uk
政策研究所	www. psi. org. uk
公共服务目标	www. hm-treasury. gov. uk/performance
难民委员会	www. refugeecouncil. org. uk
权益网	www. rightsnet. org. uk
服务第一	www. servicefirst. gov. uk
社会排斥中心	www. socialexclusionunit. gov. uk
社会基金	www. dwp. gov. uk/lifeevent/benefits/the_social_fund. htm
社会政策虚拟图书馆	www. social-policy. org
世界银行社会保护咨询服务	www. worldbank. org/sp
社会保障顾问委员会	www. ssac. org. uk
为改进服务而努力	www. servicefirst. gov. uk
瞄准诈骗	www. targetingfraud. gov. uk
工会理事会	www. tuc. org. uk/welfare
经济与社会融合中心	www. cesi. org. uk
英国政府门户	www. gateway. gov. uk
英国政府在线	www. ukonline. gov. uk

英国政府电子导航办公室	www. e-envoy. gov. uk
就业与养老金委员会	www. parliament. uk/commons/selcom/work-penhome. htm
工作火车（全国就业与培训基地）	www. worktrain. gov. uk
世界银行	www. worldbank. org
世界贸易组织	www. wto. org

311

缩 略 语 列 表

ABR	区域福利待遇复查
ACT	自动转账
ASEAN	东南亚国家联盟
AVC	补充自愿缴费
CAP	共同农业政策
CCG	社区照顾补助金
CSA	儿童支持署
CSJ	社会公正委员会
CSR	全面开支审查
CPAG	儿童贫困行动团体
DfEE	教育与就业部
DPTC	残障人士税额抵扣
DSS	社会保障部
DWP	就业与养老金部
EITC	劳动收入税额抵扣
EU	欧洲联盟
FSA	金融服务监管局
GDP	国内生产总值
ICT	信息通讯技术
IGO	国际政府组织
ILO	国际劳工组织
IMF	国际货币基金
IOP	支付(诈骗)工具
ISA	个人储蓄账户

ISSA	国际社会保障联合会
LMS	劳动力市场系统
MERCOSUR	南方共同市场
MIG	最低收入保障
NASS	全国难民支持服务
NDDP	残障人士新政
NDLP	单亲父母新政
NDYP	年轻人新政
NMW	全国最低工资标准
OECD	经济合作与发展组织
ONS	国家统计局
OPRA	企业年金监管局
PAYE	随收随缴
PAYG	现收现付
SADC	南部非洲发展共同体
SEN	特殊教育需要
SENDA	1997 年《特殊教育需要与残障法》
SERPS	国家收入关联养老金
SOC	标准职业分类
S2P	国家补充养老金
TNC	跨国公司
UN	联合国
WFTC	工作家庭税额抵扣
WTC	就业税额抵扣
WTO	世界贸易组织

译 名 对 照 表

access to work	就业通道
accountability	负责
Active Modern Service	主动的现代服务
administrative traps	行政陷阱
alms-giving	施舍
Appeals Service	申诉服务
assessment period	核算期间
assets-based welfare	资产建设型福利
Asylum and Immigration Act	《难民与移民法》
asylum-seekers	申请避难者
attendance allowance	护理补助
Audit Commission	审计委员会
Audit Office	审计署
award period	待遇期
behavioural monitoring	行为监控
benefit fraud	骗保
Benefit Fraud Inspectorate	骗保监察署
benefit units	待遇单位
Benefits Agency	福利署
Beveridge Plan	贝弗里奇计划
British Adult Literacy Survey	英国成人识字调查
British Nationality Act 1948	《英国 1948 年国籍法》
British Social Attitudes	英国社会态度调查
budget standards	预算标准

business model	商业模式
Cabinet Office	内阁办公室
call centres	呼叫中心
caring responsibilities	照料责任
caseworking	个案工作
cash benefits	现金待遇
categorical benefits	普惠津贴
categorisation	分类
child benefit	儿童津贴
child poverty	儿童贫困
child support	儿童支持
Child Support Agency	儿童支持署
Child Tax Credit	儿童税额抵扣
Child Trust Funds	儿童信托基金
childcare	儿童照料
Childcare Tax Credit	儿童照料税额抵扣
Children's Tax Credit	子女税额抵扣
churning	出出进进
citizen's income	公民收入
citizenship	公民权
clients	服务对象
closer working	密切协作
co-located services	同台服务
cohabitation	同居
Commission for Racial Equality	种族平等委员会
compulsion	强制
consumerism	消费主义

contingent benefits	有条件的待遇
contractualisation	契约化
contributory benefits	缴费型待遇
council tax benefit	市政税收优惠
Data Protection Act	《数据保护法》
data sharing	数据共享
Daycare Trust	日间照料基金
decent work	体面的工作
decent work strategy	体面工作战略
defined benefit schemes	待遇确定型项目
defined contribution schemes	缴费确定型
delivery	提供/传递/发放
demographic changes	人口变迁
Department for Education and Employment	教育与就业部
Department of Social Security	社会保障部
Department for Work and Pensions	就业与养老金部
Disability Discrimination Act	《残障歧视法》
disability living allowance	残障生活补助
disabled people	残障人士
disincentives to work	不想工作
disregard	收入豁免
diversion tactics	推诿
earnings	劳动收入
economic inactivity	非经济活动人口
education maintenance allowances	上学补助
employment-related benefits	就业相关待遇
employment service	就业服务

316

employment training	就业培训
Equal Opportunities Commission(EOC)	均等机会委员会
ethnic minorities	少数族群
ethnic penalty	种族惩罚
European Commission	欧洲委员会
European Social Charter	《欧洲社会宪章》
family allowances	家庭补助
family credit	家庭救济金
family income supplement	家庭收入补助
formal policy	形式层面的政策
fraud	诈骗、骗保
gateway to work，The(DSS)	就业门户
habitual residence test	习惯居住地调查
healthcare	卫生保健
HM Treasury	财政部
Home Office	内政部
horizontal redistribution	水平再分配
House of Commons	下议院
Housing Benefit	住房津贴
in-work benefits	在业津贴
incapacity benefit	失能津贴
incentive payments	奖励
income redistribution	收入再分配
income support	收入支持
income testing	收入调查
income transfers	收入转移支付
Industrial Injuries Benefit	工伤待遇

317

industrial injuries disablement allowance	伤残补助金
informal welfare	非正式福利
Inland Revenue	税务局
integrated service delivery	一体化服务
invalid care allowance	残障护理补助
invalidity benefit	残障津贴
job brokers	就业中介
Jobcentre Plus	就业服务中心
jobseeker's allowance	求职补助
joined-up policy	政策联动
joint claims	合并申请
joint working	联动
life expectancy	预期寿命
local authorities	地方当局
lone parents	单亲父母
long-term unemployment	长期失业
making work pay	使工作有其利
male breadwinner/housewife model	男主外、女主内模式
marginal tax rates	边际税率
maternity allowance	生育补助
maternity grant	生育补助金
means-tested benefits	生计调查型待遇
means testing	生计调查
Minimum Income Standards	最低收入标准
minimum wage	最低工资
minority ethnic groups	少数族群
National Assistance Act	《国民救助法》

National Audit Office (NAO)	国家审计署
National Childcare Strategy	儿童照料国家战略
National Health Service	全民健康服务
national insurance	国民保险
national insurance benefits	国民保险待遇
national insurance contributions	国民保险缴费
new contract for welfare	新福利契约
New Deal	新政
New Deal 50 Plus	50岁以上人士新政
New Deal for Lone Parents	单亲父母新政
New Deal for the Long-term Unemployed	长期失业人员新政
New Deal for Young People	年轻人新政
occupational pensions	企业年金
ONE pilot	ONE试点项目
one stop	一站式
operational policy	政策操作层面
parenting allowance	育儿补助
partnership working	协作
pension service	养老金服务
pensioners	退休人员
personal advisers	个人顾问
policy implementation	政策实施
poverty trap	贫困陷阱
private pensions	私营养老金
private sector	私营部门
redistribution	再分配
residence requirements	居住要求

restart	重新出发
retirement pension	退休金
Service Delivery Agreements	服务提供协议
severe disablement allowance	重度残障补助
social assistance	社会救助
social exclusion	社会排斥
social fund	社会基金
social insurance	社会保险
social protection	社会保护
social risk management	社会风险管理
social security	社会保障
social services	社会服务
social welfare	社会福利
state pension	国家养老金
State Second Pension	国家补充养老金
stepfamilies	组合家庭
street-level bureaucracy	基层官僚机构
take-up	利用
tax allowances	税收优惠
tax credits	税额抵扣
underclass	底层阶级
unemployment benefit	失业救济金
unemployment trap	失业陷阱
universal benefits	普惠型待遇
voluntary work	志愿工作
wage replacement	工资替代
war pensions	战争养老金

welfare mix	福利组合
Welfare Reform Act	《福利改革法》
welfare regimes	福利体制
welfare-to-work	从福利到工作
work-focused interviews	就业面谈
work trials	试工
working-age population	工作年龄人口
Working Families Tax Credit	工作家庭税额抵扣
workless households	零就业家庭
worklessness	无业
World Bank	世界银行

译 后 记

《解析社会保障》一书从接手到交稿，一晃就是好几年。短短几年间，布莱尔早就交权了，接班的布朗也下台了，保守党重新上台执政了。书中提到的那些人、那些事，有的已成历史，有的正在成为历史记忆的一部分。

逝者如斯，社会保障也在不断变化，问题是社会保障该向哪个方向变化、如何变化。在这方面，《解析社会保障》提供了一个极佳的范例。贯穿全书的是一个不变的主题——在一个变动不居的环境中，如何通过社会保障治理的创新，有效应对经济社会的变迁，给国人提供更好的社会保障？给国人提供更好的社会保障，是社会保障改革必须始终坚持住的底线。这样的"社会保障"，才是"社会"真正需要的"保障"。

本书由我和杨慧博士合作翻译，杨慧共翻译三章（第四、第十、第十二章），其余部分由我翻译。书中有大量的社会保障术语，要么缺乏统一的译法，要么根本没有参照。译者根据自己对社会保障的理解，尽可能选择了更适合汉语表达习惯的译法。这些译法更多代表的是译者的尝试，未必尽如人意。希望有心的读者在阅读本书时，能够从这些新奇的术语中穿越出来，从书中获得自己想要的信息，获得启发。

本书现在能出版，首先得感谢彭华民教授的信任，将如此有分量的一本书交给我翻译。感谢上海格致出版社罗康、顾悦等编辑的耐心与坚持。也感谢我的妻子淑杰和儿子庆庆。在翻译最紧张的时候，庆庆才2个多月大，全靠孩子的妈妈一人照料。看着孩子脸上甜甜的笑，总是让我充满活力。

愿本书能让更多的人了解社会保障、关注社会保障，推动我国的社会保障制度建设，完善社会保障治理，使中国的社会保障能为国人提供更好的保障，在提升国人的生活品质方面表现更为给力。希望当孩子们长大成人的时候，不用再羡慕外国的社会保障制度。

飞 北

2012 年元宵

图书在版编目(CIP)数据

解析社会保障/(英)米勒(Millar, J.)主编；郑
飞北,杨慧译.—上海：格致出版社：上海人民出版
社,2012
（解析福利：社会问题、政策与实践丛书）
ISBN 978 - 7 - 5432 - 2071 - 3

Ⅰ.①解… Ⅱ.①米… ②郑… ③杨… Ⅲ.①社会保
障-研究 Ⅳ.①C913.7

中国版本图书馆 CIP 数据核字(2012)第 037913 号

责任编辑 顾 悦
封面设计 人马艺术设计·储平

本书由上海文化发展基金会图书出版项目资助出版

解析福利：社会问题、政策与实践丛书
解析社会保障
[英]简·米勒 主编
郑飞北 杨 慧 译

出   版   世纪出版集团   格 致 出 版 社
              www.ewen.cc   www.hibooks.cn
                                上海人民出版社
（200001 上海福建中路193号24层）

编辑部热线 021-63914988
市场部热线 021-63914081

发   行   世纪出版集团发行中心
印   刷   上海商务联西印刷有限公司
开   本   787×1092毫米 1/16
印   张   21.5
插   页   1
字   数   345,000
版   次   2012年5月第1版
印   次   2012年5月第1次印刷
ISBN 978 - 7 - 5432 - 2071 - 3/C·58
定   价   49.00元

上海市版权局著作权合同登记章:图字 09-2008-144